Der
Sympathie
Schalter

Ein FBI-Agent enthüllt, wie man Menschen für sich gewinnt

mvgverlag

Bibliografische Information der Deutschen Nationalbibliothek:
Die Deutsche Nationalbibliothek verzeichnet diese Publikation in der Deutschen Nationalbibliografie. Detaillierte bibliografische Daten sind im Internet über http://dnb.d-nb.de abrufbar.

Für Fragen und Anregungen:
info@mvg-verlag.de

2. Auflage 2016

© der deutschen Ausgabe 2015 by mvg Verlag, ein Imprint der Münchner Verlagsgruppe GmbH, Nymphenburger Straße 86
D-80636 München
Tel.: 089 651285-0
Fax: 089 652096

© 2015 by Jack Schafer and Marvin Karlins

Die im vorliegenden Buch geäußerten Meinungen sind die des Autors, nicht die des Federal Bureau of Investigation (FBI).

Die amerikanische Originalausgabe erschien 2015 bei Touchstone, a division of Simon & Schuster, Inc. unter dem Titel *The Like Switch. An Ex-FBI Agent's Guide to Influencing, Attracting, and Winning People Over.*

Übersetzung: Christa Trautner-Suder
Redaktion: Birgit Bramlage
Umschlaggestaltung: Laura Osswald, München
Umschlagabbildung: shutterstock
Bildbearbeitung: Pamela Machleidt
Satz: inpunkt[w]o, Haiger
Druck: CPI books GmbH, Leck
Printed in Germany

ISBN Print 978-3-86882-588-6
ISBN E-Book (PDF) 978-3-86415-766-0
ISBN E-Book (EPUB, Mobi) 978-3-86415-767-7

— Weitere Informationen zum Verlag finden Sie unter —

www.mvg-verlag.de

Beachten Sie auch unsere weiteren Verlage unter
www.muenchner-verlagsgruppe.de

Inhalt

Für meine Frau Helen, eine überaus liebevolle, charaktervolle und vor allem auch geduldige Frau, die meine Macken seit über 30 Jahren Ehe erträgt.

———

JACK SCHAFER

Für meine Frau Edyth und meine Tochter Amber: für das, was ihr seid, was ihr vollbracht habt und für eure Liebe, die schon so viele Leben bereichert hat.

———

MARVIN KARLINS

Der Sympathie-Schalter

Menschen für sich gewinnen

Wenn Sie »FBI« hören, denken Sie wahrscheinlich nicht, dass diese Abkürzung für *Friendly Bureau of Investigation* (Freundliches Ermittlungsbüro) steht. In meinen 20 Jahren als Agent mit dem Spezialgebiet Verhaltensanalyse hat sich meine Fähigkeit, schnell in Menschen zu lesen, jedoch deutlich verbessert. Ich erwarb ein einmaliges Verständnis für die menschliche Natur und für Verhaltensweisen, die allen Menschen gemeinsam sind. Ein Teil meiner Arbeit war, Menschen davon zu überzeugen, ihr eigenes Land auszuspionieren, sowie Eindringlinge zu identifizieren und davon zu überzeugen, ein Geständnis abzulegen. Diese Arbeitsauffassung erlaubte es mir, viele unglaublich wirksame Methoden zu entwickeln, um Leute dazu zu bringen, mir zu vertrauen, häufig ohne auch nur ein Wort zu sagen. In meiner Funktion als Verhaltensanalytiker für das Verhaltensanalyse-Programm des FBI entwickelte ich Strategien, um Spione zu rekrutieren und Todfeinde als Freunde zu gewinnen. Mit anderen Worten entwickelte ich spezifische Fertigkeiten und Methoden, die einen Feind der Vereinigten Staaten in einen Freund verwandeln konnten, der willens war, ein Spion im Dienste Amerikas zu werden.

Meine berufliche Tätigkeit lief darauf hinaus, Leute für mich zu gewinnen. Die Arbeit mit »Vladimir« (ich habe die Namen und Erkennungsmerkmale der Personen, über die ich spreche, geändert und auch einige

Mischpersonen kreiert, um meine Arbeit bestmöglich zu illustrieren) ist hierfür ein sehr gutes Beispiel.

Vladimir war illegal in die Vereinigten Staaten eingereist, um Spionage zu betreiben. Als man ihn erwischte, hatte er geheime Verteidigungsakten bei sich. Man übertrug mir als FBI-Spezialagent seine Vernehmung. Bei unserem ersten Treffen schwor er, unter keinen Umständen mit mir sprechen zu wollen. Daraufhin begann ich, seinem Trotz entgegenzuwirken, indem ich mich einfach ihm gegenüber hinsetzte und eine Zeitung las. Nach einer sorgfältig geplanten Zeit faltete ich die Zeitung ordentlich zusammen und ging, ohne ein Wort zu sagen. Tag für Tag und Woche für Woche saß ich ihm gegenüber und las die Zeitung, während er, mit Handschellen an den Tisch gefesselt, stumm blieb.

Schließlich fragte er mich, warum ich ihn täglich besuchen käme. Ich ließ die Zeitung sinken, schaute ihn an und sagte:»Weil ich mit Ihnen sprechen möchte.« Dann hob ich die Zeitung sofort wieder an, las weiter und ignorierte Vladimir. Nach einer gewissen Zeit stand ich auf und ging, ohne noch etwas zu sagen.

Am nächsten Tag fragte Vladimir mich wieder, warum ich jeden Tag kommen und Zeitung lesen würde. Ich antwortete wieder, dass ich käme, weil ich mit ihm sprechen wolle. Dann nahm ich Platz und faltete die Zeitung auseinander. Ein paar Minuten später sprach Vladimir mich an: »Ich will reden.« Ich ließ die Zeitung sinken und sagte:»Vladimir, sind Sie sicher, dass Sie mit mir sprechen wollen? Als wir uns das erste Mal gesehen haben, sagten Sie, Sie würden nie mit mir sprechen.« Daraufhin antwortete er:»Ich will reden, aber nicht über Spionage.« Ich nahm diese Bedingung zur Kenntnis, fügte jedoch hinzu:»Sie werden es mich wissen lassen, wenn Sie bereit sind, über Ihre Spionageaktivitäten zu sprechen, nicht wahr?« Vladimir nickte zustimmend.

Den folgenden Monat über sprachen Vladimir und ich über alles, außer über seine Spionageaktivitäten. Dann verkündete Vladimir eines Nachmittags:»Ich bin bereit, über das zu reden, was ich gemacht habe.« Erst dann redeten wir schließlich sehr detailliert über seine Spionageaktivitäten. Vladimir erzählte offen und ehrlich, und zwar nicht, weil er zum Sprechen gezwungen wurde, sondern weil er mich mochte und als einen Freund be-trachtete.

Die Befragungsmethoden, die ich bei Vladimir einsetzte, mögen auf den ersten Blick wenig sinnvoll erscheinen, aber alles, was ich tat, war sorgfältig abgestimmt, um schließlich Vladimirs Geständnis und Koope-ration zu erreichen. In *Der Sympathie-Schalter* werde ich die Geheimnisse enthüllen, wie ich Vladimir für mich einnehmen konnte und wie Sie, mit genau diesen Methoden, jeden dazu bringen können, Sie für eine kurze Zeit oder zeitlebens zu mögen. Das ist möglich, weil sich herausstellte, dass dieselben sozialen Fähigkeiten, die ich entwickelte, um mich mit Spionen anzufreunden und Spione zu rekrutieren, funktionieren, um erfolgreich Freundschaften zu entwickeln. Das gilt privat, in der Arbeit und überall dort, wo persönliche Interaktionen stattfinden.

Anfangs erkannte ich diese Eins-zu-Eins-Übereinstimmung zwischen meiner beruflichen Arbeit und dem Alltagsleben gar nicht. Tatsächlich wurde ich erst gegen Ende meiner Laufbahn beim FBI darauf aufmerksam.

Damals unterrichtete ich junge Geheimdienstoffiziere darin, wie man Spione rekrutiert. Am ersten Unterrichtstag mit einer neuen Klasse kam ich eine halbe Stunde früher, um den Raum für eine Gruppenübung vor-zubereiten. Zu meiner Überraschung waren zwei Studenten bereits da. Ich kannte sie nicht. Sie saßen ruhig in der ersten Reihe, die Hände auf ihrem Schreibtisch verschränkt und mit einem Ausdruck freudiger Erwartung im Gesicht. In Anbetracht der Tageszeit und der Tatsache, dass die wenigsten Schüler dafür bekannt sind, zu früh zum Unterricht zu kommen, wunderte ich mich, was da vorging. Ich fragte, wer sie seien und warum sie sich ent-schlossen hatten, so früh zu kommen.

»Erinnern Sie sich an Tim aus Ihrer vorherigen Klasse?«, fragte einer der Studenten.

»Ja«, antwortete ich.

»Vor einigen Wochen sind wir beide mit Tim in einer Kneipe gewesen. Er erzählte uns von Ihrer Vorlesung über Einflussnahme und Beziehungs-aufbau.«

»Und was noch?« Ich verstand immer noch nicht, wohin das führen sollte.

»Tim prahlte damit, er würde im Unterricht lernen, wie man Frauen aufgabelt.«

»Wir waren natürlich skeptisch«, ergänzte der zweite Student.

»Deshalb haben wir ihn getestet«, fuhr der erste Student wiederum fort. »Wir suchten eine Frau im Club aus und forderten Tim heraus, er solle sie, ohne etwas zu sagen, dazu bringen, dass sie an unseren Tisch kommen und mit uns etwas trinken würde.«

»Was tat er?«, fragte ich zurück.

»Er nahm die Herausforderung an«, rief der Student. »Wir dachten, er spinnt. Aber dann, etwa 45 Minuten später, kam die Frau an unseren Tisch und fragte, ob sie sich für einen Drink zu uns setzen könnte. Wir können es noch immer kaum glauben, aber wir haben es selbst erlebt.«

Ich warf den beiden Studenten einen fragenden Blick zu. »Wissen Sie, wie er das angestellt hat?«

»Nein!«, rief einer von beiden. Und dann sagten beide gleichzeitig: »Um das zu lernen, sind wir hier!«

Meine erste Reaktion auf ihre Kommentare war, mit Nachdruck zu erklären, dass von mir Professionalität erwartet würde. Der Zweck des Klassentrainings sei, den Teilnehmern beizubringen, erfolgreiche Geheimdienstoffiziere zu sein, keine Aufreißkünstler. Meine zweite Reaktion überraschte mich, denn es war eine Art Offenbarung. Als ich an Tims Anbahnungsversuche dachte, realisierte ich plötzlich, dass dieselben Methoden, mit denen Spione angeworben werden, auch dafür verwendet werden können, im sogenannten Dating Game erfolgreich zu werden. Noch wichtiger ist sogar, dass diese Methoden immer dann genutzt werden können, wenn jemand in praktisch jeder persönlichen Interaktion eine andere Person für sich gewinnen will. Diese Erkenntnis diente dem vorliegenden Buch und allen darin enthaltenen Informationen als Ausgangspunkt.

Nachdem ich beim FBI ausgeschieden war, machte ich meinen Doktor in Psychologie und bekam eine Lehrstelle an der Universität. In dieser Phase meines Lebens arbeitete ich meine Sympathie-Schalter-Strategien aus, um Ihnen dabei zu helfen, privat, im Beruf oder bei anderen zwischenmenschlichen Interaktionen erfolgreiche persönliche Beziehungen aufzubauen.

Beispiele:

- Neues Verkaufspersonal kann die vorgestellten Methoden nutzen, um aus dem Nichts einen Kundenstamm aufzubauen.

- Erfahrenes Verkaufspersonal kann davon ebenfalls profitieren und lernen, wie bestehende Beziehungen erhalten oder verbessert und zusätzliche Kunden gewonnen werden können.

- Auf allen Ebenen und in allen Bereichen können Angestellte, vom Manager einer Wall-Street-Firma bis zum Servicepersonal eines Restaurants, diese Taktiken nutzen, um erfolgreicher mit Vorgesetzten, Kollegen, Untergebenen und Kunden umzugehen.

- Eltern können die Strategien nutzen, um die Beziehung zu ihren Kindern in Ordnung zu bringen, zu erhalten und zu festigen.

- Verbraucher können diese Informationen nutzen, um mehr Service zu bekommen, bessere Geschäfte abzuschließen und persönlichere Aufmerksamkeit zu erhalten.

- Und natürlich können Leute, die Freunde oder eine Liebesbeziehung suchen, diese sozialen Fertigkeiten nutzen, um diese von Natur aus schwierige Angelegenheit zu bewältigen (die in unserer digital fokussierten Gesellschaft sogar noch anspruchsvoller geworden ist).

Der Sympathie-Schalter wendet sich an alle, die neue Freunde gewinnen, bestehende Beziehungen erhalten oder verbessern, kurze Begegnungen mit anderen erfreulicher gestalten oder mehr Trinkgeld oder höhere Bonuszahlungen erreichen möchten.

Die Herausforderung »Freundschaft« bewältigen

Der Mensch ist ein soziales Lebewesen. Als Spezies sind wir darauf programmiert, uns mit anderen zusammenzutun. Dieser Wunsch ist in unseren frühesten Anfängen verwurzelt, um uns als Gemeinschaft die besten Aussichten zu verschaffen, in der Nahrungskette aufzurücken. Schließlich ging es darum, in einer feindlichen und gnadenlosen Welt ums Überleben zu kämpfen. So würde man eigentlich annehmen, dass das Schließen von Freundschaften einfach, ja sogar automatisch erfolgt. Leider ist das aber nicht der Fall. In einer Umfrage nach der nächsten, einer Studie nach der nächsten berichten zunehmend mehr Menschen, dass sie sich isoliert fühlen und unfähig sind, rudimentäre, geschweige denn wertvolle, dauerhafte Beziehungen zu entwickeln. Dieses Problem ist mit der Einführung sozialer Medien noch gewachsen, die uns von echten sozialen Interaktionen von Angesicht zu Angesicht noch weiter entfernen.

Der Umgang mit Menschen, besonders mit Leuten, die man nicht kennt, kann ein anspruchsvolles, ja sogar beängstigendes Erlebnis sein. Dabei ist es offenbar unerheblich, ob Sie eine Frau oder ein Mann sind. Die Ängste sind da: die Angst vor Peinlichkeit, die Angst vor Zurückweisung, die Angst, Gefühle zu verletzen, die Angst, einen schlechten Eindruck zu hinterlassen, ja sogar die Angst, benutzt oder missbraucht zu werden. Die gute Nachricht ist, dass Beziehungen keine Einladung zu einem Desaster sein müssen. Wenn Sie mit Problemen in einer Freundschaft kämpfen oder einfach nur bereits bestehende Freundschaften verbessern möchten, trösten Sie sich. Sie sind nicht alleine, und Ihre Situation ist nicht hoffnungslos. Dieses Buch soll Ihre Bedenken zerstreuen, was den Umgang mit anderen Menschen am Arbeitsplatz, im Privatleben, mit Fremden oder Nahestehenden betrifft.

Die hier vorgestellten Methoden liefern Ihnen, basierend auf den neuesten wissenschaftlichen Erkenntnissen, die bestmögliche Chance, andere für sich zu gewinnen, sogar ohne etwas zu sagen. Irgendwann jedoch müssen Sie mit den Menschen sprechen. Worte verwandeln die anfänglichen Gefühle des Wohlwollens in Freundschaften, und in manchen Fällen sogar in lebenslange Beziehungen. Dieses Buch stellt die nonverbalen Hinweise und verbalen Stichworte vor, mit denen Sie jeden sofort für sich gewinnen können.

Lohnende persönliche Beziehungen sind erreichbar. Das ist keine Frage von Mutmaßungen oder Glück. Es ist das Ergebnis der Nutzung bewährter wissenschaftlicher Erkenntnisse und Methoden im Umgang mit anderen Menschen. Die Chance, Freunde zu finden, ist nur drei Schritte entfernt:

1. **Sie müssen die hier vorgestellten Methoden lernen und beherrschen wollen.** Die Methoden haben Ähnlichkeit mit den Elektrowerkzeugen von Bauarbeitern. Entscheidend ist, die Geräte die Arbeit erledigen zu lassen. Als ich jung war, nutzte ich regelmäßig eine Handsäge, um Holz zu schneiden. Eines Tages ließ mein Vater mich seine neu erworbene Kreissäge benutzen. Ich nahm die Motorsäge zur Hand und fing an, ein Stück Holz damit zu schneiden. Ich wendete bei der Motorsäge denselben Druck auf, den ich bei meiner Handsäge aufgewendet hätte. Mein Vater klopfte mir auf die Schulter und sagte mir, ich solle den Druck lockern und die Säge die Arbeit erledigen lassen. Die Methoden in diesem Buch basieren auf ähnlich fundierten Prinzipien. Wenden Sie einfach die Methoden an und entspannen Sie sich, seien Sie Sie selbst und überlassen Sie die Arbeit den Methoden. Sie werden von den Ergebnissen überrascht sein.

2. **Sie müssen dieses neue Wissen auch wirklich im Umgang mit den Menschen in Ihrem Alltag nutzen.** Zu wissen, wie man etwas am besten macht, ist großartig, allerdings nur, wenn man das Gelernte auch wirklich anwendet. Vergessen Sie nie, dass Wissen ohne das entsprechende Tun vergeudetes Wissen ist.

3. **Sie müssen das Gelernte ständig üben.** Mit den Freundschaftsfähigkeiten ist es wie mit allen Fähigkeiten. Je mehr Sie sie nutzen, desto kompetenter werden Sie darin; je weniger Sie sie

nutzen, desto schneller verlieren Sie sie wieder. Wenn Sie zu diesen drei Schritten bereit sind, werden Sie feststellen, dass das Schließen von Freundschaften so automatisch wird wie das Atmen.

Der Sympathie-Schalter ist in Reichweite. Um ihn zu aktivieren, nutzen Sie einfach die Informationen, die Sie auf den folgenden Seiten lernen werden, und beobachten Sie, wie Ihr BQ (Beliebtheits-Quotient) in die Höhe schnellt.

1

Die Freundschaftsformel

Ich habe gelernt, dass die Leute vergessen, was Sie gesagt haben, dass
die Leute vergessen, was Sie gemacht haben, dass die Leute jedoch nie
vergessen werden, wie Sie sich bei Ihnen gefühlt haben.

MAYA ANGELOU

Operation Seagull

Sein Deckname war Seagull. Er war ein hochstehender ausländischer Diplomat.

Als Spion für die Vereinigten Staaten konnte er ein wertvoller Gewinn werden.

Das Problem war nur: Wie überzeugt man jemanden davon, einem gegnerischen Land Loyalität zu geloben? Die Antwort lautete, man müsse sich mit Seagull anfreunden und ihm ein so verlockendes Angebot unterbreiten, dass er nicht widerstehen könne. Entscheidend für diese Strategie waren Geduld, äußerst sorgfältiges Zusammentragen von Informationen über jedes Detail aus Seagulls Leben und ihm die Gelegenheit zu verschaffen, eine Beziehung mit einem amerikanischen Gegenspieler zu pflegen, dem er vertrauen könnte.

Nachforschungen über Seagulls Hintergrund ergaben, dass er mehrfach bei Beförderungen übergangen worden war und man gehört hatte, dass er seiner Frau gegenüber äußerte, er würde gerne in Amerika leben und seinen Ruhestand nach Möglichkeit dort verbringen. Seagull hatte auch Bedenken, ob die kleine Pension seines Landes ausreichen würde, um ihm einen angenehmen Ruhestand zu ermöglichen. Mit diesem Hintergrundwissen ausgerüstet, glaubten Sicherheitsanalytiker, Seagulls Loyalität gegenüber seinem Heimatland könnte durch geeignete finanzielle Anreize kompromittiert werden.

Die Herausforderung bestand nun darin, nahe genug an Seagull heranzukommen, um ihm ein finanzielles Angebot zu machen, ohne ihn zu erschrecken. Der FBI-Geheimagent Charles erhielt die Anweisung, langsam und systematisch eine Beziehung zu Seagull aufzubauen, so, wie man einen guten Wein reifen lässt, um dessen bestes Aroma zu fördern, bis hin zu dem Punkt, wo die Zeit reif sein würde, mit einem Angebot an ihn heranzutreten. Man sagte dem Agenten, bei einem zu schnellen Vorgehen würde Seagull wahrscheinlich in die Defensive gehen und den Umgang mit ihm völlig meiden. Stattdessen sollte er sein Vorgehen sorgfältig abstimmen und Verhaltensstrategien zum Aufbau einer Freundschaft nutzen. Als ersten Schritt sollte Charles Seagull für sich gewinnen, noch bevor sie ein Wort gewechselt hätten. Als zweiten Schritt galt es, die geeigneten Worte zu finden, um dieses Wohlwollen in eine dauerhafte Freundschaft zu verwandeln.

Die Vorbereitung für die kritische erste Begegnung mit Seagull begann viele Monate, bevor das Treffen tatsächlich stattfand. Die Beobachtung hatte ergeben, dass Seagull sein Botschaftsgelände regelmäßig einmal pro Woche verließ und zwei Blöcke weiter zum Lebensmittelgeschäft an der Ecke ging, um einzukaufen. Anhand dieser Information erhielt Charles den Auftrag, sich an verschiedenen Stellen entlang Seagulls Einkaufsweg zu positionieren. Er wurde gewarnt, sich Seagull niemals zu nähern oder ihn in irgendeiner Weise zu bedrohen, stattdessen sollte er einfach »da sein«, sodass Seagull ihn sehen konnte.

Als ausgebildeter Nachrichtenoffizier brauchte Seagull nicht lange, um von dem FBI-Agenten Notiz zu nehmen, der übrigens keinerlei Anstrengungen unternahm, seine Identität zu verbergen. Da Charles keinerlei Anstalten machte, seine Zielperson abzufangen oder mit ihr ins Gespräch zu kommen, fühlte Seagull sich nicht bedroht und gewöhnte sich daran, den Amerikaner auf dem Weg zum Einkaufen zu sehen.

Nachdem sie sich mehrere Wochen in derselben Umgebung aufgehalten hatten, stellte Seagull Augenkontakt zu dem amerikanischen Agenten her. Charles nickte als Zeichen dafür, dass er Seagulls Anwesenheit wahrnahm, zeigte jedoch kein weiteres Interesse an ihm.

Weitere Wochen vergingen, und nach und nach weitete Charles seine nonverbale Interaktion mit Seagull aus, indem er **seinen Augenkontakt verstärkte, seine Augenbrauen hob, seinen Kopf neigte** und **sein Kinn vorschob**. Alles nonverbale Zeichen, die, wie Wissenschaftler festgestellt haben, vom menschlichen Gehirn als »freundschaftliche Signale« interpretiert werden.

Zwei Monate verstrichen, bis Charles den nächsten Schritt tat. Er folgte Seagull in das Lebensmittelgeschäft, das dieser regelmäßig aufsuchte, hielt jedoch Abstand von dem ausländischen Diplomaten. Bei jedem neuen Ausflug in das Geschäft betrat nun auch Charles den Laden, wobei er immer Abstand zwischen sich und Seagull hielt, jedoch immer öfter in den Gängen zwischen den Regalen an dem Diplomaten vorbeiging und die Zeit der Augenkontakte verlängerte. Er bemerkte, dass Seagull bei jedem Einkauf eine Dose Erbsen kaufte. Mit dieser neuen Information wartete Charles wieder ein paar Wochen, dann folgte er Seagull wie üblich in das Geschäft, dieses Mal jedoch, um sich Seagull vorzustellen. Als der Diplomat nach einer Dose Erbsen griff, griff Charles nach der nächsten Dose, wandte sich Seagull zu und sagte: »Hi, ich heiße Charles und bin ein Spezialagent des FBI.« Seagull lächelte und sagte: »Das dachte ich mir.« Von diesem ersten unverfänglichen Treffen an entwickelte sich zwischen Charles und Seagull eine enge Freundschaft. Seagull stimmte schließlich zu, seinem neuen FBI-Freund mit der regelmäßigen Lieferung geheimer Informationen zu helfen.

Ein zufälliger Beobachter, der von den Monaten wusste, in denen um Seagull geworben wurde, dürfte sich gewundert haben, warum es so lange dauerte, bis das erste Treffen stattfand. Das war jedoch kein Zufall. Die gesamte Rekrutierungsstrategie für Seagull war eine sorgfältig abgestimmte psychologische Operation, um eine freundschaftliche Bindung zwischen zwei Männern herzustellen, die unter normalen Umständen eine solche Beziehung nie in Betracht gezogen hätten.

Als Teilnehmer am FBI-Programm zur Verhaltensanalyse war mir zusammen mit meinen Kollegen die Aufgabe übertragen worden, das Rekrutierungsszenario für Seagull abzustimmen. Unser Ziel war es, dafür zu sorgen, dass Seagull sich in Gegenwart unseres FBI-Agenten Charles so wohlfühlte, dass ein erstes Treffen stattfinden konnte, dem hoffentlich weitere Treffen folgen würden, wenn es Charles gelang, bei Seagull einen guten Eindruck zu hinterlassen. Unsere Aufgabe wurde dadurch erschwert, dass Seagull ein gut ausgebildeter Nachrichtenoffizier war, der ständig auf der Hut vor jeglicher Person war, die seinen Verdacht erregen konnte. Denn das würde dazu führen, dass er diese Person um jeden Preis meiden würde.

Um die erste persönliche Begegnung zwischen Charles und Seagull zu einem Erfolg zu machen, musste sich der ausländische Agent in Gegenwart seines amerikanischen Gegenspielers wohlfühlen. Um dies zu erreichen, unternahm Charles spezifische Schritte, die, wie sich herausstellte, erfolgreich verliefen. Die Etappen, die Charles absolvieren musste, um Seagull für sich zu gewinnen, sind dieselben, die Sie unternehmen müssen, um eine kurz- oder langfristige Freundschaft zu entwickeln.

Vor dem Hintergrund des Falles Seagull wollen wir uns nun die Schritte anschauen, die Charles erfolgreich unternommen hat, um seine Zielperson unter Anwendung der Freundschaftsformel zu rekrutieren.

Die Freundschaftsformel

Die Freundschaftsformel setzt sich aus vier Grundbausteinen zusammen: Nähe, Häufigkeit, Dauer und Intensität. Diese vier Elemente lassen sich mit folgender mathematischen Formel darstellen:

Freundschaft = Nähe + Häufigkeit + Dauer + Intensität

Nähe ist der Abstand zwischen Ihnen und einem anderen Individuum und wie viel davon Sie mit der Zeit zulassen. Im Fall Seagull ging Charles nicht einfach zu Seagull und stellte sich vor. Ein solches Verhalten hätte dazu geführt, dass Seagull schnell von der Bühne verschwunden wäre. Die Umstände verlangten einen maßvolleren Ansatz, der Seagull Zeit einräumte, sich an Charles »zu gewöhnen« und ihn nicht als Bedrohung zu sehen. Um dies zu erreichen, wurde der Freundschaftsfaktor der **Nähe** angewandt. Nähe ist ein wesentliches Element aller persönlichen Beziehungen. In derselben Umgebung zu sein wie Ihre Zielperson ist wichtig für die Entwicklung einer persönlichen Beziehung. Nähe macht das Ziel Ihrer Werbung dafür empfänglich, Sie zu mögen, und fördert die gegenseitige Anziehung. Menschen, die denselben Raum teilen, fühlen sich eher voneinander angezogen, selbst wenn keine Worte ausgetauscht werden.

Entscheidend für die Effizienz des Faktors Nähe ist, dass die Umgebung nicht bedrohlich sein darf. Wenn sich eine Person von jemandem bedroht fühlt, der ihr zu nahe kommt, geht sie in die Defensive und unternimmt Ausweichmanöver, um sich von dieser anderen Person zu entfernen. Im Fall Seagull war Charles seiner Zielperson nahe, hielt jedoch eine sichere Distanz, sodass Seagull ihn nicht als potenzielle Gefahr wahrnahm und als Folge daraus die Kampf-oder-Flucht-Reaktion eingesetzt hätte.

Häufigkeit ist die Anzahl an Kontakten, die Sie nach und nach mit einem anderen Individuum haben. Dauer ist die Länge der Zeit, die Sie nach und nach mit einem anderen Individuum verbringen. Als Zeit verstrichen war, wandte Charles den zweiten und dritten Freundschaftsfaktor an: Häufigkeit und Dauer. Hierzu brachte er sich auf Seagulls Einkaufsweg so in Position, das sich die Gelegenheiten (Häufigkeit) häuften, in denen der ausländische Diplomat ihn sah. Nach mehreren Monaten fügte er der Mischung noch die Dauer hinzu, indem er längere Zeitphasen in Seagulls Nähe verbrachte. Hierzu folgte er seiner Zielperson in das Lebensmittelgeschäft, um auf diese Weise die Kontaktzeit zwischen ihnen beiden auszudehnen.

Bei der Intensität geht es darum, wie gut Sie in der Lage sind, die psychischen und/oder physischen Bedürfnisse einer anderen Person durch verbale und nonverbale Verhaltensweisen zu befriedigen. Der letzte Faktor in der Freundschaftsformel, die Intensität, wurde im Laufe der Zeit allmählich erreicht, als Seagull sich der Anwesenheit von Charles und des scheinbar unerklärlichen Zögerns des FBI-Agenten, sich ihm zu nähern, mehr und mehr bewusst wurde. Dies fügte der Mischung noch eine besondere Art der Intensität hinzu, nämlich *Neugier*. Sobald in der Umgebung einer Person ein neuer Reiz auftaucht (in diesem Fall betritt ein Fremder Seagulls Welt), ist das Gehirn darauf programmiert zu bestimmen, ob dieser neue Reiz eine Gefahr darstellt oder nur als solche wahrgenommen wird. Wenn dieser neue Reiz als Bedrohung beurteilt wird, versucht die Person, ihn zu eliminieren oder zu neutralisieren, indem sie auf die Kampf-oder-Flucht-Reaktion zurückgreift. Wird der neue Reiz hingegen nicht als Bedrohung wahrgenommen, wandelt er sich in Neugier um. Die Person möchte unbedingt über diesen neuen Reiz mehr erfahren. Was ist das? Warum ist es da? Kann ich es zu meinem Vorteil nutzen?

Charles Aktivitäten fanden in sicherer Entfernung statt und erweckten mit der Zeit Seagulls Neugier. Dies führte zur Motivation, herauszufinden, wer Charles war und was er wollte.

Seagull erzählte Charles später, er sei sich bereits als er ihn das erste Mal sah sicher gewesen, dass er ein FBI-Agent ist. Ob das nun stimmte oder nicht, Seagull nahm jedenfalls die nonverbalen »freundschaftlichen« Signale auf, die der FBI-Agent ihm sendete.

Sobald Seagull erkannt hatte, dass Charles ein FBI-Agent ist, wuchs seine Neugier. Er wusste sicher, dass er Ziel einer Anwerbung war, aber ihm war nicht klar, zu welchem Zweck und zu welchem Preis. Da Seagull mit seiner beruflichen Entwicklung bereits unzufrieden war und der Ruhestand nahte, dachte er zweifellos über verschiedene Szenarien in Zusammenhang mit Charles nach, auch über eine mögliche Spionagetätigkeit für das FBI.

Die Entscheidung, Spion zu werden, wird nicht von heute auf morgen getroffen. Potenzielle Spione brauchen Zeit, um ihre eigenen Rationalisierungsstrategien zu entwickeln, und Zeit, um sich daran zu gewöhnen, ihre Loyalität zu wechseln. Die Anwerbungsstrategie für Seagull sah eine Zeitspanne vor, um die Saat des Verrats keimen zu lassen. Seagulls Fantasie lieferte der Idee die nötigen Nährstoffe, um zu reifen und aufzublühen.

Diese Latenzphase verschaffte Seagull auch die Zeit, um seine Frau davon zu überzeugen, den Entschluss mitzutragen. Als Charles physisch näher an Seagull heranrückte, sah der Diplomat den FBI-Agenten nicht als drohende Gefahr, sondern eher als ein Symbol der Hoffnung – der Hoffnung auf ein besseres Leben in den kommenden Jahren.

Sobald Seagull sich entschieden hatte, das FBI zu unterstützen, musste er warten, bis Charles an ihn herantrat. Später erzählte Seagull Charles, das Warten sei qualvoll gewesen. Seine Neugier erreichte ihren Höhepunkt, und er fragte sich: »Warum bewegte sich der amerikanische Agent nicht?« Das Zweite, was Seagull zu Charles sagte, als dieser sich ihm in dem Lebensmittelgeschäft endlich vorstellte, war tatsächlich: »Warum hat das so lange gedauert?«

Häufigkeit und Dauer

Dauer hat insofern eine einmalige Qualität, als eine Person umso mehr Einfluss auf Ihr Denken und Handeln hat, je mehr Zeit Sie mit ihr verbringen. Ein Mentor, der viel Zeit mit seinen Mentees verbringt, übt positiven Einfluss auf diese aus. Menschen, die alles andere als ehrenwerte Absichten verfolgen, können Menschen, mit denen sie Zeit verbringen, negativ beeinflussen. Das beste Beispiel für die Macht der Dauer bietet die Beziehung zwischen Eltern und Kindern. Je mehr Zeit Eltern mit ihren Kindern verbringen, desto wahrscheinlicher können Eltern sie beeinflussen. Fehlt die Dauer in der Eltern-Kind-Beziehung, verbringen Kinder eher mehr Zeit mit ihren Freunden und in Extremfällen mit Menschen, die im Laufe der Zeit einen negativen Einfluss auf sie haben.

Die Dauer verhält sich umgekehrt zur Häufigkeit. Wenn Sie einen Freund häufig sehen, wird die Dauer der Begegnung eher kürzer sein. Umgekehrt wird sich die Dauer eines Besuchs normalerweise signifikant verlängern, wenn Sie sich nicht so häufig sehen. Wenn Sie einen Freund beispielsweise täglich sehen, kann die Dauer dieser Begegnungen recht kurz sein, weil Sie ständig auf dem Laufenden bleiben. Wenn Sie einen Freund hingegen nur zweimal im Jahr sehen, wird die Dauer der Besuche länger sein. Erinnern Sie sich an eine Gelegenheit, wo Sie sich mit einem Freund im Restaurant getroffen haben, den Sie längere Zeit nicht gesehen haben. Sie haben wahrscheinlich mehrere Stunden dort verbracht, um sich gegenseitig alles über Ihr Leben zu erzählen. Dasselbe Essen würde deutlich kürzer ausfallen, wenn Sie die andere Person regelmäßig treffen würden. Umgekehrt sind in Liebesbeziehungen Häufigkeit und Dauer sehr ausgeprägt, weil Paare, insbesondere frisch verliebte, so viel Zeit wie möglich miteinander verbringen möchten. Auch die Intensität dieser Beziehung wird sehr hoch sein.

Selbsteinschätzung von Beziehungen

Denken Sie zurück an den Beginn Ihrer derzeitigen Beziehung oder einer Beziehung, die Sie in der Vergangenheit hatten; Sie sollten nun in der Lage sein zu erkennen, dass diese sich anhand der Faktoren der Freundschaftsformel entwickelt hat. Die Formel kann auch genutzt werden, um verbesserungswürdige Teile einer Beziehung zu erkennen. Ein Paar beispielsweise, das seit mehreren Jahren verheiratet ist, spürt zwar, dass die Beziehung schlechter wird, die Partner wissen jedoch nicht, wie sie die Beziehung wieder festigen könnten. Ihre Beziehung kann einer Selbsteinschätzung unterzogen werden, indem sie sich die Interaktion der einzelnen Faktoren der Freundschaftsformel anschauen. Der erste Faktor, auf den zu schauen ist, ist die Nähe. Teilt das Paar denselben Raum, oder verfolgt jeder für sich seine eigenen Ziele und sie teilen selten denselben physischen Raum? Der zweite Faktor ist die Häufigkeit. Teilen sie häufig ihre Zeit? Der dritte Faktor ist die Dauer. Wie viel Zeit verbringen sie gemeinsam, wenn sie sich sehen? Der vierte Faktor ist die Intensität, das Bindemittel, das Beziehungen zusammenhält. Das Paar mag in seiner Beziehung Nähe, Häufigkeit und Dauer haben, aber es kann an Intensität mangeln. Ein Beispiel für diese Kombination ist ein Paar, das viel Zeit zu Hause beim gemeinsamen Fernsehen verbringt, aber emotional nicht interagiert. Diese Beziehung kann verbessert werden, wenn das Paar die Intensität der Beziehung steigert. Sie könnten gemeinsam ausgehen, um die Gefühle wieder aufleben zu lassen, die sie füreinander empfunden haben, als sie sich erstmals trafen. Sie könnten jeden Abend für ein paar Stunden den Fernseher ausschalten, um sich zu unterhalten und dadurch ihre Beziehung zu intensivieren.

Die Kombinationen der vier Faktoren der Freundschaftsformel sind scheinbar endlos und hängen davon ab, wie Paare miteinander umgehen. In vielen Fällen ist ein Partner den Großteil des Jahres auf Geschäftsreisen. Der Mangel an Nähe kann die Beziehung negativ beeinflussen, weil er häufig reduzierte Häufigkeit, Dauer und Intensität zur Folge hat. Der Mangel an Nähe kann durch die Nutzung technischer Hilfsmittel überwunden werden. Häufigkeit, Dauer und Intensität lassen sich mithilfe von E-Mails, Chatten, SMS, Skypen und sozialen Medien aufrechterhalten.

Sobald Sie die Grundfaktoren aller Beziehungen kennen, werden Sie in der Lage sein, existierende Beziehungen einzuschätzen und neue durch bewusstes Regulieren der vier Beziehungsfaktoren zu fördern. Um die Selbsteinschätzung einer Beziehung zu praktizieren, untersuchen Sie die Beziehungen, die Sie derzeit haben, und prüfen Sie, welchen Einfluss die vier Grundfaktoren dabei haben. Wenn Sie eine Beziehung stärken wollen, überlegen Sie sich Möglichkeiten, die Freundschaftsformel so anzuwenden, dass das gewünschte Ergebnis erzielt wird.

Sie können sich auch aus einer unerwünschten Beziehung herauswinden, indem Sie langsam jedes der Grundelemente der Freundschaftsformel zurückschrauben. Dieser allmähliche Rückzug lässt die unerwünschte Person schrittweise im Stich, ohne deren Gefühle zu verletzen und ohne die Beziehung plötzlich abzubrechen. In den meisten Fällen kommt die unerwünschte Person von sich aus zu dem Schluss, dass die Beziehung nicht mehr lebensfähig ist, und sucht sich passenderen Umgang.

Mit einem stummen Partner Spione anwerben

Stellen Sie sich vor, Sie sind Wissenschaftler mit der Geheimhaltungsstufe Top-Secret und arbeiten für das Verteidigungsministerium. Eines Tages erhalten Sie scheinbar aus dem Nichts den Anruf eines Regierungsbeamten der chinesischen Botschaft. Er lädt Sie nach China zu einem Vortrag über einige Ihrer nicht geheimen Forschungsarbeiten ein. Alle Ausgaben werden von der chinesischen Regierung bezahlt. Sie berichten Ihrem Sicherheitsbeamten über die Einladung. Dieser erlaubt Ihnen, einen Vortrag in China zu halten, solange Sie nicht über geheime Informationen sprechen. Sie rufen an, um Ihre Teilnahme zu bestätigen, und der chinesische Beamte lädt Sie ein, eine Woche früher zu kommen, um etwas vom Land zu sehen. Sie stimmen zu und sind wegen dieser einmaligen Gelegenheit sehr aufgeregt.

Am Flughafen treffen Sie einen Vertreter der chinesischen Regierung, der Sie darüber informiert, dass er auf der gesamten Reise Ihr Führer und Dolmetscher sein wird. Jeden Morgen kommt Ihr Dolmetscher zu Ihnen ins Hotel und frühstückt mit Ihnen. Sie verbringen den ganzen Tag mit Besichtigungen. Der Dolmetscher bezahlt alle Mahlzeiten und organisiert für abends einige gesellschaftliche Aktivitäten. Der Dolmetscher ist freundlich und erzählt über seine Familie und seine sozialen Aktivitäten. Sie revanchieren sich mit ein paar Informationen über Ihre Familie, nichts Wichtiges, nur die Namen Ihrer Frau und Ihrer Kinder, die Geburtstage, Ihren Hochzeitstag und die Ferien, die Sie mit Ihrer Familie verbringen. Je mehr Tage vergehen, desto erstaunter sind Sie, dass Sie und Ihr Dolmetscher trotz der kulturellen Unterschiede so viele Gemeinsamkeiten haben.

Der Vortragstag rückt näher. Der Vortragsraum ist bis auf den letzten Platz besetzt. Ihr Vortrag wird positiv aufgenommen. Am Ende der Präsentation kommt ein Zuhörer zu Ihnen und sagt, dass er an Ihrer Forschung sehr interessiert ist, weil sie so faszinierend und innovativ sei. Er stellt eine Frage in Zusammenhang mit seiner eigenen Arbeit, die auch Bezug zu Ihrer Forschung hat. Die Antwort verlangt, dass Sie empfindliche, aber keine geheimen Informationen preisgeben. Sie geben die Information gerne weiter, zusammen mit einer ausführlichen Erklärung, obwohl diese an den geheimen Bereich grenzt.

Während Sie darauf warten, an Bord des Fliegers zu gehen, der Sie zurück in die Vereinigten Staaten bringen wird, informiert Ihr Dolmetscher

Sie, dass Ihr Vortrag ein gewaltiger Erfolg war und die chinesische Regierung Sie im nächsten Jahr gerne zu einem weiteren Vortrag einladen möchte. Aufgrund der großen Resonanz würden Sie im nächsten Jahr sogar im Großen Festsaal sprechen. (Der chinesische Dolmetscher gibt Ihnen die Gelegenheit, sich geschmeichelt zu fühlen, die wirksamste Form der Schmeichelei. Sie wird später noch besprochen.) Ach ja, Ihre Frau würde übrigens auch mit eingeladen und alle Kosten übernommen.

Als FBI-Spionageabwehrbeamter war es meine Aufgabe, Wissenschaftler, die nach Übersee gereist waren, eingehend zu befragen, um festzustellen, ob sie von ausländischen Nachrichtenoffizieren kontaktiert worden waren, die an geheime Informationen kommen wollten. Ich sprach mit vielen Wissenschaftlern, die ähnliche Geschichten wie die oben aufgeführte beschrieben. Alle Wissenschaftler berichteten, dass die Chinesen tadellose Gastgeber waren und niemals Fragen zu geheimen Informationen stellten. Kein Foulspiel. Vorgang abgeschlossen.

Eine Sache, die mich umtrieb, waren die Bemerkungen der Wissenschaftler, dass sie mit ihren Dolmetschern so viele Gemeinsamkeiten hatten. Angesichts der kulturellen Unterschiede weckte dies meine Neugier. Ich wusste, dass das Herstellen von Gemeinsamkeiten der schnellste Weg ist, eine Beziehung aufzubauen. (Diese Technik der »Gemeinsamkeiten« wird in Kapitel 2 besprochen.)

Dann nutzte ich die Freundschaftsformel, um die China-Besuche der Wissenschaftler weiter auszuwerten. Der Faktor Nähe war sicherlich vorhanden. Die Häufigkeit war gering, da die Wissenschaftler nur einmal pro Jahr nach China reisten. Wenn die Häufigkeit gering ist, muss für die Entwicklung einer persönlichen Beziehung die Dauer lang sein. Die Dauer war lang. Jeden Morgen kam derselbe Dolmetscher zu den Wissenschaftlern und verbrachte den gesamten Tag und Abend mit ihnen. Auf Grundlage der Themen, die von den Dolmetschern mit den Wissenschaftlern besprochen wurden, war auch die Intensität hoch. Schließlich dämmerte es mir. Die Wissenschaftler wurden angeworben, wussten es jedoch nicht, und bis zu diesem Punkt war auch mir das entgangen.

Die Wissenschaftler bemerkten die Anwerbungsbemühungen nicht. Die Chinesen nutzten wissentlich oder unwissentlich die Freundschaftsformel, die beschreibt, wie Menschen ganz natürlich Freundschaften entwickeln. Da es ein natürlicher Vorgang ist, achtet das Gehirn nicht auf diese subtile Anwerbemethode. Von diesem Zeitpunkt an befragte ich die Wissenschaftler anhand der Freundschaftsformel, um festzustellen, ob ausländische Nachrichtendienste irgendwelche Anwerbeversuche unternahmen. Insbesondere bat ich die Wissenschaftler, die Nähe, Häufigkeit, Dauer und Intensität der Kontakte mit allen Personen zu beschreiben, die sie während ihrer Reisen hatten. Außerdem instruierte ich die Wissenschaftler vor Antritt der Chinareise, auf der Hut vor den subtilen Methoden zu sein, mit denen die Chinesen geheime Informationen zu stehlen versuchen.

Die Freundschaftsformel und wie Sie sie nutzen können

Für den Rest dieses Buches wird die Freundschaftsformel als Basis für den Aufbau von Freundschaften verwendet. Unabhängig von der Art der Freundschaft, die Sie sich wünschen (kurz, lang, entspannt oder intensiv), wird jede Freundschaft von **Nähe, Häufigkeit, Dauer** und **Intensität** beeinflusst. Stellen Sie sich die Freundschaftsformel wie das Betonfundament vor, auf dem ein Haus gebaut wird. Dieses Haus kann sehr unterschiedliche Formen annehmen, genau wie eine Freundschaft, aber das Fundament bleibt grundsätzlich dasselbe.

Anwendung der Freundschaftsformel im Alltag

Ich traf Phillip, den Sohn eines engen Freundes, in einem Coffee Shop vor Ort. Phillip hatte kürzlich an der Hochschule einer Kleinstadt seinen Studienabschluss gemacht und seinen ersten Job in Los Angeles. Er war Single und wollte neue Freunde finden. Zeitlebens hatte er bisher in kleineren

Städten gelebt und fand sich nun plötzlich in einer Großstadt wieder, wo ihm das Schließen neuer Freundschaften eine beängstigende Aufgabe zu sein schien.

Ich riet ihm, regelmäßig eine Kneipe in der Nähe seiner Wohnung aufzusuchen, beim Betreten freundschaftliche Signale auszusenden, um die Botschaft zu vermitteln, dass er keine Bedrohung darstellt (freundschaftliche Signale werden im nächsten Kapitel vorgestellt), und sich dann alleine an die Theke, einen Tisch oder in eine Nische zu setzen.

Durch seine täglichen Besuche könnte der Faktor der Nähe greifen, und seine regelmäßigen Auftritte würden dafür sorgen, dass sich auch Häufigkeit und Dauer einstellten. Mit jedem Besuch könnte er allmählich die Intensität steigern, die letzte Komponente der Freundschaftsformel, indem er andere Gäste etwas länger anschaut und anlächelt. Phillip brauchte noch einen Aufhänger, der Neugier erweckte, um Leute anzuziehen. Er erzählte mir, dass er alte Murmeln sammelt. Ich instruierte ihn, bei jedem Besuch in der Kneipe ein Vergrößerungsglas und eine Tüte Murmeln mitzubringen, diese auf der Theke auszulegen und jeweils aufmerksam mit dem Vergrößerungsglas zu betrachten. Diese Tätigkeit würde bei anderen Gästen Neugier erwecken. Außerdem sagte ich ihm, er solle mit dem Barkeeper und dem Servicepersonal einen guten Kontakt aufbauen, da sie seine Botschafter bei den übrigen Stammgästen werden würden. Da der Barkeeper und das Servicepersonal direkten Kontakt mit Phillip hatten, würden andere Gäste sie fragen, wer diese neue Person sei. Sie würden nett über Phillip sprechen, was wiederum als Primär-Filter dienen würde, durch den andere Gäste Phillip sehen würden. (Primär-Filter werden im nächsten Kapitel besprochen.)

Mehrere Wochen später rief Phillip mich an und berichtete, ich hätte recht gehabt. Bei seinem ersten Besuch in der Kneipe bestellte er ein Getränk, legte seine Murmeln vor sich hin und untersuchte eine nach der anderen mit seinem Vergrößerungsglas. Ein paar Minuten später, nachdem der Barkeeper ihm sein Getränk serviert hatte, befragte dieser ihn zu dieser ungewöhnlichen Tätigkeit. Phillip erzählte dem Barkeeper kurz über seine Murmelsammlung und machte ihn auf die unterschiedlichen Größen, Farben und Materialien der Murmeln aufmerksam. Nach mehreren Besuchen in der Kneipe waren Phillip und der Barkeeper bereits besser miteinander bekannt.

Der Barkeeper mochte Phillip und stellte ihn mehreren Leuten vor, die offenbar an seinem Hobby interessiert waren. Die Murmeln dienten als Einstieg in ein Gespräch, und von da aus war der Übergang zu anderen Themen mühelos.

Die Freundschaftsformel wirkt wie Zauberei, ist es aber nicht. Sie spiegelt lediglich wider, wie die Menschen normalerweise Freundschaften aufbauen. Und wenn man die Grundfaktoren der Freundschaftsentwicklung kennt, wird der Aufbau von Freundschaften einfach.

Wie Vladimir durch die Freundschaftsformel beeinflusst wurde

Sie erinnern sich sicher, dass Vladimir anfangs geschworen hatte, nicht mit mir zu sprechen. Das Erste, was ich tat, war, **Nähe** herzustellen. Ich saß jeden Tag bei ihm und las Zeitung, ohne etwas zu sagen, ich ignorierte ihn praktisch. Diese schweigende Tätigkeit stellte Nähe her, was aber noch wichtiger war, sie stellte keine Bedrohung dar. Als Vladimir erst einmal festgestellt hatte, dass ich keine Bedrohung war, wurde er neugierig. Warum kommt dieser Agent täglich? Welchen Zweck hat das? Warum sagt er nichts zu mir? Meine täglichen Besuche und meine schweigende Lesetätigkeit dienten als Aufhänger für die Neugier. Mit dem Ergebnis, dass Vladimir schließlich sein Schweigen brach und den ersten Schritt machte, um Kontakt herzustellen. Es war nun nicht mehr meine Idee, mit ihm zu sprechen, sondern seine. Vladimir ergriff die Initiative. Selbst dann fing ich noch nicht sofort an, mit ihm zu sprechen; stattdessen erinnerte ich ihn daran, dass er bei unserer ersten Begegnung geschworen hatte, nie mit mir reden zu wollen. Dies führte zusätzlich zur Freundschaftsformel zwei psychologische Prinzipien ein, die später im Buch noch besprochen werden, das »Prinzip der Knappheit« und das Prinzip »Je verbotener, desto reizvoller«.

Einfach ausgedrückt war ich für Vladimir nicht bereitwillig verfügbar, was seine Neugier steigerte und seine Motivation zu sprechen steigen ließ. Sobald Vladimir mir seinen persönlichen und psychischen Raum öffnete, konnte ich die beziehungsfördernden Methoden nutzen, um ihn an den Punkt zu bringen, wo er mich willig mit Informationen versorgte.

Für einen erfolgreichen Einsatz der Freundschaftsformel müssen Sie vor Augen haben, welche Art von Beziehung Sie aufbauen möchten und wie viel Zeit Sie hierfür mit der Person Ihres Interesses verbringen müssen. Offenkundig spielt die Formel keine große Rolle, wenn es darum geht, jemanden für sich zu gewinnen, den Sie nur einmal oder sporadisch sehen. Ein Beispiel: Nehmen wir einmal an, Sie sind für eine eintägige Konferenz in Cleveland, Ohio, und begegnen dort diesem besonders attraktiven Mann oder dieser besonders attraktiven Frau und möchten den Abend mit ihm oder ihr verbringen. Als Sie dieser Person ein freundschaftliches Signal senden, wird dieses nicht erwidert; tatsächlich macht die Person »ihren Laden dicht«. In diesem Stadium erreichen Sie bei dieser Person nichts; jedenfalls nicht an diesem Abend. Wenn Sie jedoch letztlich nach Cleveland ziehen, können Sie entsprechend der Freundschaftsformel immer noch in die Lage kommen, diese Person für sich zu gewinnen, indem Sie Nähe, Häufigkeit, Dauer und Intensität nutzen, um eine Beziehung zu entwickeln.

Das Freund-Feind-Kontinuum

Freund	Fremder	Feind

Wenn zwei Menschen sich erstmals begegnen (vorausgesetzt, keiner weiß etwas über den anderen), sind sie Fremde. Stellen Sie sich vor, Sie gehen in einer Stadt, in der Sie niemanden kennen, eine Straße entlang, und um Sie herum sind die Leute zu ihren jeweiligen Zielen unterwegs. Oder versetzen

Sie sich in eine Kneipe oder ein Restaurant oder ein öffentliches Gebäude, wo Sie sich zwischen Dutzenden unbekannten Leuten aufhalten. In diesen Fällen befinden Sie sich auf dem Kontinuum in der Zone »Fremder«. Sie sind für Ihre Umgebung ein Fremder, so, wie diese für Sie Fremde sind.

Die meisten menschlichen Interaktionen bleiben in der Zone »Fremder«. Wir nehmen kaum Notiz von Hunderten oder sogar Tausenden persönlichen Kontakten, die wir in unserem Alltag erleben, während wir unseren Beschäftigungen nachgehen. Dennoch macht eine Fremde/ein Fremder gelegentlich etwas, das uns von ihrer oder seiner Anwesenheit Notiz nehmen lässt; wir werden dieser Person *gewahr*. Das muss nichts Offenkundiges sein. Anfangs müssen wir nicht einmal verstehen, warum eine spezielle Person »unsere Aufmerksamkeit erregt«.

Aber was lässt einen Fremden plötzlich herausragen und zu einer interessanten Person werden? Diese Person wurde vom (in Ermangelung eines besseren Begriffs) *»Territorial-Scanner«* Ihres Gehirns herausgefischt. Wissenschaftler haben entdeckt, dass unsere Sinne, während wir unseren Alltagsbeschäftigungen nachgehen, ständig Botschaften an unser Gehirn senden, das die Informationen im Gegenzug verarbeitet, um unter anderem zu bewerten, ob ein bestimmtes Individuum innerhalb unseres Beobachtungsradius ignoriert werden kann, sich eine Annäherung lohnt oder gemieden werden sollte. Dieser Vorgang erfolgt automatisch, er ist in unseren Gehirnen »vorprogrammiert« und stützt sich auf die Fähigkeit des Gehirns, spezifische nonverbale und verbale Verhaltensweisen als entweder »freundschaftliche«, »neutrale« oder »feindliche« Signale zu interpretieren.

Die Funktion des »Territorial-Scanners« kann unter Nutzung der folgenden Analogie beschrieben werden. Eine Frau geht direkt am Meer am Strand auf und ab. Beim Gehen hält sie einen Metalldetektor vor sich, den sie abwechselnd von links nach rechts, von einer Seite zur anderen bewegt. Der Großteil ihres Weges wird nicht unterbrochen, der Metalldetektor hat nichts Interessantes unter dem Sand entdeckt. Aber immer wieder piepst das Gerät, und die Frau bleibt stehen und gräbt im Sand, um zu entdecken, was dort vergraben ist. Was sie dort findet, kann ein Schatz sein, eine teure Uhr oder eine wertvolle Münze. Oder es kann Müll sein, wie eine weggeworfene Dose oder Alufolie. Wenn sie extrem viel Pech hat, könnte es eine längst vergessene Landmine sein, die nur darauf wartete, zu detonieren. Ihr Gehirn ist wie dieser Metalldetektor, ständig sucht er Ihre Umgebung nach Signalen ab, die Dinge anzeigen, denen Sie sich nähern sollten, von denen Sie sich besser fernhalten oder die irrelevant sind und ignoriert werden können. Verhaltenswissenschaftler haben Jahrzehnte damit zugebracht, die Arten menschlichen Verhaltens zu entdecken, zu katalogisieren und zu beschreiben, die das Gehirn als »freundschaftliche« oder »feindliche« Signale interpretiert. Sobald Sie die Signale kennen, können Sie sie dafür nutzen, Freunde zu gewinnen, und nebenbei davon profitieren, indem Sie sich von solchen Leuten fernhalten, die Sie besser meiden.

Die Signale »langfristig zu vermieten«, »kurzfristig zu vermieten« oder »unverkäuflich«

Eine meiner Studentinnen berichtete der Klasse, dass sie in ihrer Stammkneipe interessante nonverbale Signale wahrzunehmen begann. Häufig beobachtete sie, dass Männer in festen, ausschließlichen Beziehungen andere Signale aussenden als Männer in festen Beziehungen, die scheinbar Affären außerhalb der Beziehung suchen. Die Studentin bemerkte, dass sie seitens einiger verheirateter Männer starke nonverbale feindliche Signale wahrnehmen konnte, die von unerwünschter persönlicher Aufmerksamkeit abschreckten. Andere vermutlich liierte Männer hingegen sendeten starke freundschaftliche Signale aus, denen zufolge sie etwas nebenher suchten. Die Studentin bemerkte, dass diese freundschaftlichen Signale subtiler waren als die freundschaftlichen Signale ungebundener Männer.

Finstere Miene

Haben Sie sich jemals darüber gewundert, wie es manchen Menschen gelingt, andere Menschen anzuziehen, einen guten Eindruck zu machen und für sich zu gewinnen, während eine andere Person, die genauso attraktiv und erfolgreich im Leben steht, diese »magnetische Anziehung« anscheinend nicht nutzen kann? Letztlich liegt es häufig daran, dass unbewusst feindliche Signale gesendet werden. Eine andere Studentin lieferte mir (zu ihrem Pech) ein großartiges Beispiel dafür. Sie erwähnte, sie habe Schwierigkeiten, am Midwestern College, an dem ich unterrichte, Freunde zu finden. Sie sagte, die Leute würden ihr gegenüber häufig äußern, dass sie kalt, distanziert und unnahbar wirke, aber sobald man sie kenne, habe sie wenig Probleme, enge Beziehungen mit ihnen zu entwickeln.

Während unserer Unterhaltung erfuhr ich, dass sie in einem schwierigen und gefährlichen Viertel in Atlanta aufgewachsen war, wo sie es von klein auf gelernt hatte, sich ein sehr dickes Fell zuzulegen. Ich sagte ihr, sie müsse nicht ihre Kommunikationsfähigkeiten weiter verbessern, sondern stattdessen etwas an der Art ändern, wie sie sich anderen Menschen gegenüber darstellt. Sie hatte nie aufgehört, der Welt ihre »finstere Miene« zu zeigen. Das ist bei Menschen, die in schwieriger Umgebung oder einfach nur in Großstädten aufwachsen, nicht ungewöhnlich. Der finstere Blick sendet anderen ein klares nonverbales Signal, dass sie Feinde und keine Freunde sind. Es ist eine Warnung, sich fernzuhalten und »nicht anzubandeln«. Es ist unwahrscheinlicher, dass potenzielle Feinde jemanden als Ziel auswählen, der diesen finsteren Blick hat, daher wird er in schwierigen Stadtvierteln zu einem wertvollen Überlebenswerkzeug. Sobald diese Studentin sich bemüht, mehr »freundschaftliche« als »feindliche« Signale auszusenden, wird sie kaum Probleme haben, mit anderen Studenten Kontakt zu bekommen.

Finstere Miene.

Hätten Sie Lust, auf eine Person mit einer so finsteren Miene zuzugehen? Dabei ist zu beachten, dass sich viele Leute mit einem solchen Gesichtsausdruck überhaupt nicht darüber im Klaren sind, dass sie feindliche Signale aussenden, die andere davon abhalten, mit ihnen Kontakt aufzunehmen. Genau deshalb ist es so wichtig, über geeignete verbale und nonverbale freundschaftliche Signale Bescheid zu wissen.

Wann das Aussenden feindlicher Signale sinnvoll ist

Insbesondere in Großstädten sind Bettler immer auf der Suche nach Almosen. Sie können sehr aufdringlich sein. Ihre Aufdringlichkeit ist jedoch nicht wahllos. Sie nehmen solche Leute ins Visier, die am wahrscheinlichsten Geld geben, und verfolgen diese geradezu aggressiv. Woher aber wissen sie, wer ein leichtes Opfer ist und wer nicht? Ganz einfach: Sie achten auf freundschaftliche und feindliche Signale. Wenn ihre Zielperson Augenkontakt herstellt, steigen die Chancen. Wenn ihre Zielperson lächelt, steigen die Chancen. Wenn ihre Zielperson Mitleid zeigt, steigen die Chancen.

Wenn Sie ständig zum Ziel von Bettlern und Schnorrern werden, liegt das sehr wahrscheinlich daran, dass Sie ihnen unabsichtlich nonverbale Signale senden, die zu persönlichem Kontakt einladen. Ohne persönlichen Kontakt ist die Chance, Geld zu bekommen, gleich null. Bettler wissen das und verfolgen Zielpersonen, bei denen es wahrscheinlicher ist, dass ihre Mühe belohnt wird. In diesem Fall könnte eine finstere Miene recht praktisch sein.

Als Teenager ging ich einmal durch ein Viertel, in dem ich mich nicht auskannte, was sich als ziemlich gefährlich erwies. Ich war wie ein Fisch auf dem Trockenen. Ein älterer Mann, der bemerkte, dass ich meine Komfortzone verlassen hatte, kam mir zu Hilfe. Er gab mir ungebeten einen äußerst hilfreichen Rat, um sicher aus diesem Viertel zu kommen: »Gehe so, als hättest du ein bestimmtes Ziel. Schwinge die Arme und lege dir einen entschiedenen Gang zu. Und wenn dich irgendjemand anspricht, sprich selbstbewusst. Wenn dir das gelingt, wirst du nicht als potenzielles Opfer wahrgenommen, und die Wahrscheinlichkeit ist größer, dass man dich nicht schikaniert.« Es war damals ein guter Rat und ist es auch heute noch.

Ihre nonverbale (wie Sie sich verhalten) und verbale (was Sie sagen) Kommunikation sendet Signale in die Umgebung. Entschiedene Bewegungen haben einen Zweck. Ein potenzieller Angreifer wird Sie weniger wahrscheinlich als Zielobjekt sehen, so, wie eine gesunde, schnelle und wendige Antilope für einen Löwen, der eine Antilopenherde in der Savanne verfolgt, wahrscheinlich nicht das Ziel der Wahl ist.

Cullen Hightower wird die folgende, sehr einsichtige Beobachtung zugeschrieben: »Fremde sind das, woraus sich Freunde entwickeln.« Jedes Mal, wenn Sie einem anderen Menschen das erste Mal begegnen, ist er ein Fremder, und in dem Moment, wo Sie ersten Kontakt mit ihm haben, befindet er sich genau in der Mitte des Freund-Feind-Kontinuums. Durch Anwendung der nonverbalen und verbalen Signale können Sie Fremde als Freunde gewinnen.

Die übliche menschliche »Operationsbasis«

Stellen Sie sich vor, Sie fahren von der Arbeit nach Hause und bemerken plötzlich, dass ein anderes Auto dicht auffährt. Ihr Gehirn, das ständig Informationen Ihrer fünf Sinnesorgane aufnimmt und die Daten auf mögliche Gefahren prüft, hat eine Bedrohung wahrgenommen. Ein anderes Auto macht etwas Unnormales. Es ist in die Zone eingedrungen, die den »Sicherheitsabstand« vom »unsicheren Abstand« trennt, und stellt nun ein Risiko für Ihr Wohlbefinden dar. Sie haben »automatisch« den Verkehr hinter sich beobachtet, ohne sich dessen überhaupt bewusst zu sein, solange andere Fahrzeuge nicht in Ihre Distanzzone eingedrungen sind. Erst als ein nachfolgendes Fahrzeug die Grenzen des normalen Abstands verletzt, nehmen Sie Notiz davon.

Was beim Autofahren gilt, ist auch wesentlich für das Schließen von Freundschaften. Ihr Gehirn beobachtet automatisch die verbale und nonverbale Kommunikation. Werden die Dateninputs als normal und nicht bedrohlich bewertet, reagieren Sie automatisch, bei Ihnen wird kein Verdacht, kein Eindruck einer Gefahr erweckt. Aus diesem Grund funktionieren die Methoden, die Sie in diesem Buch lernen, denn sie liegen alle innerhalb der üblichen menschlichen »Operationsbasis«. Selbst wenn Sie vielleicht *meinen*, eine Person würde bewusst aufnehmen, was Sie tun, ist dies nicht der Fall, weil das Gehirn diese Verhaltensweisen als normal verbucht und sie daher keine Aufmerksamkeit erwecken, genau wie Autos, die mit Sicherheitsabstand folgen.

In diesem Buch werden wir die freundschaftlichen und feindlichen Signale hervorheben. Sie fallen alle in den Bereich der üblichen menschlichen Operationsbasis und können genutzt werden, um Beziehungen zu verbessern. Jeder von Ihnen hat die Fähigkeit, diese Signale zu nutzen, wir alle haben sie in unserem Leben tatsächlich bereits genutzt. Leider kennen viele Menschen nicht alle Signale, die zur Verfügung stehen, und/oder wissen nicht, wie sie am wirksamsten eingesetzt werden können. Das gilt heute sogar noch mehr als in der Vergangenheit, weil die technischen Fortschritte die Entwicklung unserer emotionalen Intelligenz unterdrückt haben.

Freundschaften schließen in einer Welt, die hauptsächlich per Daumen kommuniziert

Einmal bat ich zwei Studenten am Anfang einer Vorlesung, nach vorne zu kommen und sich einander gegenüberzusetzen. Dann bat ich sie, sich fünf Minuten zu unterhalten. Sie schauten mich verdutzt an und fragten, worüber sie reden sollten. Ich sagte, sie könnten über alles reden, wozu sie Lust hätten. Ihnen fiel kein einziges Thema ein! Sie saßen nur da und schauten sich an. Dann wies ich sie an, ihre Stühle Rücken an Rücken zu stellen und sich über irgendein Thema SMS zu schicken. Erstaunlicherweise hatten sie kein Problem damit, sich fünf Minuten lang per SMS auszutauschen.

Und genau da liegt ein Problem. Bevor es Handy und Videospiele gab, lernten Kinder die grundlegenden sozialen Fähigkeiten während ihres persönlichen Miteinanders auf dem Spielplatz. Sie lernten, wie man Freunde findet und wie man mit Konflikten und zwischenmenschlichen Differenzen umgeht, und dabei entwickelten sie ihre sozialen Fähigkeiten. Nebenbei lernten die Kinder, wie subtile nonverbale Signale zu lesen und zu übermitteln sind, auch wenn sie sich dessen nicht bewusst waren.

In der heutigen »Daumenkultur« spielt niemand mehr Ball, wie Generationen vor der Handy-Gesellschaft es gemacht haben. Die Kinder bleiben daheim und spielen Videospiele oder schicken einander SMS. Sicher, es gibt einige organisierte Sport- und Schulaktivitäten, aber der persönliche soziale Umgang ist in unserer technisch ausgerichteten Welt drastisch zurückgegangen. Das ist schlecht. Es ist nicht so, dass Kinder, die mit Technik aufwachsen, nicht die Fähigkeit hätten, soziale Fähigkeiten und Signale aufzunehmen, nur haben sie zu wenig Übung darin, diese Fähigkeiten zu verfeinern und sie in persönlichen Beziehungen wirksam einzusetzen.

Beachten Sie in dem oberen Foto auf Seite 39 die Signale von Desinteresse zwischen den beiden Personen, die versuchen, ein Gespräch zu führen. Der Mann hat die Hände in den Hosentaschen und schaut weg. Die Frau schaut nach unten. Da sieht man keine Kopfneigung, kein Lächeln, keine positiven Gesten, kein gegenseitiges Spiegeln. Das untere Foto zeigt die Ungezwungenheit und positive Körpersprache junger Leute beim SMS-Schreiben.

Der Sympathie-Schalter soll das Beste aus Ihnen herausholen, wenn es darum geht, Freunde zu finden und erfolgreiche Beziehungen zu genießen – und zwar im echten Leben, nicht nur in einem digital gestützten Leben.

Hier wird illustriert, dass die Kommunikation von Angesicht zu Angesicht schwieriger ist, als einander SMS zu schreiben.

2

Beachtet werden, noch bevor das erste Wort gesprochen wurde

Es gibt keine zweite Chance, um einen guten ersten Eindruck zu hinterlassen.

———

WILL ROGERS

Vielleicht hatten Sie das Glück, als Kind einen Sommerabend damit zu verbringen, das Lichterschauspiel der Natur zu beobachten. Möglicherweise haben Sie sogar ein Einweckglas aus der Küche geholt und versucht, die Leuchtpunkte einzufangen, die in der zunehmenden Dunkelheit auftauchten und wieder verschwanden und wie winzige Laternen in einer leichten Brise dahintrieben.

Glühwürmchen gehören zu den faszinierendsten Kreaturen dieser Erde. Für unsere Zwecke ist es nicht wirklich relevant, *wie* Glühwürmchen aufleuchten. Man muss halb Biologe und halb Physiker sein, um diesen Vorgang zu verstehen. Für uns ist interessant, *warum sie* aufleuchten.

Dabei zeigt sich, dass Glühwürmchen aus verschiedenen Gründen aufleuchten. Einige Wissenschaftler glauben, ihr Blinken sei eine Warnung für potenzielle Angreifer, dass sie bitter schmecken und eine widerliche Mahlzeit abgeben. Wie Räuber den Gedankensprung zu dieser Schlussfolgerung machen sollten (Sprung ist ein gutes Wort in diesem Zusammenhang, denn Frösche scheinen sie in hoher Anzahl zu verschlingen), wird nicht erklärt. Andere weisen auf die Tatsache hin, dass verschiedene Arten von Glühwürmchen unterschiedliche Leuchtmuster haben, die ihnen helfen, Mitglieder der eigenen Spezies und das Geschlecht des Leuchtenden zu erkennen. Der Grund, der hier von Interesse ist, betrifft die Lichtnutzung des Glühwürmchens als Paarungssignal. Dabei erhält »Blinken« eine völlig neue Bedeutung. Es wurde festgestellt, dass männliche Glühwürmchen spezifische Blinkmuster haben, um passende Weibchen anzuziehen. Falls Sie einen Aufhänger für den Beginn eines Gesprächs brauchen, könnte es Sie interessieren, dass Marc Brown beobachtet hat, dass »eine schnellere Blinkgeschwindigkeit und stärkere Blinkintensität bei zwei verschiedenen Arten von Glühwürmchen auf die Weibchen attraktiver wirkten«.

Glühwürmchen und Freunde

Das Verhalten der Glühwürmchen ist eine großartige Metapher dafür, wie man für andere attraktiver werden und sie dafür empfänglich machen kann, uns als potenzielle Freunde zu sehen. Da die Leute Sie häufig zuerst sehen, bevor sie Sie hören, können die nonverbalen Signale, die Sie aussenden, deren Meinung beeinflussen. Das gilt besonders dann, wenn Sie jemandem das erste Mal begegnen und diese andere Person noch nichts über Sie weiß. Genau wie das Glühwürmchen können Sie anderen Personen in Ihrer Umgebung bei dem Versuch, diese zu einer Interaktion zu ermutigen oder im Gegenteil davon abzuhalten, freundschaftliche oder feindliche Signale senden. Oder Sie »knipsen Ihr Licht aus« und bleiben relativ anonym.

Bedenken Sie, dass in jeder Situation, in der zwei oder mehr Fremde in Sichtweite voneinander sind, die Möglichkeit besteht, dass eine Person die andere beobachtet. Was er oder sie dabei sieht, wird vom Gehirn des Beobachters automatisch zu potenziellen freundschaftlichen oder feindlichen Signalen verarbeitet. In den meisten Fällen ist das so weit in Ordnung, weil das optische Erscheinungsbild der Person »neutral« ist und das Gehirn, das die Person weder als Bedrohung noch als Gelegenheit wahrnimmt, entscheidet, sie völlig fallen zu lassen. Stellen Sie sich das vor wie jemanden, der in New York City ein Taxi herbeirufen möchte. Da Dutzende von Taxis auf der Straße unterwegs sind, richtet sich die Aufmerksamkeit dieser Person auf das Licht oben auf dem Taxidach. Ist das Licht ausgeschaltet, wird das Taxi schnell ignoriert, ist es hingegen angeschaltet, richten sich Aufmerksamkeit und Handlungen der Person auf dieses spezifische Fahrzeug.

Sicher waren auch Sie irgendwann einmal mit einer Gruppe von jungen Männern oder jungen Frauen unterwegs, die in einen Nachtclub, eine Kneipe oder an einen anderen öffentlichen Treffpunkt gegangen sind, um nach Möglichkeit Vertreter des jeweils anderen Geschlechts kennenzulernen. Haben Sie dabei bemerkt, wie manche Leute die Aufmerksamkeit auf sich zu ziehen scheinen, während andere kaum bemerkt werden? Manchmal liegt das an unterschiedlicher körperlicher Attraktivität oder äußerlicher Demonstration von Reichtum, aber ebenso oft, wenn nicht sogar öfter, liegt es daran, dass die »beliebte« Person freundschaftliche Signale aussendet, die sie vom »neutralen« (Fremder) Punkt auf dem Freund-Feind-Kontinuum zum positiven (Freund) Punkt hin verschiebt, wodurch sich die Chancen auf soziale Interaktion verbessern.

Bedenken Sie, dass unser Gehirn die Umgebung ständig nach freundschaftlichen oder feindlichen Signalen absucht. Leute, die feindliche Signale aussenden, werden als Bedrohung wahrgenommen, die es zu meiden gilt. Leute, die freundschaftliche Signale aussenden, werden als nicht bedrohlich und zugänglich angesehen. Wenn Sie andere Leute treffen, vor allem, wenn es das erste Mal ist, sorgen Sie dafür, die richtigen nonverbalen Hinweise zu senden, die es anderen erlauben, Sie eher in einem positiven als in einem neutralen oder negativen Licht zu sehen.

Die drei wichtigen freundschaftlichen Signale

Was genau sind diese nonverbalen freundschaftlichen Signale, die Sie nutzen können, um Ihre Chancen zu erhöhen, dass andere Menschen positiv auf Sie aufmerksam werden, und um eine positive Basis für eine Freundschaft zu legen, ob nun für eine Nacht oder für ein ganzes Leben? Es gibt zahlreiche Signale, aus denen Sie wählen können, für unsere Zwecke jedoch sind drei Signale entscheidend, wenn Sie andere dazu ermuntern möchten, Sie als liebenswerte Person wahrzunehmen, die möglicherweise eine Freundschaft wert ist. Dies sind das »Hochziehen der Augenbrauen«, das »Neigen des Kopfes« und das echte im Gegensatz zum künstlichen »Lächeln« (ja, das menschliche Gehirn kann den Unterschied erkennen!).

Das Hochziehen der Augenbrauen

Das Hochziehen der Augenbrauen ist eine schnelle Rauf-Runter-Bewegung der Augenbrauen, die etwa eine Sechstel Sekunde dauert und als primäres, nonverbales freundschaftliches Signal genutzt wird. Wenn sich Personen begegnen, blicken sie sich mit einem Hochziehen der Augenbrauen an, um sich gegenseitig die Botschaft zu senden, dass sie keine Bedrohung darstellen. In einem Abstand von etwa einem Meter fünfzig voneinander registriert unser Gehirn dieses Signal. Ist das Signal vorhanden und wird erwidert, sagt unsere nonverbale Kommunikation der anderen Person, dass wir kein Feind sind, der gefürchtet oder gemieden werden muss. Die meisten Menschen realisieren gar nicht, dass sie die Augenbrauen hochziehen, da diese Geste fast unbewusst erfolgt. Machen Sie das Experiment: Beobachten Sie andere, die sich das erste Mal begegnen, und nach Möglichkeit auch bei nachfolgenden Begegnungen. Wenn jemand in einem Büro oder einer sozialen Umgebung eine andere Person das erste Mal begrüßt, wird zusammen mit dem Hochziehen der Augenbrauen eine verbale Begrüßung genutzt. Ein verbaler Gruß könnte sein »Wie geht es Ihnen?«, »Guten Tag«. Wenn Leute sich das zweite Mal sehen, müssen sie gar nichts sagen, tauschen aber ein Hochziehen der Augenbrauen aus oder heben, wenn es Männer sind, kurz den Kopf. Wenn Sie das nächste Mal jemandem begegnen, beobachten Sie einmal genau, was Sie tun und was die andere Person tut. Sie werden über das Ausmaß nonverbaler Aktivität überrascht sein, wenn sich Leute begegnen. Noch überraschter werden Sie sein, dass Sie im Laufe Ihres bisherigen Lebens nie erkannt haben, welche nonverbalen Hinweise Sie gegeben haben.

Ein natürliches Hochziehen der Augenbrauen. In echten Situationen wirkt es nicht so übertrieben, da es sehr schnell erfolgt.

Ein Hochziehen der Augenbrauen kann über größere Distanzen erfolgen. Wenn Sie an jemandem interessiert sind, der am anderen Ende eines mit vielen Leuten gefüllten Raumes steht, senden Sie ein Hochziehen der Augenbrauen und beobachten, ob das Signal erwidert wird. Erhalten Sie als Reaktion ebenfalls ein Hochziehen der Augenbrauen, kann mehr daraus werden. Erfolgt keine Reaktion, könnte dies einen Mangel an Interesse anzeigen. Somit können Sie das Hochziehen der Augenbrauen als ein Frühwarnsystem nutzen, um festzustellen, ob die Person, für die Sie sich interessieren, dieses Interesse überhaupt erwidert. Wird Ihr Signal nicht erwidert, kann es Sie vor einem peinlichen Moment oder einer unverblümten Abfuhr bewahren und besagen, dass es am besten ist, dass Sie sich anderweitig nach einer Person umsehen, die für die Annäherung empfänglicher ist.

Wenn jemand Ihr Hochziehen der Augenbrauen nicht erwidert hat, Sie jedoch weiterhin daran interessiert sind, mit dieser Person Kontakt aufzunehmen, heißt es nicht, dass diese Person »tabu« ist, aber Sie müssen vielleicht andere freundschaftliche Signale verwenden (oder auf diese achten), bevor Sie tatsächlich einen Versuch unternehmen.

Zum freundschaftlichen Hochziehen der Augenbrauen gehört ein kurzer Augenkontakt mit der betreffenden Person, besonders dann, wenn Sie die Person noch nicht kennen oder nur flüchtig mit ihr bekannt sind. Längerer Augenkontakt zwischen zwei Menschen weist auf eine intensive Emotion hin und entspringt entweder Liebe oder Feindseligkeit. Sehr langer Augenkontakt (»Anstarren«) ist so beunruhigend, dass wir bei normalen sozialen Begegnungen Augenkontakt meiden, der länger als ein oder zwei Sekunden dauert. Innerhalb einer Ansammlung von Fremden an einem öffentlichen Ort dauert ein Augenkontakt in der Regel nur den Bruchteil einer Sekunde, und die meisten Menschen werden ihn sogar gänzlich vermeiden.

Nicht jedes Hochziehen der Augenbrauen ist ein freundschaftliches Signal. Ein Beispiel für ein »unnatürliches« Hochziehen der Augenbrauen ist auf der nächsten Seite abgebildet. Im echten Leben liegt ein unnatürliches Hochziehen der Augenbrauen vor, wenn eine Person die Augenbrauen etwas länger hochgezogen hält. Dies wird bestenfalls als unfreundlich und schlimmstenfalls als unheimlich gewertet. Wenn Sie ein unnatürliches Hochziehen der Augenbrauen sehen oder ausführen, wird dies als feindliches Signal wahrgenommen und ist genau wie eine finstere Miene für einen sozialen Umgang oder den Aufbau einer Freundschaft nicht förderlich.

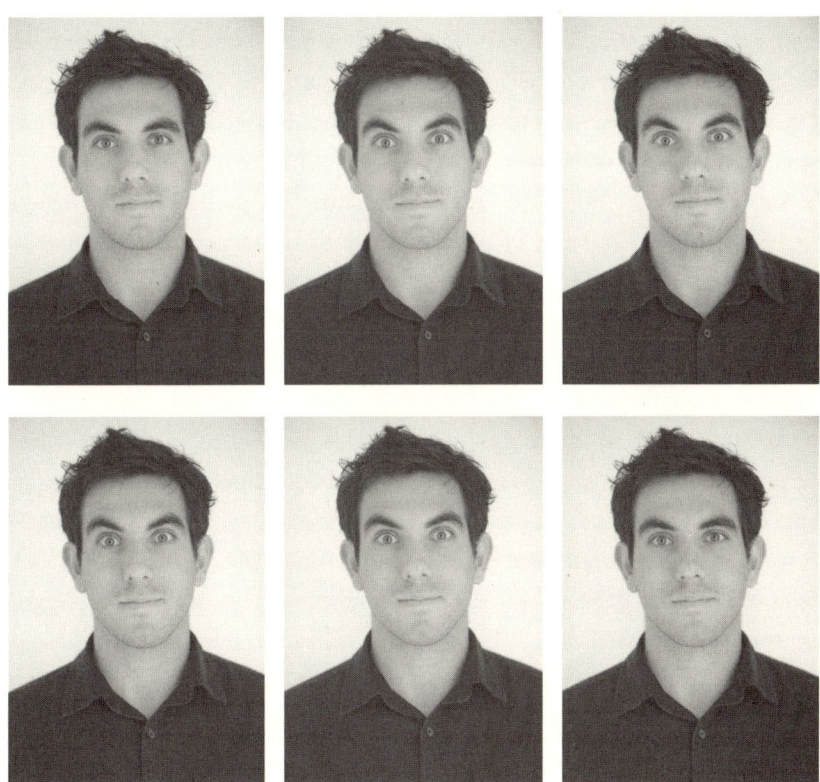

Unnatürliches Hochziehen der Augenbrauen.

Das Neigen des Kopfes

Das Neigen des Kopfes nach rechts oder links ist eine nicht bedrohlich wirkende Geste. Der geneigte Kopf lässt eine der beiden Halsschlagadern sehen, die auf beiden Halsseiten verlaufen. Die Halsschlagadern versorgen das Gehirn mit sauerstoffhaltigem Blut. Das Durchtrennen einer Halsschlagader führt innerhalb von Minuten zum Tod. Menschen, die sich bedroht fühlen, schützen ihre Halsschlagadern, indem sie den Kopf zwischen den Schultern einziehen. Menschen zeigen ihre Halsschlagadern, wenn sie jemanden treffen, der keine Bedrohung darstellt.

Das Neigen des Kopfes ist ein starkes freundschaftliches Signal. Menschen, die ihren Kopf zur Seite neigen, wenn sie mit anderen Menschen Umgang haben, werden als vertrauenswürdiger und attraktiver angesehen. Frauen empfinden Männer als besser aussehend, die ihnen mit leicht zur Seite geneigtem Kopf begegnen. Ebenso empfinden Männer Frauen als attraktiver, die ihren Kopf zur Seite neigen. Außerdem werden Leute, die ihren Kopf leicht zu ihrem Gesprächspartner hinneigen, als freundlicher, netter und ehrlicher angesehen als Menschen, die ihren Kopf beim Sprechen ganz gerade halten.

Frauen neigen ihren Kopf häufiger als Männer. Männer haben die Tendenz, mit gerade gehaltenem Kopf zu kommunizieren, um sich als dominanter darzustellen. Diese Geste mag in der Geschäftswelt von Vorteil sein, in sozialem Zusammenhang jedoch könnte das Fehlen einer Kopfneigung eine falsche Botschaft senden. In einem Dating-Umfeld wie Nachtclubs und Kneipen sollten Männer sich bewusst darum bemühen, den Kopf zu einer Seite zu neigen, wenn sie eine Frau ansprechen, da sie sonst als Angreifer wahrgenommen werden könnten. In solchen Fällen mögen Sie ein aufrechter Kerl mit freundlichen Absichten sein, Ihr Handeln wird Frauen jedoch dazu veranlassen, in die Defensive zu gehen, was einen belangvollen Kontakt schwierig, wenn nicht gar unmöglich macht.

Kopfneigungen.

Das seitliche Neigen des Kopfes scheint auch quer durch die
gesamte Tierwelt eine freundliche Bedeutung zu haben.

Das Lächeln

Ein Lächeln ist ein wirksames freundschaftliches Signal. Lächelnde Gesichter werden als attraktiver, liebenswerter und weniger dominant bewertet. Ein Lächeln steht für Vertrauen, Glück und Begeisterung und, was am wichtigsten ist, es signalisiert Akzeptanz. Ein Lächeln vermittelt Freundlichkeit und erhöht die Attraktivität der lächelnden Person. Alleine schon der Vorgang des Lächelns versetzt die Menschen in eine bessere, empfänglichere Stimmung. Überwiegend ist es so, dass nur Leute angelächelt werden, die einem sympathisch sind.

Ein Lächeln setzt Endorphine frei, die für unser Wohlbefinden sorgen. Wenn wir jemanden anlächeln, ist es für diese Person sehr schwierig, nicht zurückzulächeln. Dieses Zurücklächeln sorgt dafür, dass auch wir uns gut fühlen. Wie wir in einem späteren Kapitel erfahren werden, mögen einen die Leute, wenn man dazu beiträgt, dass sie sich gut fühlen.

Können Sie sagen, welches das »echte« und welches das »künstliche« Lächeln ist? Falls Sie es nicht können, brauchen Sie nicht zu verzweifeln. Tatsächlich sind nämlich beide echt!

Das einzige Problem beim Lächeln ist, was Wissenschaftler und gute Beobachter schon längst erkannt haben: Es gibt ein »echtes« und ein »künstliches« oder »gezwungenes« Lächeln. Das »echte« Lächeln schenken wir Menschen, mit denen wir wirklich Kontakt bekommen möchten oder die wir bereits kennen und mögen. Das »künstliche« Lächeln andererseits wird häufig genutzt, wenn wir aus gesellschaftlicher Pflicht oder im Rahmen unseres Jobs gezwungen sind, gegenüber anderen Einzelpersonen oder einer Gruppe freundlich zu wirken.

Das Lächeln oben links ist künstlich, der Gesichtsausdruck oben rechts ist neutral, und das Lächeln unten ist echt.

Wenn Sie Menschen für sich gewinnen möchten, sollte Ihr Lächeln echt sein. Die verräterischen Zeichen für ein echtes Lächeln sind die nach oben gezogenen Mundwinkel und das Nach-oben-Wandern der Wangen, begleitet von Fältchen um die Augen. Im Gegensatz zum echten Lächeln ist ein gezwungenes Lächeln eher zu einer Seite hin schief. Bei Rechtshändern ist ein gezwungenes Lächeln in der rechten Gesichtshälfte stärker und bei Linkshändern in der linken Gesichtshälfte. Auch ist das unechte Lächeln eher nicht synchron. Es beginnt später als ein echtes Lächeln und endet ungleichmäßig. Beim echten Lächeln heben sich die Wangen, unter den Augen schiebt sich die Haut zusammen, in den Augenwinkeln entstehen Krähenfüßchen, und bei einigen Menschen senkt sich die Nase etwas. Beim unechten Lächeln ziehen sich die Mundwinkel nicht nach oben und die Wangen heben sich nicht, sodass um die Augen keine Fältchen entstehen, das verräterische Zeichen des echten Lächelns. Bei jungen Leuten sind die Fältchen um die Augen oft schwer zu erkennen, da ihre Haut noch elastischer ist als bei älteren Menschen. Dennoch kann unser Gehirn den Unterschied zwischen einem echten und einem künstlichen Lächeln erkennen.

Lächeln, um eine bestimmte Wirkung zu erzielen

Die Art Ihres Lächelns beeinflusst, wie man Sie wahrnimmt, und fördert die Entstehung einer Freundschaft oder wirkt abschreckend. Insbesondere Frauen nutzen das Lächeln häufig, um erste Begegnungen anzubahnen und das Tempo der nachfolgenden persönlichen Interaktionen vorzugeben. Männer gehen bereitwilliger auf Frauen zu, von denen sie angelächelt werden. Ein aufrichtiges Lächeln erlaubt es Männern, sich zu nähern. Ein gezwungenes oder gar kein Lächeln sendet die Botschaft, dass die Frau an einer Annäherung des Mannes nicht interessiert ist. Ebenso kann eine Frau aber auch die Botschaft übermitteln, dass sie männlichen Annäherungsversuchen gegenüber offen ist, indem sie die Häufigkeit und Intensität ihres Lächelns in Verbindung mit weiteren freundschaftlichen Signalen erhöht.

Es verlangt Übung, ein »echtes« Lächeln willentlich hervorzuzaubern, insbesondere, wenn Sie eigentlich nicht in der Stimmung dafür sind. Schauen Sie sich die Fotos im Buch an und denken Sie an verschiedene Formen des Lächelns, die Sie in Ihrem Alltag gesehen haben. Stellen Sie sich dann vor einen Spiegel und versuchen Sie, künstlich und echt zu lächeln. So schwierig ist es gar nicht. Denken Sie einfach an Gelegenheiten, bei denen Sie jemandem, den Sie mögen, aufrichtig Ihre Wertschätzung zeigen wollten, oder bei denen Sie einen unliebsamen Gast bei einem Familienessen oder einen unausstehlichen Geschäftspartner anlächeln mussten. Üben Sie das echte Lächeln, bis es ganz automatisch wird. Dann können Sie es bei Bedarf einsetzen.

Augenkontakt

Der Augenkontakt wirkt gemeinsam mit anderen freundschaftlichen Signalen. Man kann versuchen, aus der Ferne Augenkontakt aufzunehmen, daher ist er, wie die anderen nonverbalen Signale in diesem Kapitel, eine Möglichkeit, bemerkt zu werden, noch bevor ein Wort gesprochen wurde. Wie die anderen nonverbalen Signale ist er darauf ausgelegt, dem Signalempfänger einen positiven Eindruck von Ihnen zu vermitteln, den Eindruck einer Person, die als potenzieller Freund wahrgenommen wird.

Um über den Augenkontakt ein freundschaftliches Signal zu senden, suchen Sie sich die Person Ihres Interesses aus und stellen für höchstens eine Sekunde Augenkontakt her. Ein längerer Augenkontakt könnte als Angriff wahrgenommen werden und damit als feindliches Signal. Wie bereits weiter oben erwähnt, dringen Sie, insbesondere in einer Dating-Umgebung, in die Distanzzone eines anderen Menschen ein, wenn Sie diesen anstarren. Wenn Sie nicht die Erlaubnis haben, diese Distanzzone eines Menschen zu betreten, wird dies bestenfalls als raubtierhaftes Verhalten wahrgenommen und schlimmstenfalls als unheimlich. Sie sollten den Augenkontakt mit einem Lächeln beenden. Sollte Ihnen ein echtes Lächeln nicht gelingen, sorgen Sie zumindest dafür, dass Ihre Mundwinkel nach oben zeigen und sich in den äußeren Augenwinkeln Fältchen bilden. Ein Zurücklächeln deutet auf Interesse hin. Wenn die Person Ihres Interesses Ihren Blick trifft, kurz wegschaut und dann wieder Augenkontakt herstellt, können Sie sich dieser Person mit der hohen Zuversicht nähern, dass diese Annäherung willkommen ist.

Längerer Blickkontakt

Längerer Blickkontakt wirkt sich günstig auf den Aufbau eines guten Kontakts aus. Dieses nonverbale Verhalten sollte nicht mit Anstarren verwechselt werden. Normalerweise fixieren Ihre Augen eine andere Person, mit der Sie Augenkontakt herstellen, höchstens eine Sekunde, dann unterbrechen Sie den Blickkontakt. Augenkontakt, der länger als ein oder zwei Sekunden dauert, wird als Bedrohung wahrgenommen. Das Anstarren von Menschen, insbesondere Fremden, gilt als feindliches Signal. Wenn sich zwei Menschen jedoch kennen und mögen, ist auch ein längerer Blickkontakt erlaubt. Menschen, die ineinander verliebt sind, blicken sich häufig für längere Zeit in die Augen. Mit der folgenden Methode kann die Kraft dieses gegenseitigen Anblickens bei Fremden sicher genutzt werden, um den Aufbau einer Beziehung zu fördern.

Nachdem Sie mit der Person Ihres Interesses Augenkontakt hergestellt haben, halten Sie diesen für eine Sekunde und wenden dann langsam den Kopf, wobei Sie den Blickkontakt für weitere ein bis zwei Sekunden halten. Die Person, die Sie anschauen, wird sehen, dass Sie den Kopf abwenden, was ihr die Illusion eines abgebrochenen Augenkontakts vermittelt, und Ihr Tun wird nicht als Anstarren wahrgenommen. Mit dieser Methode können Sie den emotionalen Gehalt Ihres freundschaftlichen Signals intensivieren. Längerer Augenkontakt sollte nicht genutzt werden, um eine vorzeitige Vertraulichkeit zu erzwingen. Männer überbeanspruchen diese Methode häufig und sabotieren dadurch potenzielle Beziehungen.

Pupillenerweiterung

Eine Pupillenerweiterung drückt Interesse aus. Sieht jemand eine andere Person, die ihm sympathisch ist, weiten sich die Pupillen, der schwarze Teil des Auges. Je mehr sie sich weiten, eine desto stärkere Anziehung empfindet diese Person. Dies ist ein offensichtlicher Hinweis auf eine positive Anziehung, er ist im alltäglichen persönlichen Umgang jedoch schwer auszumachen. Als freundschaftliches Signal ist er daher nur von begrenztem Wert.

Am deutlichsten zu erkennen ist die Pupillenerweiterung bei Menschen mit blauen Augen. Menschen mit dunklen Augen wirken exotischer, weil ihre Augen ständig erweitert erscheinen. Im letzten Jahrhundert vor Christi Geburt verwendete Kleopatra, die schönste Frau ihrer Zeit, Atropin, eine natürlich vorkommende Droge, um ihre Pupillen zu erweitern und dadurch sinnlicher zu wirken. Änderungen der Lichtverhältnisse können ebenfalls zu einer Pupillenerweiterung führen, daher ist bei der Interpretation dieser autonomen Reaktion Vorsicht geboten.

Mit Zustimmung ins Gefängnis gehen: Durch freundschaftliche Signale ein Geständnis erreichen

In einem besonderen Fall während meiner Zeit beim FBI hatten wir einen als Kinderschänder Verdächtigen identifiziert. Ein Opfer war uns bekannt, es gab jedoch Hinweise auf weitere Opfer. Man ging davon aus, dass der Tatverdächtige sich seine Opfer im Internet suchte. Ich wollte ihn sofort festnehmen, jedoch fehlte mir der für einen Haftbefehl nötige hinreichende Verdacht.

Ich beschloss, den Tatverdächtigen zu vernehmen und seine Zustimmung für die Prüfung seines persönlichen Computers durch das FBI zu erhalten. Wenn diese Vernehmung irgendeine Aussicht auf Erfolg haben sollte, musste ich eine nicht bedrohliche Umgebung schaffen, rasch einen guten Kontakt herstellen und im richtigen Augenblick um die Zustimmung bitten. Ich bat den Verdächtigen zu mir in mein FBI-Büro. Damit gab ich ihm das Gefühl, eine gewisse Kontrolle zu haben (er konnte seine Vorgehensweise bestimmen), und demonstrierte, dass die Vernehmung freiwillig sei (er wurde zu dieser Vernehmung nicht gezwungen).

Ich nahm den Tatverdächtigen mit einem bewussten Hochziehen der Augenbrauen, leicht zur Seite geneigtem Kopf und einem simulierten echten Lächeln mit Krähenfüßchen um meine Augen an der Tür in Empfang. Echte freundschaftliche Signale konnte ich nicht zeigen, da ich das Verhalten des Tatverdächtigen verwerflich fand. Ich schüttelte ihm freundlich die Hand und bat ihn ins Gesprächszimmer. Aus zweierlei Gründen bot ich ihm eine Tasse Kaffee an. Erstens wollte ich das psychologische Prinzip der Gegenseitigkeit zum Tragen bringen. Wenn Leute etwas bekommen, selbst wenn es ganz triviale Dinge sind, haben sie das Bedürfnis, sich zu revanchieren. Im Austausch für den Kaffee wollte ich seine Zustimmung. Zweitens wollte ich anhand der Platzierung der Tasse feststellen, wann ein guter Kontakt hergestellt sein würde (die Platzierung der Tasse wird in einem späteren Kapitel besprochen). Als ich dem Tatverdächtigen die Tasse Kaffee reichte, bemerkte er: »Wie können Sie mich mit so viel Respekt behandeln nach dem, was ich getan habe?« Dies war ein, wenn auch kleines Eingeständnis, noch bevor das Gespräch begonnen hatte. Es gelang mir, durch gemimte freundschaftliche Signale einen ausreichend guten Kontakt zu dem Tatverdächtigen herzustellen, um ihm die Illusion zu geben, keine Bedrohung zu sein, sondern eine Person, der er ein Geheimnis anvertrauen konnte. Ein Geheimnis, das ihn für den Rest seines Lebens ins Gefängnis brachte.

Das Botox-Paradoxon

Wenn es um freundschaftliche Signale geht, haben die besten Absichten gelegentlich unvorhergesehene negative Konsequenzen. Wie das Beispiel der traurigen Geschichte einer alternden Frau, die für ihren Mann jünger und attraktiver aussehen wollte. Sie entschloss sich zu Botox-Behandlungen im

Gesicht, zu einer Art Modellierung, um Furchen und Falten loszuwerden. Sie konnte es kaum erwarten, ihrem Mann die Ergebnisse zu zeigen.

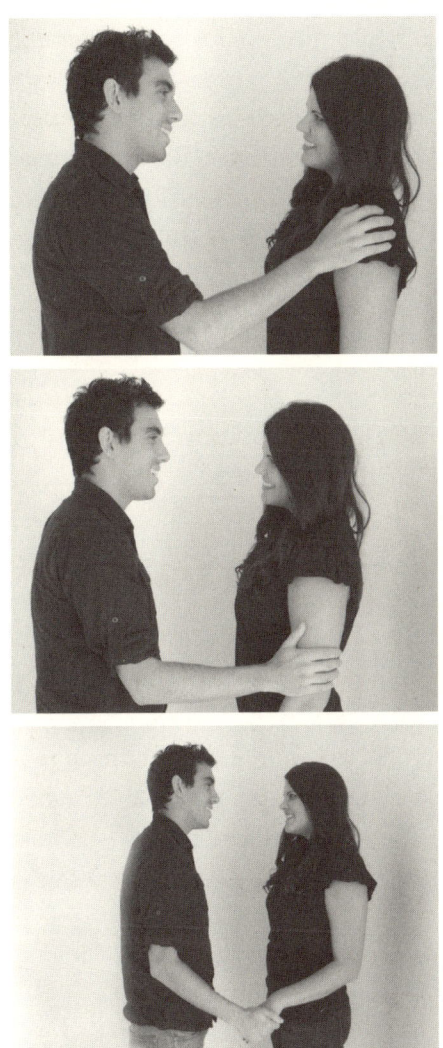

Alle Beispiele für sichere Berührungen. Zu Beginn einer Beziehung sollte sich das Berühren auf den Bereich zwischen Ellbogen und Schulter und die Hände beschränken.

Was geschah nun, als er seine »neue« Frau sah? Da Botox bestimmte Muskeln rund um die Augen etwa zwei Monate lang lähmt, war sie nicht in der Lage, das Hochziehen der Augenbrauen und ihr vollständiges echtes Lächeln einschließlich der sich bildenden Krähenfüße zu zeigen, an die er gewöhnt war. Die Frau sah zwar attraktiver aus, da ihr Mann jedoch nicht die gewohnten freundschaftlichen Signale erhielt, verdächtigte er seine Frau, sie liebe ihn nicht mehr und habe sich der Prozedur unterzogen, um für einen anderen Mann ansprechender auszusehen. Ist dem Mann also nicht bewusst, warum seine Frau ihm die erwarteten freundschaftlichen Signale nicht sendet, könnten die Ergebnisse des Versuchs, hübsch zu sein, sich als ziemlich hässlich erweisen!

Berührung: Ein freundschaftliches Signal ist mit Vorsicht einzusetzen

Berührung ist eine wirkungsvolle, subtile und komplexe Form der nonverbalen Kommunikation. In sozialen Situationen kann die Sprache der Berührung genutzt werden, um eine überraschende Vielfalt an Botschaften zu vermitteln. Es können verschiedene Berührungen eingesetzt werden, um Zustimmung, Zuneigung, Zugehörigkeit oder Anziehung auszudrücken. Des Weiteren um Unterstützung anzubieten, etwas zu betonen, um Aufmerksamkeit oder Teilnahme in Anspruch zu nehmen, um zu führen und zu leiten, zu grüßen, zu beglückwünschen, um Machtverhältnisse zu errichten oder zu verstärken und um verschiedene Stufen von Vertrautheit auszuhandeln.

Für unsere Zwecke ist Berührung wichtig, um Freundschaften zu schließen, denn Studien kamen zu dem Schluss, dass selbst die flüchtigste Berührung unsere Wahrnehmungen und Beziehungen deutlich beeinflussen kann. Versuche haben gezeigt, dass selbst eine leichte, kurze Berührung des Arms während einer kurzen sozialen Begegnung zwischen Fremden sowohl unmittelbare als auch anhaltende positive Wirkungen haben kann. Höfliche

Bitten um Hilfe oder Rat beispielsweise führen zu mehr positiven Ergebnissen, wenn sie von einer leichten Berührung des Arms begleitet werden.

Gehen Sie jedoch behutsam vor. Selbst die unschuldigste aller Berührungen kann bei der berührten Person eine negative Reaktion zur Folge haben. Zu solchen negativen Reaktionen gehören ein Wegziehen des Arms, eine Vergrößerung des Abstands, ein Stirnrunzeln, Abwenden oder sonstiges Ausdrücken von Missfallen oder Ängstlichkeit. Negative Reaktionen zeigen, dass die Person in Ihnen eher keinen potenziellen Freund sieht.

Wenn diese Person nicht außergewöhnlich schüchtern oder reserviert ist, sind negative Reaktionen auf ein einfaches Berühren des Arms wahrscheinlich Zeichen von Ablehnung oder Argwohn. Mit Ausnahme des üblichen Händeschüttelns ist das Berühren der Hand eines anderen Menschen persönlicher als das Berühren des Arms. Berührungen der Hand dienen als Barometer für Liebesbeziehungen. Filme fokussieren häufig auf die Berührungen der Hände, um zu signalisieren, dass eine Beziehung kalt, im Entstehen oder voll erblüht ist. Wenn Sie die Hand einer Person berühren und diese sie auch nur leicht wegzieht, ist die berührte Person noch nicht bereit, die Beziehung zu intensivieren. Das Wegziehen muss nicht unbedingt Zurückweisung signalisieren. Es bedeutet, dass Sie die Beziehung zu dieser Person Ihres Interesses erst noch weiter aufbauen müssen, bevor es Fortschritte gibt. Wird die Berührung akzeptiert, signalisiert dies, dass die Person bereit ist zum Händchenhalten, einer intensiveren Form der Berührung. Das Ineinanderverschränken der Finger beim Händchenhalten ist die innigste Form des Händchenhaltens. Eine risikofreie Möglichkeit, die Stärke einer neuen Beziehung zu messen, ist, die Hand der Person Ihres Interesses »zufällig« zu berühren oder zu streicheln. Die meisten Leute werden eine zufällige Berührung tolerieren, selbst wenn sie die Person, von der sie berührt werden, nicht mögen, aber sie werden nonverbale Signale senden, die die Akzeptanz oder Ablehnung der Berührung anzeigen. Achten Sie auf diese nonverbalen Zeichen und richten Sie sich in Ihrem weiteren Vorgehen danach.

Isopraxismus (das Spiegeln des Verhaltens einer anderen Person)

Isopraxismus ist der hochtrabende Begriff für »Spiegeln«, eine nonverbale Praxis, die genutzt werden kann, um die Entwicklung einer Freundschaft schneller und effektiver zu machen. Das Spiegeln erzeugt im Kopf der Person, die Sie spiegeln, einen günstigen Eindruck. Wenn Sie jemandem das erste Mal begegnen und dessen Freundschaft gewinnen möchten, bemühen Sie sich einmal bewusst, dessen Körpersprache zu spiegeln. Steht die andere Person mit verschränkten Armen da, verschränken Sie ebenfalls die Arme. Wenn sie mit übergeschlagenen Beinen sitzt, setzen Sie sich auch mit übergeschlagenen Beinen. In einigen Situationen ist das Spiegeln nicht möglich. Von einer Frau, die ein kurzes Kleid oder einen kurzen Rock trägt, kann nicht erwartet werden, dass sie ihre Beine offen überschlägt, um ihren Gesprächspartner zu spiegeln. In diesem Fall genügt ein ähnliches Überschlagen. Anstelle des offenen Überschlagens der Beine könnte eine Frau dann die Beine auf Knöchel- oder Kniehöhe überschlagen.

Isopraxismus-Gesten (Spiegelverhalten).

Die andere Person wird Ihr spiegelndes Verhalten nicht bewusst bemerken, da es in den Bereich der üblichen menschlichen Operationsbasis fällt und vom Gehirn als »normal« angesehen wird. Das Fehlen des Spiegelns ist jedoch ein feindliches Signal, das vom Gehirn bemerkt wird, wenn zwei Menschen in ihrem persönlichen Umgang nicht mehr synchron sind. Die Person, die nicht gespiegelt wird, kann vielleicht gar nicht genau artikulieren, warum sie sich unbehaglich fühlt, aber dieses feindliche Signal wird eine defensive Reaktion auslösen, die von Versuchen abschreckt, eine Freundschaft aufzubauen.

Das Spiegeln verlangt Übung. Zum Glück können Sie es in jeder beruflichen oder sozialen Situation üben. Wenn Sie mit einer Gruppe von Freunden in der Arbeit oder in einer sozialen Situation zwanglos sprechen, werden Sie bemerken, dass die Mitglieder der Gruppe einander spiegeln. Um die Methode des Spiegelns zu üben, verändern Sie Ihre Haltung oder Stellung. Innerhalb kurzer Zeit werden andere Mitglieder der Gruppe Ihre Haltung spiegeln. Die ersten paar Male werden Sie das Gefühl haben, jeder in der Gruppe wüsste, was Sie vorhaben. Ich kann Ihnen versichern, dass dies nicht der Fall ist. Was Sie da erleben, ist der später in diesem Kapitel besprochene Spotlight-Effekt. Eine andere Möglichkeit, den Isopraxismus zu trainieren, ist das Spiegeln zufälliger Leute, die Sie treffen. Nach ein paar Übungsrunden werden Sie die Methode des Spiegelns beherrschen und in der Lage sein, sie als zusätzliches Hilfsmittel beim Aufbau von Freundschaften zu nutzen.

Das Vorbeugen

Die Menschen neigen dazu, sich in Richtung der Menschen zu beugen, die sie mögen, und sich von denen abzuwenden, die sie nicht mögen. Gelegentlich wurde ich während meiner Laufbahn beim FBI gebeten, an Botschaftspartys und diplomatischen Feierlichkeiten teilzunehmen. Die meiste Zeit brachte ich damit zu, die anderen Gäste zu beobachten, um zu erkennen, welche Beziehungen gefestigt waren, welche sich gerade entwickelten und welche Gäste für den Aufbau einer Beziehung empfänglich waren.

Ein Vorwärtsbeugen zeigt die Empfänglichkeit für den Aufbau einer
Beziehung an. Lehnen sich Menschen während einer Unterhaltung
nach vorne, zeigt dies, dass sich bereits eine positive Beziehung gefestigt hat. Das Vorwärtsbeugen zusammen mit weiteren freundschaftlichen Signalen wie Lächeln, Kopfnicken, Kopfneigung, Flüstern
und Berührungen zeigt sogar eine engere Beziehung zwischen den
Beteiligten an.

Leute neigen ihren Kopf leicht nach hinten, um mehr Abstand von ihrem
Gegenüber zu bekommen, was signalisiert, dass es mit dem Aufbau einer
Beziehung nicht sonderlich gut läuft. Dasselbe gilt, wenn jemand während
einer Interaktion seinen Oberkörper von der anderen Person wegdreht.
Die Leute ziehen auch ihre Füße von unliebsamen Gästen zurück. Diese
subtilen nonverbalen Hinweise können den Unterschied zwischen Akzeptanz und Ablehnung ausmachen.

Ich nutze nonverbale Signale häufig, um die Erfolgswirksamkeit meiner Vorlesungen zu kontrollieren. Studenten, die an dem Stoff interessiert
sind, lehnen sich auf ihren Stühlen nach vorne, neigen den Kopf nach
rechts oder links und nicken immer wieder einmal zustimmend. Studenten, die nicht oder nicht mehr interessiert sind, lehnen sich auf ihren Stühlen zurück, verdrehen die Augen, oder ihre Köpfe kippen im Extremfall
nach hinten oder vorne, wenn sie eindösen.

Dieser Fokus auf nonverbale Hinweise kann auch im beruflichen Umfeld genutzt werden. Wenn Sie vor einer Gruppe von Leuten eine Verkaufspräsentation abhalten, können Sie erkennen, wen Sie überzeugt haben, wer unentschlossen oder wer ablehnend eingestellt ist, indem Sie bewusst auf die nonverbalen Gesten ihrer Zuhörer achten.

Das Blatt wenden

Während meiner Zeit beim FBI musste ich viele Präsentationen durchführen. Bei einer dieser Veranstaltungen versuchte ich, die nötigen Mittel für eine Operation zu bekommen, die ich seit Monaten geplant hatte. Diese Operation war komplex und recht teuer. Für die Mittelbeschaffung lief es darauf hinaus, die Zuhörer davon zu überzeugen, dass diese Operation die hohen Kosten wert war.

Während ich meine Präsentation vortrug, beobachtete ich die nonverbalen Äußerungen der Leute, die um einen Tisch saßen. Ich erkannte sofort, wer von ihnen auf meiner Seite stand. Sie beugten sich vor und nickten gelegentlich mit dem Kopf. Ich erkannte auch die Leute, die hinsichtlich des Nutzens der Operation oder wegen des Geldaufwands skeptisch waren. Spontan neigte ich dazu, zu den Leuten zu sprechen, die mit mir einer Meinung waren (offene Türen einzurennen), weil ich bei ihnen Akzeptanz und Wohlbehagen finden würde. Ich widerstand dieser Versuchung. Ich musste niemanden überzeugen, den ich bereits gewonnen hatte. Ich musste die Leute für mich gewinnen, die noch nicht mit mir übereinstimmten.

Auf sie konzentrierte ich nun meine Aufmerksamkeit. Mehrmals ging ich durch den Raum und bewegte mich in der Nähe meiner Kritiker, schaute sie direkt an und wandte mich an sie persönlich. Sehr langsam konnte ich sehen, dass sich das Blatt wendete. Die Personen, die ursprünglich gegen mich eingestellt gewesen waren, fingen an, sich zunehmend nach vorne zu beugen, und ihre Köpfe neigten sich mehr und mehr zu einer Seite.

Nach der Präsentation wurde meine Operation gebilligt. Das Überwachen der nonverbalen Hinweise und das Wissen, was diese bedeuteten, verschafften mir einen gewaltigen Vorteil bei der Vorstellung meines Falls. Ich war in der Lage, meine Präsentation auf die Leute zuzuschneiden, die nicht meiner Meinung waren, und sie dann für mich zu gewinnen.

Flüstern

Flüstern ist ein vertrauliches Verhalten und ein positives freundschaftliches Signal. Nicht jeder kann Ihnen ungestraft ins Ohr flüstern. Wenn Sie sehen, dass zwei Menschen miteinander flüstern, können Sie relativ sicher sein, dass zwischen ihnen eine enge persönliche Beziehung besteht.

Von fremden Tellern naschen

Stellen Sie sich vor, Sie sitzen in einem Restaurant, ein Fremder kommt an Ihren Tisch und holt sich mit einer Gabel etwas von Ihrem Teller! Sie würden sich bestimmt unbehaglich fühlen, und es ist recht unwahrscheinlich, dass Sie diese Person bitten würden, sich zum Essen mit an Ihren Tisch zu setzen. Nun stellen Sie sich ein angenehmes Essen mit Ihrer Familie vor, und eines Ihrer Kinder oder Geschwister langt mit seiner Gabel herüber und holt sich etwas von Ihrem Teller. Wahrscheinlich wird Ihre Reaktion in diesem Fall völlig anders sein als bei dem Fremden, der dasselbe machte. Der Unterschied ist, dass Sie zu Ihren Familienmitgliedern eine enge Beziehung haben und dass es unter diesen Umständen als passend gilt, sich vom Teller des anderen etwas zu stibitzen. In diesem Fall ist das Naschen von einem anderen Teller ein freundschaftliches Signal und zeigt, wenn es zugelassen wird, eine enge Beziehung zwischen den beiden Personen an, von denen eine das Essen besitzt und die andere sich etwas davon holt.

Ausdrucksstarke Gesten

Menge und Intensität der Gesten, die von Menschen genutzt werden, schwanken nicht nur von einer Kultur zur anderen, sondern auch innerhalb der Kulturen. Einige Menschen sind von Natur aus ausdrucksfähiger als andere, sogar in gesellschaftlich stärker unterdrückten Kulturen. Gleichwohl neigen Menschen, die einander mögen, dazu, ausdrucksstärkere Gesten zu zeigen. Ausdrucksstarke Gesten signalisieren Interesse an dem, was die andere Person sagt, und halten den Fokus der Unterhaltung auf dem Sprechenden.

Sprechende können einen bestimmten Punkt am Ende eines Satzes mit einer scharfen Handbewegung nach unten betonen oder Offenheit und Aufrichtigkeit durch nach oben zeigende ausgestreckte Handflächen ausdrücken. Ausdrucksstarke Gesten verstärken die verbale Kommunikation und das gegenseitige Interesse.

Sie können potenzielle Freunde zum Weitersprechen ermuntern (und damit dafür sorgen, sie für sich zu gewinnen), indem Sie immer wieder einmal mit dem Kopf nicken, lächeln und Ihre konzentrierte Aufmerksamkeit zeigen (indem Sie sich nach vorne beugen, den Kopf etwas schräg legen und dem, was gesagt wird, intensiv zu lauschen scheinen). Bedenken Sie, dass nonverbale Gesten auch Unbehagen, Abneigung oder Desinteresse signalisieren können.

Kopfnicken

Eine Möglichkeit, mit der wir einem Sprechenden signalisieren, dass wir engagiert lauschen und er weitersprechen soll, ist ein Kopfnicken. Es sagt dem Sprechenden, er solle fortfahren. Ein doppeltes Nicken sagt dem Sprechenden, er solle schneller sprechen. Mehrmaliges Nicken oder ein einzelnes langsames Nicken zielt darauf ab, den Rhythmus des Sprechenden zu unterbrechen. Übermäßig häufiges Kopfnicken kann eine Antwort beschleunigen. Rasches Kopfnicken sendet dem Sprechenden einen nonverbalen Hinweis, sich mit seiner Antwort zu beeilen, in der Regel, weil der Zuhörer etwas sagen möchte oder desinteressiert ist. Unangemessen rasches Kopfnicken kann als unhöfliches Verhalten oder als Versuch wahrgenommen werden, die Unterhaltung zu dominieren. Dieses Verhalten zieht den Fokus vom Sprechenden ab und richtet das Spotlight auf den Zuhörer, was eine klare Verletzung der goldenen Regel der Freundschaft ist und im nächsten Kapitel besprochen wird. Korrekt eingesetzt, ermöglicht das Kopfnicken dem Sprechenden, seine Gedanken zufriedenstellend und vollständig auszudrücken. Wenn Sie das Kopfnicken passend einsetzen, werden Sie als guter Zuhörer wahrgenommen und in einem positiven Licht gesehen.

Verbale Anstöße

Verbale Anstöße verstärken das Kopfnicken und ermuntern den Sprechenden, weiterzusprechen. Verbale Anstöße bestehen aus Hinweisen, die das Gesagte bestätigen wie »Verstehe« und »Sprechen Sie weiter«, zusammen mit Füllwörtern wie »Hmm« und »Aha«. Verbale Anstöße lassen den Sprechenden wissen, dass Sie nicht nur zuhören, sondern seine Botschaft auch verbal bestätigen.

Konzentrierte Aufmerksamkeit

Lassen Sie sich beim Zuhören von keiner Ablenkung stören. Sie wollen die Botschaft vermitteln, dass das, was der Sprechende sagt, Ihnen wichtig ist. Diese Botschaft wird unglaubwürdig, wenn Sie einen Anruf auf Ihrem Handy annehmen und damit den Sprechenden zurückstellen. Wenn Ihr Handy klingelt, während Sie in einem Gespräch sind, bekämpfen Sie den Drang, diesen Anruf anzunehmen. Aus unbekannten Gründen fühlen sich die meisten Leute genötigt, auf ein klingelndes Telefon zu reagieren. Nur weil Ihr Handy klingelt, sind Sie jedoch nicht gezwungen, den Anruf anzunehmen. Anrufe sind selten dringend. Das ist eindeutig der Fall, wenn keine Nachricht hinterlassen wird. Und wird eine Nachricht hinterlassen, können Sie diese normalerweise innerhalb von ein paar Minuten abhören, sobald Ihre Unterhaltung beendet ist. Selbst in unserer heutigen technik-orientierten Welt ist das SMS-Schreiben und Annehmen von Anrufen während einer Unterhaltung respektlos.

Der beste Umgang mit einem klingelnden Handy ist, dieses aus der Tasche zu ziehen, den Anruf auf die Mailbox gehen zu lassen, es wieder einzustecken und Ihre Aufmerksamkeit wieder dem Sprechenden zu schenken. Dieser Vorgang übermittelt dem Sprechenden die klare Botschaft, dass er wichtiger ist als der Anruf und Ihre ungeteilte Aufmerksamkeit genießt. Zudem hinterlassen Sie damit einen positiven Eindruck, was es erleichtert, eine Beziehung aufzubauen.

Sieben Tipps für ein höheres Trinkgeld

Menschen für sich zu gewinnen kann sogar bei einer einmaligen Begegnung vorteilhaft sein. Beschwerden werden wahrscheinlich manierlicher geäußert, die Leute helfen Ihnen bereitwilliger, selbst wenn sie zu keiner Anstrengung verpflichtet sind. Und wenn Sie Kellner oder Kellnerin sind, können Sie die Gäste dafür empfänglich machen, ihre Wertschätzung für den persönlichen Service in Form eines höheren Trinkgelds zu zeigen.

Entscheidend für höhere Trinkgelder ist, eine Umgebung zu schaffen, die Gäste dazu veranlasst, die Servicekraft zu mögen.

Tipp 1: Den Gast leicht berühren (weibliche Servicekräfte)
Die Forschung zeigt, dass Kellnerinnen, die ihre männlichen oder weiblichen Gäste leicht an der Schulter, Hand oder dem Arm berüh-

ren, von diesen höhere Trinkgelder bekommen als von Gästen, die sie nicht berührt haben. Insbesondere Männer tranken mehr Alkohol als Gäste, die nicht berührt wurden, was der Servicekraft mehr Gelegenheiten für Trinkgeld verschaffte. Richtig ausgeführte Berührung erzeugt ein Gefühl von Freundlichkeit und motiviert offensichtlich den Gast, beim Trinkgeld großzügiger zu sein.

Eine Warnung: Berührung kann negativ wirken, wenn sie als kokett oder dominant wahrgenommen wird, und könnte das Trinkgeld dann eher schmälern als erhöhen. Weibliche Servicekräfte sollten vorsichtig sein, wenn sie männliche Gäste berühren, die in weiblicher Begleitung sind, da jede Berührung Eifersucht auslösen könnte.

Tipp 2: Tragen Sie Haarschmuck (weibliche Servicekräfte)
Weibliche Servicekräfte, die Haarschmuck tragen, wie echte oder künstliche Blumen, Haarspangen oder Ähnliches, bekommen sowohl von männlichen als auch von weiblichen Gästen mehr Trinkgeld. Eine Erklärung für dieses Verhalten ist, dass Gäste Kellnerinnen mit Haarschmuck als attraktiver wahrnehmen, was sie dazu veranlasst, höhere Trinkgelder zu geben. Interessanterweise hat die Attraktivität männlicher Servicekräfte keine Auswirkung auf die Höhe der Trinkgelder, weder von männlichen noch von weiblichen Gästen.

Und nun wollen wir das heikle Thema ansprechen. Ja, die Forschung zeigt, dass attraktivere weibliche Servicekräfte höhere Trinkgelder bekommen als weniger attraktive, unabhängig von der Güte ihrer Serviceleistung. Kellnerinnen mit größeren Brüsten bekommen höhere Trinkgelder. Blonde Kellnerinnen bekommen höhere Trinkgelder. Das Trinkgeld steigt mit abnehmender Körpergröße der Servicekraft. Kellnerinnen, die Make-up tragen, bekommen von männlichen, nicht jedoch von weiblichen Gästen höhere Trinkgelder.

Tipp 3: Stellen Sie sich namentlich vor (männliche und weibliche Servicekräfte)

Servicekräfte, die sich mit Namen vorstellen, erhalten höhere Trinkgelder. Eine persönliche Vorstellung lässt Kellnerin oder Kellner freundlicher wirken. Gäste geben bei Servicepersonal Trinkgeld, das freundlich und liebenswert wirkt. Servicepersonal, das sich den Gästen vorstellte, erhielt durchschnittlich mehr Trinkgeld als Servicepersonal, das sich nicht vorstellte. Dabei reicht es nicht, den Gästen seinen Namen ganz banal mitzuteilen. Die Vorstellung sollte von einem breiten Lächeln begleitet werden, denn es lässt Sie freundlicher und persönlicher erscheinen und motiviert die Gäste eher dazu, höhere Trinkgelder zu geben.

Tipp 4: Gegenseitigkeit herstellen (männliche und weibliche Servicekräfte)

Wenn jemand von einer anderen Person etwas bekommt, revanchiert er sich gerne. Gäste, die etwas bekommen, auch wenn es eine Kleinigkeit ist, revanchieren sich normalerweise mit einem höheren Trinkgeld. Servicepersonal kann diese Gegenseitigkeit durch mehrere Methoden erzeugen, bereits ein einfaches »Danke«, auf die Rückseite der Rechnung geschrieben, kann zu einem höheren Trinkgeld führen.

Gegenseitigkeit kann auch auf subtilere Art erzeugt werden. Kurz bevor die Bestellungen der Gäste servierbereit sind, sagen Sie einem Gast, sein Essen habe nicht Ihren Standards entsprochen und Sie hätten es in die Küche zurückgehen lassen. Entschuldigen Sie sich dann für die Verzögerung und servieren Sie wenige Minuten später das Essen so, wie es ursprünglich zubereitet wurde. Die Gäste merken, dass Sie etwas zu Ihren Gunsten unternommen haben, obgleich das tatsächlich gar nicht der Fall war, und sind daher geneigt, sich mit einem höheren Trinkgeld erkenntlich zu zeigen. Bei dieser Methode ist jedoch Vorsicht geboten. Sie sollten Mängel wählen, die weder den Geschmack noch die Qualität des Essens infrage stellen oder das Restaurant diskreditieren. Gegenseitigkeit kann auch erzeugt werden, indem Sie zusammen mit der Rechnung eine kleine Süßigkeit bringen.

Tipp 5: Wiederholen Sie die Bestellung des Gastes (männliche und weibliche Servicekräfte)

Wenn Sie die Bestellungen wiederholen, haben die Gäste unbewusst das Gefühl, dass Sie ihnen ähneln. Leute, die ein gutes Verhältnis zueinander haben, spiegeln die Gesten und Worte des anderen. Durch das Wiederholen der Bestellung empfinden die Gäste eine Ähnlichkeit mit Ihnen, mögen Sie mehr und neigen dazu, höhere Trinkgelder zu geben.

Tipp 6: Leisten Sie guten Service (männliche und weibliche Servicekräfte)

Kernstück eines guten Trinkgelds ist guter Service. Begrüßen Sie Gäste mit einem warmen, freundlichen Lächeln, stellen Sie sich namentlich vor, wiederholen Sie die Bestellung des Kunden, schenken Sie bei den Getränken nach, ohne darum gebeten werden zu müssen, und schauen Sie regelmäßig bei Ihren Gästen vorbei, um zu sehen, ob diese etwas brauchen. Jeder Gast ist anders, und Sie sollten lernen, in ihnen zu lesen. Manche Gäste möchten verwöhnt werden, andere verlangen nur einen minimalen Service, und wieder andere werden am liebsten in Ruhe gelassen, um ihr Essen zu genießen. Je schneller Sie die Bedürfnisse Ihrer Gäste erkennen, desto höher wird vermutlich das Trinkgeld ausfallen.

Tipp 7: Wenden Sie die goldene Regel der Freundschaft an
Die goldene Regel der Freundschaft (siehe Kapitel 3) gilt für alle: »Sorgen Sie dafür, dass Ihre Gäste sich wohlfühlen, so werden Sie sie für sich gewinnen.« Je mehr die Gäste das Servicepersonal mögen, desto höhere Trinkgelder sind sie zu geben bereit.

Feindliche Signale

Wir haben am Anfang des Kapitels gelernt, dass Glühwürmchen leuchten, um ein freundschaftliches Signal zu senden und damit Mitglieder des anderen Geschlechts anzulocken, oder um zur Abschreckung potenzieller Räuber ein feindliches Signal zu senden. Dasselbe gilt für jeden von uns. Wir haben die Fähigkeit, den Menschen in unserer Umgebung freundschaftliche oder feindliche Signale zu senden. In einem Buch, in dem es thematisch um das Schließen von Freundschaften geht, hofft man natürlich, dass Ihr Fokus darauf liegt, freundschaftliche Signale zu senden und nonverbale Hinweise zu meiden, die dazu führen würden, dass andere Sie als Feind wahrnehmen.

Das Problem dabei ist (wie die Studentin mit dem »mürrischen« Gesichtsausdruck feststellte), dass wir uns nicht immer bewusst sind, feindliche Signale zu senden, was oft daran liegt, dass wir diese nicht als solche erkennen. Wenn man das Ziel hat, von fremden Menschen in einem günstigen Licht gesehen zu werden, ob nun für eine einmalige Interaktion oder eine anhaltende Freundschaft, sollte man die »Glühwürmchen«-Taktik (nonverbale Signale) nutzen, um die eigenen Absichten mitzuteilen und die Zielpersonen für sich zu gewinnen. Feindliche Signale sind daher nonverbale Signale, die Sie weder senden noch sehen möchten, wenn Sie versuchen, mit Fremden Kontakt aufzunehmen.

Falls es Ihnen schwerfällt, Freundschaften zu schließen, sollten Sie einmal Ihre Gesten und die Arten Ihres Gesichtsausdrucks prüfen, um zu sehen, ob Sie unabsichtlich eine oder alle der folgenden nonverbalen Verhaltensweisen vermitteln.

Zu langer Blickkontakt (Anstarren)

Augenkontakt kann zusammen mit weiteren freundschaftlichen Signalen auf beide Seiten positiv wirken, solange der Blick nicht länger als eine Sekunde auf dem anderen ruht. Wie weiter oben ausgeführt, wird ein Blickkontakt, der länger als zwei Sekunden dauert, häufig als Angriff wahrgenommen, der diese nonverbale Kommunikation in ein feindliches Signal verwandelt. Das menschliche Gehirn nimmt ein solches Verhalten als das eines »Raubtiers« wahr und sendet der Person, von der dieser Blick ausgeht, eine Warnung, »ich bin gewappnet«.

Taxierender Blick

Beim taxierenden Blick wandern die Augen von Kopf bis Fuß abschätzend über eine andere Person. Diese Form des Blickkontakts ist als nonverbale Geste bei einer sich anbahnenden Beziehung höchst anstößig, sie wird als aufdringlich empfunden, weil die Person, von der dieser Blick ausgeht, sich noch nicht das Recht erworben hat, in die Distanzzone einzudringen, die nicht nur psychisch, sondern auch physisch verletzt werden kann. Das Eindringen Ihrer Blicke in die Distanzzone kann als anstößig wahrgenommen werden, manchmal sogar anstößiger als das physische Eindringen in die Distanzzone. In einigen Fällen wird dieses Verhalten auch als bedrohlich und/oder aggressiv angesehen, was bei der Person, die taxiert wird, eine Verteidigungsreaktion hervorruft. Ein von Kopf bis Fuß wandernder Blick wird in einer engen, gefestigten Beziehung hingegen akzeptiert oder sogar als Kompliment angesehen.

Körperscan beim Verehrer der Tochter

Lange bevor der vollständige Körperscan an Flughäfen in aller Welt zur Notwendigkeit wurde, führten ihn taxierende Blicke von Einzelpersonen bereits aus, um interessante Personen abzuschätzen. Ich setzte den kompletten Körperscan routinemäßig ein, wenn Freunde meiner Tochter vor der Tür standen. Ich öffnete die Tür, blickte dem Verehrer tief in die Augen und ließ meinen Blick anschließend langsam vom Kopf bis zu den Füßen wandern. Auf diese Taxierung ließ ich ein strenges »Sie wünschen«? folgen. Dann stammelte und stotterte der junge Mann, um Worte zu finden, und ich wusste, dass meine Botschaft deutlich angekommen war. Diese nonverbale Botschaft war wirksamer als jede verbale Drohung, die ich hätte äußern können.

Enttarnt

Während meiner Tätigkeit im Anschluss an die Zeit beim FBI trainierte ich Undercover-Polizeibeamte, wie sie sich bei ihren Einsätzen verhalten sollten, um nicht als solche erkannt zu werden. Augenkontakt ist einer der nonverbalen Hinweise, die Undercover-Beamte bloßstellen. Wie bereits weiter oben angegeben, muss sich jemand erst das Recht verdienen, physisch oder mit den Augen in Ihre Distanzzone einzudringen. Kraft ihrer Autorität haben Polizeibeamte das Recht, Orte und Menschen auf eine Art anzuschauen, die anderen Menschen nicht erlaubt ist. Haben Sie je an einer roten Ampel neben einem Polizeiauto anhalten müssen? Sie werfen wahrscheinlich einen verstohlenen Blick hinüber. Dreht der Beamte zufällig den Kopf und trifft Ihren Blick, brechen Sie den Augenkontakt rasch ab und schauen wieder nach vorne. Andersherum trifft das nicht zu. Wenn der Polizeibeamte in Ihr Auto schaut und Ihre Blicke sich treffen, bricht er den Augenkontakt nicht ab, er schaut einfach weiter herüber. Wahrscheinlich werden Sie diejenige oder derjenige sein, der den Blickkontakt abbricht und hofft, der Beamte werde keinen Grund finden, Sie anzuhalten. Der

Polizeibeamte hat kraft seiner Autorität das Recht, Sie und Ihr Auto anzuschauen; Sie können dasselbe nicht ohne soziale Auswirkungen tun.

Die Freiheit, in verbotene Räume zu blicken, ist eines der häufigsten nonverbalen »verräterischen Zeichen«, die einen Undercover-Beamten bloßstellen. Stellen Sie sich vor, ein solcher Beamter ist beispielsweise abgestellt, in eine Kneipe zu gehen, in der bekannte Drogendealer herumhängen, um sich mit ihnen anzufreunden und Drogen zu kaufen. Wenn der Undercover-Beamte das erste Mal die Kneipe betritt, wird er aus Gewohnheit einen Moment stehen bleiben, den Raum mit den Augen nach möglichen Bedrohungen absuchen, an die Theke gehen und etwas zu trinken bestellen. Er fühlt sich wohl dabei, mit seinen Blicken in die Distanzzone anderer Leute einzudringen (direkten Augenkontakt herzustellen), weil er als Gesetzeshüter die Autorität dafür hat.

Normale Leute gehen so nicht vor, wenn sie das erste Mal eine Kneipe betreten, insbesondere, wenn es ein zwielichtiges Lokal ist. Normalerweise gehen sie direkt an die Theke oder an einen Tisch und setzen sich hin, ohne mit irgendjemandem direkten Augenkontakt herzustellen. Sobald sie sitzen und ein Getränk vor sich haben, können sie flüchtig herumschauen. Umgekehrt haben Leute, die diese Kneipe regelmäßig besuchen, das Recht erworben, die Distanzzone zu betreten, und dürfen sich beim Betreten der Kneipe umschauen, um eventuelle Freunde zu entdecken. Dieses nonverbale verräterische Zeichen wird, so subtil es auch sein mag, von Kriminellen leicht erkannt, denn aus Angst, geschnappt zu werden, sind sie sehr bewandert darin, in anderen Menschen zu lesen.

Die Augen verdrehen

Gegenüber einer anderen Person die Augen zu verdrehen ist ein feindliches Signal, das von einer weiteren Interaktion abschreckt. Es sendet die Botschaft, dass Sie diese Person für dumm halten oder ihr Handeln unangemessen finden. Wenn Sie sich beispielsweise in einer größeren Gruppe befinden und jemanden bemerken, der etwas sagt, was Sie für dumm halten, werden Sie als Reaktion möglicherweise die Augen verdrehen. Sieht die Person, die den Kommentar abgegeben hat, Sie dabei, wird sie bei jeder künftigen Interaktion eher negativ auf Sie reagieren. Das gilt unabhängig davon, ob Sie dieser Person fremd oder bekannt sind.

Verdrehen der Augen.

Auf das Verdrehen der Augen achten

Bei Konferenzen kann es ein unterhaltsamer Zeitvertreib sein, auf das Verdrehen der Augen zu achten. Dabei erhält man Informationen darüber, welchen Standpunkt die Leute zu spezifischen Themen haben. Wenn Leute mit einem Kommentar oder Vorschlag nicht einverstanden sind, verdrehen sie häufig die Augen, wenn die Person, von der dieser Kommentar oder Vorschlag stammte, es nicht sieht. Dieses nonverbale Signal zeigt, wer für das Gesagte nicht empfänglich ist.

Wenn Sie einen Kommentar abgeben und sehen, dass jemand die Augen verdreht, fokussieren Sie Ihre Aufmerksamkeit auf diese Person, um zu versuchen, sie von den Vorteilen Ihrer Idee zu überzeugen. Bedenken Sie: Sie müssen keine Zeit damit vergeuden, offene Türen einzurennen, also Leute zu überzeugen, die bereits zustimmend nicken, sich nach vorne beugen und lächeln.

Zusammenkneifen der Augen

Dieses feindliche Signal ist nicht so wirksam wie andere feindliche Hinweise, kann aber dennoch auf persönliche Beziehungen abkühlend wirken. Beruht das Zusammenkneifen der Augen auf Faktoren wie dem Blick in helles Licht, kann es auch einmal falsch interpretiert werden.

Runzeln der Augenbrauen

Dies ist ebenfalls ein häufiges feindliches Signal, vorausgesetzt, es beruht nicht darauf, dass jemand hoch konzentriert ist. Dieser nonverbale Hinweis ist häufig mit Missfallen, Unsicherheit oder Ärger verknüpft.

Gerunzelte Augenbrauen.

Angespanntes Gesicht

Angespannte Kiefermuskulatur, zusammengekniffene Augen und gerunzelte Augenbrauen sind eine Häufung nonverbaler feindlicher Signale, die auch aus einer gewissen Entfernung erkennbar sind und als Frühwarnhinweise dafür dienen, dass die Person, der Sie gleich begegnen, eine Bedrohung darstellen könnte. Die Zurschaustellung feindlicher Signale macht eine sinnvolle Kommunikation schwierig, insbesondere in neuen Beziehungen. Ein angespanntes Gesicht kann leicht falsch interpretiert werden, da die Leute häufig Spannungen aus ihrem Berufs- oder Privatleben in soziale Situationen mitbringen, was neue oder sogar auch ältere Freunde bemerken, wodurch sie unnötig auf der Hut und besorgt sein werden.

Aggressive Haltung

Eine breitbeinige Haltung mit in die Hüften gestemmten Armen ist ein feindliches Signal. Eine breitbeinige Haltung verlegt den Schwerpunkt des Körpers weiter nach unten und wird von Personen genutzt, die sich auf einen Kampf vorbereiten. In die Hüften gestemmte Arme verbreitern die Statur einer Person bei dem Versuch, Dominanz zur Schau zu stellen.

Angriffssignale

Menschen, die kurz davor sind anzugreifen, übermitteln nonverbale Signale wie das Ballen ihrer Fäuste und einen breitbeinigen Stand, um mehr Stabilität zu bekommen. Ein breitbeiniger Stand verlegt, als Vorbereitung auf einen Kampf, den Körperschwerpunkt weiter nach unten. Die Nasenlöcher eines wütenden Menschen weiten sich häufig, um die Sauerstoffzufuhr zu verbessern. Auch ein gerötetes Gesicht ist ein häufiges Zeichen für Wut. Diese feindlichen Signale warnen das überprüfende Gehirn offen vor einer potenziellen Gefahr und bereiten den Empfänger dieser Angriffssignale auf die Kampf-oder-Flucht-Reaktion vor, was eher selten der Auftakt zu einer positiven Freundschaft ist.

Eine Angriffshaltung.

Beleidigende Gesten

Viele Gesten wirken auf andere beleidigend und stehen der Entwicklung guter Beziehungen im Weg. Einige davon werden allgemein als solche erkannt, wie beispielsweise der gestreckte Mittelfinger. Es ist zweifelhaft, ob jemand, der einen positiven Umgang mit einer anderen Person aufbauen möchte, diese Geste zeigen würde. Das Problem ist, dass bestimmte Gesten, die in einer Kultur »harmlos« (ohne negative Konnotation) sind, in einer anderen höchst anstößig wirken können. So, wie dasselbe Wort in verschiedenen Kulturen unterschiedliche Bedeutungen haben kann, gilt dies auch für die nonverbale Kommunikation. Wenn Sie bemerken, dass jemand ohne »offensichtlichen« Grund negativ auf Sie reagiert, sollten Sie überlegen, ob eine Geste, die Sie gerade vollführt haben, von dieser Person als beleidigend empfunden wurde.

Gerümpfte Nase

Beobachtet jemand bei Ihnen eine gerümpfte Nase, wird er Sie, wie bei anderen feindlichen Signalen auch, eher nicht in positivem Licht sehen. Diese Person wird für Annäherungen, die von Ihnen ausgehen, weniger offen sein.

Gerümpfte Nase.

Kleidung, Accessoires und weitere Dinge, die am Körper getragen werden

Das alte Sprichwort »Wonach der eine sich streckt, tritt der andere mit Füßen« lässt sich auf dieses spezielle feindliche Signal (oder eine Gruppe solcher Signale) anwenden. Wenn Sie beispielsweise eine Lederjacke mit Totenkopfmotiv tragen, zahlreiche Tattoos auf den Armen haben und eine Halskette mit Stacheln tragen, kann dies von jemandem, der Sie nicht kennt, so interpretiert werden, dass Sie um jeden Preis zu meiden sind. In diesem Fall wirkt Ihr äußeres Erscheinungsbild als ein feindliches Signal.

Andererseits kann dasselbe Outfit auf einem Death-Metall-Konzert als bemerkenswertes freundschaftliches Signal gewertet werden. Sie müssen also unter Einsatz des gesunden Menschenverstandes feststellen, ob die Art, wie Sie gekleidet sind, von der Person, der Sie sich nähern möchten, eher als freundschaftliches oder feindliches Signal wahrgenommen werden wird. Nur weil jemand anders gekleidet ist als Sie selbst, garantiert dies nicht, dass Ihre äußere Erscheinung diese Person automatisch »abturnt«, aber das Sprichwort »Gleich und Gleich gesellt sich gerne« sollte dennoch berücksichtigt werden, wenn Personen Kontakt zueinander aufnehmen, die signifikant unterschiedliche Arten haben, ihre Körper zu schmücken.

Mein Sohn Bradley erteilte mir unbeabsichtigt eine wertvolle Lektion über das Beurteilen anderer Leute anhand ihrer Kleidung. In der Highschool hatte er eine Phase, in der er sich total für Männermode begeisterte, wozu es gehörte, dass er das Geld, das er in einem Teilzeitjob nach der Schule verdiente, für Kleidung und Accessoires ausgab. Einmal begleitete ich Bradley zum Einkaufen, als er ein Portemonnaie kaufen wollte. Bei einem exklusiven Herrenausstatter ließ er sich die teuersten Portemonnaies zeigen. Er kaufte schließlich eines für 150 Dollar. Ich war schockiert, zog mein dreifach gefaltetes Portemonnaie heraus und sagte, es habe nur etwa 20 Dollar inklusive Mehrwertsteuer gekostet. »Nein, Dad«, antwortete er. »Das Detail macht den Unterschied. Du kannst noch so teure Klamotten und Schuhe tragen, wenn du ein dreifach gefaltetes Portemonnaie für 20 Dollar rausziehst, wissen die Leute sofort, dass du nur ein Angeber bist.« Inzwischen hat mein Sohn diese Lebensphase abgeschlossen und trägt wieder ausgebleichte Jeans und Sweatshirts, aber die Lektion, die er mir erteilt hat, habe ich nicht vergessen.

Seit diesem Tag achte ich verstärkt auf Details. Ich schaue bei Hemden auf die Garnnummer. Je höher die Garnnummer, desto höher die Stoffqualität. An Hemden höherer Qualität werden Knöpfe mit vier Millimetern Durchmesser genäht. Trägt ein Mann einen teuren Anzug und eine billige Uhr, gibt er vor, jemand zu sein, der er gar nicht ist. Ein weiteres Anzeichen für einen Angeber sind Schuhe, die nicht blitzblank geputzt sind. Menschen, die sich mit dem Steuern von Empfindungen beschäftigen, übersehen solche Details häufig.

Wer war dieser Mann mit Mundschutz?

Auch wenn ein Mundschutz normalerweise von Menschen getragen wird, die ihn aus medizinischen Gründen benötigen, wirkt insbesondere die »OP-Version«, die Mund und Nase des Nutzers bedeckt, auch dann als feindliches Signal, wenn dies nicht beabsichtigt ist.

Ein maskierter Mensch sendet ein so starkes feindliches Signal aus, dass ein Bekannter von mir diesen Mundschutz nutzte, um sich in den überfüllten Pendlerzügen in New York City mehr Raum zu verschaffen. Sein Vorgehen sah so aus, dass er sich auf einen Fensterplatz setzte, bei dem der benachbarte Sitz am Gang frei war. Wenn sich dann jemand diesem freien Platz näherte, drehte er den Kopf, sodass sein Mund- und Nasenschutz gut zu sehen waren. Oft blieb der Sitz frei, bis *alle* anderen Sitzplätze besetzt waren.

Wenn sich *doch* jemand neben ihn setzte, fing er an, zu zucken und leise vor sich hin zu nuscheln. Normalerweise reichte das, um einen neu angekommenen Sitznachbarn zu vertreiben. Falls nicht, fasste er in seine Tasche, zog ein Tablettenfläschchen aus der Apotheke heraus, nahm eine Tablette heraus, hob seinen Mundschutz und stopfte sich die Tablette in den Mund. Nur sehr wenige Leute hielten dies aus und blieben sitzen.

Es stellte sich heraus, dass der Erfolg nicht lange anhielt. Auf einer Fahrt sah dieser Bekannte mit Mundschutz jemanden auf sich zukommen, drehte sich so auf seinem Sitz, dass der Fremde seinen weißen medizinischen Mundschutz sehen konnte, und wandte sich anschließend wieder dem Fenster zu. Einen Augenblick später fing er einen Blick des Fremden auf, der sich neben ihn gesetzt hatte. Er startete mit seinem üblichen Gezucke und Gemurmel. Der Fremde saß wie festgewachsen auf seinem Platz. Schließlich zog der Fahrgast mit Mundschutz sein Tablettenfläschchen heraus und spulte die

Tablettennummer ab. Die Person neben ihm blieb unbewegt sitzen. Der Fahrgast mit Gesichtsschutz konnte nicht glauben, dass seine List erfolglos blieb. Er wandte den Kopf, um zu sehen, was für eine Person in einer so bedrohlichen Umgebung sitzen bleiben konnte. Er sah einen Platznachbarn, der nun ebenfalls einen Mundschutz trug, herumzuckte und eine Arzneiflasche in seiner Hand hielt! Mehr musste er nicht sehen. Ohne zu zögern sprang er von seinem Fensterplatz auf und ging den Gang entlang in den nächsten Wagen.

Revierverletzung – Übergriff auf die Distanzzone

Es scheint klare Übereinstimmungen darüber zu geben, wie die Menschen den Raum um sich herum regeln, also den Abstand zwischen sich und anderen Menschen. Der Begriff für eine solche räumliche Regulierung lautet *Revierverhalten*, und sowohl Menschen als auch Tiere verteidigen ihr Revier. Dem Revierverhalten liegt zugrunde, dass viele Spezies eine spezifische Menge und *Qualität* an Raum für sich selbst wünschen und zu erhalten versuchen. Falls Sie nicht glauben, dass es dieses Revierverhalten gibt, steigen Sie einmal in einen Bus oder eine U-Bahn, in der nur ein einziger anderer Fahrgast sitzt, und lassen Sie sich auf den Sitz daneben plumpsen. Es gibt Gelegenheiten, wo die Leute das Eindringen in ihre Distanzzone tolerieren, und zwar dann, wenn dieses Eindringen bei einem zwangsläufigen Nebeneinander stattfindet, wie in einem voll besetzten Aufzug oder bei einer Sportveranstaltung.

Die »Invasion« in das Revier eines anderen Menschen – ob durch aufdringlichen Augenkontakt oder tatsächliche körperliche Nähe – ist ein starkes feindliches Signal. Der Einsatz von freundschaftlichen Signalen bei der ersten Begegnung mit einem Fremden hat den Zweck, von diesem die Erlaubnis zu erhalten, in sein Revier einzudringen, ohne dass er sich bedroht oder belagert fühlt. Eine Person, die Sie gerne kennenlernen möchten, wird Sie bereitwilliger in ihre Distanzzone einlassen, wenn sie Sie als freundlich empfindet.

Die Reviergrenzen sind natürlich unsichtbar und können von Mensch zu Mensch und von Kultur zu Kultur unterschiedlich sein. Ein Mensch beispielsweise, der körperlich missbraucht wurde, wird üblicherweise eine größere Distanzzone haben, um sich selbst vor jeglicher Person zu schützen, die eine körperliche Bedrohung darstellen könnte. Ähnlich wird ein Mensch, der emotional verletzt wurde, sehr vorsichtig und genau auswählen, wen er in seine Distanzzone lässt, aus Angst, erneut emotional verletzt zu werden. In extremen Fällen errichten körperlich und/oder emotional missbrauchte Personen eine Schutzmauer um sich, die zu hoch und zu dick ist, als dass sie von anderen überwunden werden könnte.

Die Reviergrenzen werden auch davon beeinflusst, wo jemand lebt. In Gesellschaften, in denen die Menschen unter beengten Verhältnissen wohnen, werden die persönlichen Reviergrenzen notwendigerweise enger gesetzt. Menschen, die an großzügige Wohnsituationen gewöhnt sind, legen hingegen weitere Reviergrenzen fest. Auch die geistige Gesundheit kann die Distanzzone beeinflussen. Der Unabomber Ted Kaczynski lebte in einer entlegenen Blockhütte in Montana. Er nahm jeden, der sich seiner Hütte mehr als eine halbe Meile näherte, als Bedrohung wahr und bereitete sich darauf vor, sich gegen jeden zu verteidigen, der in seine Distanzzone eindrang.

Da die Menschen so unterschiedliche Definitionen für »ihr« Revier und ihre Distanzzone haben, ist es wichtig, dass Sie dies berücksichtigen, wenn Sie versuchen, sich mit jemandem anzufreunden, den Sie nicht kennen. Nachdem Sie freundschaftliche Signale gesendet und ähnliche Signale als Antwort empfangen haben, nähern Sie sich der Person vorsichtig und achten dabei auf deren Körpersprache. Wenn Sie Anzeichen von Stress oder negative Reaktionen beobachten, wie ein Zurückweichen oder einen missbilligenden Gesichtsausdruck, gehen Sie nicht näher an diese Person heran, bis diese Ihnen verbale oder nonverbale Hinweise zukommen lässt, dass sie dafür bereit ist.

Die Leute neigen dazu, nur langsam ihr Revier zu öffnen, besonders dann, wenn es um Parkplätze geht. Wenn Sie auf einem überfüllten Parkplatz auf der Suche nach einem freien Platz bereits einige Runden gedreht haben und schließlich jemanden sehen, der dabei ist wegzufahren, setzen Sie sofort Ihren Blinker, um diesen Platz als Ihr Gebiet zu markieren. Damit signalisieren Sie anderen Fahrern, sie sollen verschwinden, weil das Ihr Parkplatz ist. Nun beginnt das Wartespielchen. Der Fahrer, der den Parkplatz verlassen möchte, hantiert am Armaturenbrett herum und nimmt sich gründlich Zeit, Sicherheitsgurt und Rückspiegel richtig einzustellen. Sie fragen sich: »Warum braucht diese Person so lange, um von diesem Platz wegzufahren?« Die Antwort lautet: Der Fahrer beherrscht meisterhaft seinen Platz und wird diesen erst aufgeben, wenn er dazu bereit ist. Interessanterweise verlassen Leute einen Parkplatz schneller, wenn niemand auf ihren Platz wartet.

Dogmatische Sicht auf feindliche Reviersignale

Haustiere, insbesondere Hunde, liefern interessante Beispiele für das Revierverhalten. Stellen Sie sich vor, zwei Leute betreten erstmals das Haus eines Freundes. Eine dieser Personen ist ein eifriger Hundeliebhaber, die andere Person kann Hunde nicht leiden. Der Hundeliebhaber richtet seine Aufmerksamkeit sofort auf den Hund, blickt ihm direkt in die Augen und beugt sich zu dem Tier hinunter. Zur Überraschung des Hundeliebhabers knurrt der Hund und fletscht die Zähne. Der Hundehasser auf der anderen Seite beschränkt seinen physischen und visuellen Kontakt mit dem Hund auf ein Minimum. Das spürt der Hund, nähert sich der Person, schnüffelt und bemüht sich eifrig, die Aufmerksamkeit zu gewinnen.

Die Reaktion des Hundes auf die beiden Fremden wirkt kontraintuitiv, betrachtet man sie jedoch unter dem Gesichtspunkt des Reviers, ist sie absolut sinnvoll. Der Hundeliebhaber verletzt die Distanzzone des Tieres, indem er auf den Hund zugeht und ihn noch weiter herausfordert, indem er ihm in dessen Revier direkt in die Augen blickt. Sowohl Hunde als auch Menschen nehmen es als bedrohliche Geste (feindliches Signal) wahr, wenn jemand sie anstarrt. Der Hund sah die Anwesenheit des Hundeliebhabers als Bedrohung oder potenzielle Bedrohung an, daher zeigte er sich angriffslustig, um sein Revier zu verteidigen. Mit zunehmender Vertrautheit wird der Hundeliebhaber schließlich akzeptiert werden. Der Hundehasser hingegen ignorierte das Tier und stellte folglich keine Bedrohung für dessen Revier dar. Ohne tatsächliche oder als solche wahrgenommene Bedrohung wurde der Hund neugierig auf den Fremden. In dem Bemühen, seine natürliche Neugier zu befriedigen (derselbe »Aufhänger«, der Vladimir veranlasste, mit mir zu sprechen, und der dazu führte, dass Seagull sich für den FBI-Agenten Charles interessierte), nähert er sich der Person, die das gar nicht möchte.

Bevor Sie auf andere zugehen, erst auf deren Füße achten

Sie verfügen nun über brauchbare Kenntnisse über freundschaftliche und feindliche Signale und wissen, welche Sie zeigen und auf welche Sie achten müssen, wenn Sie mit Fremden zu tun haben, mit denen Sie entweder in Kontakt kommen oder die Sie meiden möchten – vielleicht haben Sie Ihre nonverbalen Signale sogar schon vor dem Spiegel geübt. Es gibt noch etwas, das es zu berücksichtigen gilt, bevor Sie tatsächlich mit jemandem zu sprechen anfangen, und zwar betrifft das Situationen, in denen die Person Ihres Interesses nicht alleine ist, sondern bereits mit jemandem interagiert. Wie können Sie sich dazwischenschalten und ein Gespräch beginnen? *Wann* sollten Sie sich dazwischenschalten und zu sprechen beginnen?

Es gibt Gelegenheiten, bei denen sich diese Fragen nicht beantworten lassen. Beispielsweise bei Geschäftsmeetings oder gesellschaftlichen Veranstaltungen, wo die Leute an Tischen sitzen oder sich im Raum bewegen. Hier kann es schwierig werden, sich nahtlos in ein bestehendes Gespräch einzuschalten. Wenn jedoch zwei oder mehr Leute zusammenstehen und interagieren, können Sie deren *Fußstellung* nutzen, um zu bestimmen, ob der Zeitpunkt günstig ist, sich der Gruppe zu nähern, oder ob es besser ist, den Versuch einer Kontaktaufnahme zu verschieben. Die Beobachtung der Fußstellungen liefert nämlich Hinweise darauf, welche Gruppe ein neues Mitglied akzeptieren wird und welche zögernd oder unwillig reagieren wird.

Die Mitglieder einer großen Gruppe, die mit ihren Füßen einen Halbkreis bilden und deren Fußspitzen zur offenen Seite des Kreises hin zeigen, signalisieren damit, dass sie neue Mitglieder akzeptieren. Die Mitglieder einer großen Gruppe, die einen geschlossenen Kreis bilden, signalisieren damit, dass für Ihr Zusammensein keine neuen Personen erwünscht sind.

Wenn Sie zwei Leute sehen, die sich gegenüberstehen und deren Fußspitzen zueinander zeigen, erkennen Sie daran, dass die Unterhaltung privat ist. Bleiben Sie fern. Die beiden möchten nicht von außen unterbrochen werden. Wenn sich andererseits zwei Leute gegenüberstehen, deren Füße schräg stehen, bleibt eine »Öffnung«, und diese sendet die Botschaft, dass eine neue Person in der Gruppe willkommen ist.

Füße, die auf eine private Unterhaltung hinweisen.

Schräg stehende Füße laden andere Menschen ein, sich an der Unterhaltung zu beteiligen.

Stehen sich drei Menschen gegenüber, und ihre Füße zeigen nach innen und bilden einen geschlossenen Kreis, sagt dies nonverbal aus, dass neue Mitglieder nicht willkommen sind.

Stehen sich hingegen drei Menschen in einem größeren Kreis gegenüber, der sich öffnet, signalisieren sie damit, dass sie bereit sind, andere Leute in der Gruppe zu akzeptieren.

Geschlossene Unterhaltung.

Die Mitglieder dieser Gruppe haben die Füße schräg stehen.
Damit senden sie die Botschaft, dass sie bereit sind, eine neue
Person in ihrer Gruppe aufzunehmen.

Ihre Aufgabe ist es nun, Gruppen zu erkennen, die für neue Mitglieder offen sind, und sich diesen zu nähern. Gehen Sie zielgerichtet auf die Gruppe zu und zeigen Sie freundschaftliche Signale, bevor oder während Sie sich nähern. Bedenken Sie, dass unser Gehirn die Umgebung ständig nach freundschaftlichen oder feindlichen Signalen absucht. Wenn Sie feindliche Signale zur Schau stellen, werden sich die Leute in der Gruppe, auf die Sie zugehen, gegen eine mögliche Bedrohung verteidigen und auf Ihr Eindringen feindselig reagieren. Wenn dieselben Personen sehen, dass Sie die Augenbrauen hochziehen, den Kopf schräg legen und lächeln, werden sie diese freundschaftlichen Signale positiv interpretieren und eher bereit sein, Sie in der Gruppe willkommen zu heißen.

Sobald Sie die gewählte Gruppe erreichen, treten Sie selbstsicher in den leeren Raum. Selbstsichere Personen sind beliebter als unsichere Personen. Selbst wenn Sie sich nicht selbstsicher fühlen, tun Sie so als ob. Die Grenze zwischen Selbstsicherheit und Arroganz ist sehr schmal. Überschreiten Sie diese nicht!

Wenn Sie den zuvor leeren Raum einnehmen, folgen Sie dem Gesprächsfaden und warten auf eine Pause, bevor Sie etwas sagen. Während Sie zuhören, sollten Sie leicht mit dem Kopf nicken. Dies signalisiert Zustimmung und Interesse für das, was andere Leute sagen, und sendet zugleich die Botschaft, dass Sie selbstsicher, aber nicht arrogant sind. Arrogante Menschen sind üblicherweise keine guten Zuhörer. Die Gruppe mag zwar bereitwillig neue Mitglieder akzeptieren, aber ein Neuankömmling, der eine laufende Unterhaltung unhöflich unterbricht, hat schlechte Karten. Wenn in der Unterhaltung eine natürliche Pause eintritt, ist dies Ihr Stichwort, um sich vorzustellen oder etwas zu der Unterhaltung beizutragen, der Sie soeben zugehört haben.

Versuchen Sie, eine Gemeinsamkeit mit den anderen Mitgliedern der Gruppe zu finden. Das Finden einer Gemeinsamkeit (ähnliche Interessen, ähnlicher Hintergrund, Job etc.) ist die schnellste Möglichkeit, einen guten Kontakt herzustellen und beim Aufbau einer Freundschaft in den nächsthöheren Gang zu schalten. Gängige Methoden zum schnellen Aufbau eines guten Kontakts werden in einem späteren Kapitel genauer besprochen. Wenn Sie sich auf einer Messe oder Konferenz befinden, haben Sie sofort Gemeinsamkeiten, weil alle Teilnehmer an dieser Veranstaltung gemeinsame Interessen teilen, sonst wären sie nicht dort.

Lässt sich eine Gemeinsamkeit nicht sogleich herstellen, greifen Sie auf das unverfängliche Thema Musik zurück. Selbst wenn die Leute nicht dieselbe Musikrichtung mögen, können die Ähnlichkeiten und Unterschiede zwischen den Musikgattungen eine lebhafte und normalerweise konfliktfreie Unterhaltung fördern. Themen, die das Potenzial für starke Gefühle und mögliche Konflikte enthalten, sollten Sie nicht anschneiden, denn sie können sich als polarisierend erweisen und wirken der Pflege einer aufkeimenden Freundschaft entgegen.

Wenn Sie diese Leute später auf der Veranstaltung wiedersehen, sprechen Sie sie mit ihrem Namen an. Das wird ihnen viel bedeuten. Um es mit den Worten von Dale Carnegie zu sagen: »Bedenken Sie, dass der Name einer Person in jeglicher Sprache der süßeste und wichtigste Klang in deren Ohr ist.«

Menschen mögen es, wenn man sich an sie erinnert. Es spricht für Wertschätzung und Anerkennung und zeigt, dass einem eine Person etwas bedeutet, wenn man sich ihren Namen gemerkt hat. Dinge, an die man sich erinnert, sind Dinge, die man wertschätzt.

Die Konversation wieder aufnehmen

Wenn Sie jemandem begegnen, den Sie bereits zuvor getroffen hatten, können Sie im Gespräch einen *Brückenschlag* zurück nutzen. Damit ist die erneute Verwendung von Teilen eines früheren Gesprächs zu einem späteren Zeitpunkt gemeint. Ein solcher Brückenschlag können einmalige Kommentare, Scherze, Gesten einer früheren Unterhaltung sein. Dieses Wiederaufnehmen eines Gesprächs sendet die subtile Botschaft, dass Sie im Freundes- und Bekanntenkreis dieser Person kein Newcomer sind. Sie sind eine vertraute Person mit gemeinsamen Interessen. Ein solcher Brückenschlag zurück erlaubt es Ihnen auch, den Prozess der Freundschaftsbildung dort wieder aufzunehmen, wo er im ersten Gespräch endete. So kommen Sie im Aufbau der Freundschaft vorwärts, ohne wieder bei null anfangen zu müssen.

Achten Sie auf die Fußstellung, wenn eine Person alleine ist

Wenn Sie jemanden alleine stehen sehen, dessen Füße zum Ausgang zeigen, ist die Wahrscheinlichkeit groß, dass diese Person daran denkt zu gehen, aber diesen Schritt noch nicht gemacht hat. Dies liefert Ihnen einen Aufhänger, um sich dieser Person zu nähern. Senden Sie freundschaftliche Signale, während Sie auf die Person zugehen, und machen Sie dann eine empathische Bemerkung wie »Ach, ich sehe, Sie sind dabei zu gehen« oder »Oh, Sie finden die Party langweilig?«. Sie können eine solche Bemerkung machen, weil Sie damit lediglich die körperliche Haltung beschreiben, die Sie beobachtet haben und die die inneren Gefühle dieser Person spiegelt. Oder Sie gehen zu dieser Person und sagen einfach: »Wie ich sehe, sind Sie alleine hier. Wie gefällt Ihnen der Ort (oder die Veranstaltung)?« Erwartungsvoll wird die Person auf Ihre Frage antworten, und Sie können die Antwort nutzen, um die Unterhaltung fortzusetzen, und sehen, wie sich die Dinge entwickeln.

Weg vom Glühwürmchen und hin zur Freundschaft: Der nächste Schritt

Die Entstehung einer Freundschaft oder Feindschaft beginnt in dem Moment, wo man das erste Mal in Kontakt kommt, in der Regel also, wenn man sich das erste Mal sieht, und entwickelt sich von dort aus weiter. Dieses Kapitel hat sich fast ausschließlich auf die nonverbalen Signale konzentriert, die wir anderen senden, und auf den Einfluss, den diese auf persönliche Beziehungen haben. Da uns die Leute normalerweise sehen, bevor sie uns hören, sind unsere nonverbalen Signale eine Art »Vorschau« oder »Trailer« wie bei einem Film, die dem Zuschauer vorankündigen, was er von der Hauptattraktion erwarten kann, und ihm bei der Entscheidung helfen, ob er dranbleiben soll oder besser darauf verzichtet.

Meiden Sie den Spotlight-Effekt

Wenn Sie Ihre freundschaftlichen Signale wirksam einsetzen, haben Sie den Weg für eine weitere erfolgreiche Interaktion bereitet. Die Aufmerksamkeit einer anderen Person zu gewinnen und diese gleichzeitig zu ermuntern, Sie in einem positiven Licht zu sehen, ist ein wichtiger erster Schritt auf dem Weg zum Aufbau einer Freundschaft, aber Sie müssen sich dabei vor dem Spotlight-Effekt hüten. Freundschaftliche (oder feindliche) Signale absichtlich zu senden braucht Übung. Häufig sind Menschen unbewusst sehr geschickt darin, diese nonverbale Kommunikation zu vermitteln. Wenn Sie nun irgendwo hingehen, sind Sie in der Lage, diese Signale zu lesen, und sind sich ihrer Bedeutung bewusst. Folglich werden Sie das Senden und Empfangen solcher Signale bei anderen Menschen bemerken.

Um *bewusst* dieselben Signale zu imitieren, die Sie *unbewusst* mit Leichtigkeit und ganz authentisch senden, müssen Sie den *Spotlight-Effekt* überwinden. Der Spotlight-Effekt wird ausgelöst, wenn Sie etwas verstohlen tun. Da Sie eine bewusste Anstrengung unternehmen, um das Verhalten der Leute zu beeinflussen, denken Sie, dass jeder merkt, was Sie da tun. Dies wiederum macht es für Sie schwierig, Ihr Verhalten natürlich und angemessen wirken zu lassen, sodass es nicht gelingt, die Aktionen auf überzeugende Art auszuführen. Das Ende vom Lied ist: Ihre Aktionen sind unglaubwürdig.

Ein Beispiel für den Spotlight-Effekt ist jemand, der lügt. Der Lügner glaubt, dass die Person, die er anlügt, die Lüge durchschaut, und zwar selbst dann, wenn diese Person sich der Täuschung in keiner Weise bewusst ist. Dies wiederum verursacht den Lügner, verbale und nonverbale Hinweise zu geben, die tatsächlich die Täuschung anzeigen. Idealerweise erkennt die belogene Person die Täuschung oder wird zumindest misstrauisch gegenüber dem Gesagten.

Dasselbe geschieht, wenn Sie das erste Mal versuchen, bewusst freundschaftliche Signale zu imitieren. Sie haben solche Signale zeitlebens erfolgreich gesendet, wenn Sie jedoch die ersten Male auf Leute zugehen und bewusst versuchen, den Kopf seitlich zu neigen und die Augenbrauen kurz hochzuziehen, haben Sie das Gefühl, die anderen halten Sie für sozial ungeschickt. Nun kommt der Spotlight-Effekt zum Tragen. Er veranlasst Sie, Ihr Verhalten zu »forcieren« – Ihr Kopfneigen und das Hochziehen der Augenbrauen werden ungeschickt und somit Ihre Absichten *tatsächlich* offensichtlich, sodass Sie zum Opfer Ihrer eigenen Selbstprophezeiung werden. Das Ergebnis ist ein gescheiterter Versuch einer Kontaktaufnahme. Wenn Sie den Spotlight-Effekt vermeiden möchten, müssen Sie erst einmal von seiner Existenz wissen.

Über dieses Wissen verfügen Sie jetzt.

Der nonverbale Wechselschritt

Während meiner Laufbahn beim FBI nahm ich an vielen Tagungen und Partys teil. Bei einer Gelegenheit besuchte ich vor Beginn der Tagung zusammen mit einem Kollegen des Verhaltensanalyseprogramms eine »Kennenlern-Party«. Die Party war langweilig, daher machten mein Bekannter und ich uns einen Spaß daraus, einen »nonverbalen Wettlauf« zu spielen.

Das Spiel ging so: Wir wählten uns jeder eine Person unter den Partybesuchern aus, die sich in gleichem Abstand von der Tür befanden. Ziel des Spiels war es festzustellen, wer seine gewählte Zielperson dazu bringen würde, den Raum zu verlassen, ohne dies zu merken. Anfangs verwickelten wir unsere jeweilige Zielperson in ein lockeres Gespräch mit einer akzeptablen räumlichen Distanz zwischen uns. Wissend, dass die Menschen unbewusst versuchen, zu der Person, mit der sie sich unterhalten, eine angenehme Distanz zu wahren, machten wir unmerklich kleine Schritte näher an unsere Zielperson heran. Als sich der Raum zwischen uns und unseren Zielpersonen allmählich schloss, traten diese unbewusst etwas zurück, um ihre Distanzzone zu erhalten. Wir wiederholten das Manöver, bis unsere Zielpersonen aus der Tür getreten waren. Wer dies als Erstes schaffte, wurde zum Sieger erklärt. In einem Fall brachte ich meine Zielperson dazu, ohne dass sie es bewusst merkte, bis in die Hotellobby zurückzuweichen. Als der Betreffende schließlich realisierte, wo er war, rief er aus: »Hey! Wie sind wir denn hierhergekommen?« Ich lächelte nur und zuckte mit den Achseln.

Der erste Schritt, um freundschaftliche (oder feindliche) Signale erfolgreich zu imitieren, besteht darin zu beobachten, wie andere Leute diese Signale unbewusst und ganz natürlich senden, und auch die eigenen Signale nachzuverfolgen. Beim Imitieren eines freundschaftlichen Signals sollten Sie versuchen, dieselbe Empfindung zu kopieren, die Sie fühlen, wenn Sie sich dabei beobachten, wie Sie diese nonverbale Kommunikation automatisch zeigen.

Günstige Gelegenheiten zur Verbesserung dieser Fertigkeiten bieten sich beim Entlanggehen einer Straße, in Einkaufszentren und an anderen öffentlichen Plätzen. Wenn Ihnen jemand begegnet, neigen Sie den Kopf leicht zur Seite, stellen Augenkontakt her und lächeln. Beobachten Sie die Reaktion der Leute. Wenn die Person mit einem kurzen Hochziehen der Augenbrauen und einem Lächeln reagiert, haben Sie erfolgreich ein freundschaftliches Signal übermittelt. Reagiert die Person mit einem dümmlichen Blick oder einem »Bleib-mir-vom-Leib«-Ausdruck, haben Sie vielleicht einen Griesgram erwischt oder brauchen mehr Übung. Mit der Zeit sollten Sie eine bessere Reaktion der Leute auf Ihre freundschaftlichen Signale feststellen können. Mit mehr Übung werden Sie auch nicht mehr bewusst darüber nachdenken müssen, die Signale zu senden oder wie diese auszusehen haben; sie werden automatisch erfolgen.

Neue Fertigkeiten zu erwerben oder alte Fertigkeiten authentisch aussehen zu lassen, wenn wir sie »im Rampenlicht« nutzen, verlangt sehr viel Übung. Während Sie an der Perfektionierung dieser Signale arbeiten, ist es durchaus möglich, dass Sie entmutigt sind und aus verschiedenen Gründen aufgeben, wie Verlegenheit, fehlender Erfolgsfaktor oder sogar Frustration. Das ist normal. Wissenschaftler haben untersucht, wie die Leute neue Fertigkeiten erwerben, und dabei entdeckt, dass viele Neulinge zu Beginn der Lernerfahrung eine Phase des »freien Falls« durchmachen. In dieser Phase fühlen sich die Leute bei der Nutzung der neuen Fertigkeiten nicht wohl und werden frustriert oder verlegen, wenn diese nicht wie angekündigt funktionieren. Anstatt die Fertigkeiten immer wieder zu üben, geben sie auf.

Lassen Sie sich nicht entmutigen! Halten Sie in der Phase des freien Falls durch und vertrauen Sie auf das Wissen, dass Sie mit mehr Zeit und Anstrengung Ihr Ziel erreichen werden. Die Frustration und das Unbehagen beim Erwerben neuer Fertigkeiten sind die Mühe absolut wert, weil Sie beim Aufbau erfolgreicher Beziehungen mit besseren Ergebnissen belohnt werden.

Irren ist menschlich und macht die Menschen zudem liebenswerter

Zu Beginn meiner Vorlesungen begehe ich absichtlich einige Fehler, die meine Glaubwürdigkeit nicht beschädigen, beispielsweise spreche ich ein Wort falsch aus oder schreibe es falsch an die Tafel. Die Teilnehmer korrigieren meine kleinen Fehler sofort. Mit gespielter Verlegenheit nehme ich die Korrekturen dankbar an und lobe die Teilnehmer für ihre Aufmerksamkeit.

Diese Methode erfüllt mehrere Zwecke. Erstens sind die Teilnehmer sehr mit sich zufrieden, wenn sie etwas korrigieren können, wodurch ein guter Kontakt hergestellt wird und sich ein freundschaftliches Verhältnis aufbaut. Zweitens sind die Teilnehmer eher bereit, während der Vorlesung spontan zu interagieren, ohne die Angst, vor dem Lehrer dumm dazustehen. Sie schlussfolgern, dass es in Ordnung ist, Fehler zu machen, da der Lehrer selbst bereits mehrere gemacht hat. Drittens lassen mich kleine Fehler menschlicher wirken. Die Leute mögen Dozenten, die auf ihrem Fachgebiet Fachleute sind, zugleich aber menschliche Qualitäten besitzen, die denen der Seminarteilnehmer ähneln (siehe das Gesetz der Ähnlichkeit, besprochen in Kapitel 5).

Beobachten und lernen

Das Herumtippen auf einer Handytastatur und Stöpsel im Ohr schließen aus, dass Sie freundschaftliche Signale senden oder empfangen können. Der Mangel an persönlicher Interaktion mit anderen Menschen reduziert zudem die Gelegenheiten, bei denen Sie Ihre sozialen Fertigkeiten verbessern oder durch die Beobachtung anderer lernen können.

Von anderen zu lernen verlangt noch nicht einmal große Mühe. Sie müssen nur in ein Restaurant gehen und Leute beobachten. Die Leute fühlen sich wohl, wenn sie beim Essen oder Trinken kommunizieren. Versuchen Sie, den Status und die Intensität von Beziehungen zu bestimmen, indem Sie die nonverbalen Signale von Paaren beobachten, die in Ihrer Nähe sitzen.

Liebesbeziehungen

Wenn zwei Leute ein Restaurant betreten, können Sie sagen, ob sie ein Paar sind oder nicht, indem Sie ihr nonverbales Verhalten beobachten. Händchenhalten ist ein Zeichen von romantischem Interesse. Paare, die Hand in Hand gehen, ohne die Finger ineinander zu verschlingen, haben eine weniger innige Beziehung, als wenn ihre Finger sich verschlingen. Normalerweise kommt es zu folgender Handlungssequenz, nachdem das Paar an einem Tisch oder in einer Sitzecke Platz genommen hat: 1) Die Mitteldeko, der Speisekartenhalter oder ein Gewürzset wird auf eine Seite des Tisches verschoben, 2) das Paar tauscht das Hochziehen der Augenbrauen aus, 3) das Paar schaut sich länger an, als sie einen Fremden anschauen würden, 4) beide lächeln, 5) sie neigen ihren Kopf zu einer Seite, 6) sie beugen sich zueinander, 7) sie spiegeln die Haltung des anderen, 8) sie halten Händchen, 9) sie gestikulieren ungezwungen beim Reden, 10) sie flüstern oder senken ihre Stimmen, um anderen zu signalisieren, dass ihre Unterhaltung privat ist und Eindringlinge nicht willkommen sind, und 11) sie probieren auch vom Teller des anderen. Diese Sequenz findet vielleicht nicht in genau dieser Reihenfolge statt oder wird möglicherweise vom Servicepersonal unterbrochen, aber Sie werden einige oder alle diese nonverbalen Hinweise während des Essens bemerken.

Kaputte Beziehungen

Angespannte Beziehungen werden offensichtlich, weil die normalen nonverbalen Hinweise einer guten Beziehung fehlen. Beispielsweise werden sich die beiden Partner nicht anschauen. Ihr Lächeln ist gezwungen. Einer oder beide werden beim Sprechen häufig auf ihre Teller schauen. Die Köpfe werden gerade gehalten, nicht zur Seite geneigt. Ihre Augen schweifen durch das Lokal und halten Ausschau nach anderen Anregungen. Sie spiegeln die Haltung des anderen nicht. Sie beugen sich nicht zueinander, tatsächlich lehnen sie sich in der Regel zurück, voneinander fort.

Der Mann zeigt nonverbale Hinweise, die sein Interesse
anzeigen, die Frau hingegen nicht.

Ungleiche Beziehungen

Eine nonverbale Sequenz, die zeigt, dass ein Teil des Paars an der anderen Person interessiert ist, die andere Person jedoch an der ersten Person kein Interesse hat, ist recht einfach auszumachen. Die interessierte Person zeigt alle nonverbalen Hinweise, die bei einer romantischen Beziehung vorhanden sind, wie zuvor beschrieben; die andere Person jedoch zeigt negative nonverbale Hinweise (feindliche Signale).

Ruhige Behaglichkeit

Paare, die viele Jahre zusammen verbracht haben, zeigen häufig nonverbale Hinweise, die eine schlechte oder kaputte Beziehung signalisieren, was jedoch nicht immer der Fall ist. Menschen, die bereits eine lange Zeit in der Gesellschaft des anderen verbracht haben, vertrauen darauf, dass die andere Person an der Beziehung festhält. Sie brauchen keine ständigen Auffrischungen. Sie sind in der Gesellschaft des anderen entspannt und fühlen sich wohl, ohne Angst zu haben, verraten oder verlassen zu werden. Paare, die dieses Stadium ihrer Beziehung erreicht haben, sind wunderbar zu beobachten.

Dieselben Einschätzungen sind bei Beziehungen zwischen Geschäftsleuten möglich, die miteinander verhandeln, bei Leuten, die versuchen, jemanden aufzugabeln, oder einfach bei Freunden, die zu einem ungezwungenen Essen oder auf einen Drink ausgehen. Der Sinn des Beobachtens anderer Menschen ist, dass Sie Ihre Beobachtungsfertigkeiten schärfen, sodass Sie bewusster wahrnehmen, wie die Leute ganz natürlich miteinander interagieren, und Ihre Fähigkeit verbessern, das Gesehene genau zu interpretieren. Wenn Sie genügend üben, werden Ihre Beobachtungen und Ihre Fähigkeiten bei der Einschätzung menschlichen Verhaltens immer präziser, was Sie zu einem kommunikativeren Menschen werden lässt.

3

Die goldene Regel der Freundschaft

Durch aufrichtiges Interesse für andere Menschen können Sie in zwei
Monaten mehr Freunde gewinnen als in zwei Jahren, in denen Sie
versuchen, andere Menschen für sich zu interessieren.

DALE CARNEGIE

Die nonverbalen freundschaftlichen Signale, die Sie im vorherigen Kapitel gelernt haben, sollen den Weg für den Start einer positiven Beziehung mit einer anderen Person bereiten. Sie funktionieren wie das Vorprogramm bei einem Comedian, das das Publikum in die richtige Stimmung versetzen soll, bevor der Hauptdarsteller auftritt. Wenn Sie diese Signale korrekt nutzen, wird die Person Ihres Interesses für einen Kontakt mit Ihnen empfänglicher sein, falls Sie sich entscheiden, auf sie zuzugehen und sie anzusprechen. Nehmen wir also einmal an, Sie entscheiden sich tatsächlich dafür, auf jemanden zuzugehen und diese Person anzusprechen. Was nun? Sie haben den »Augenblick der Wahrheit« mit dieser Person erreicht.

Machen Sie Ihren »Augenblick der Wahrheit« zu einem Erfolg

Vor vielen Jahren wurde ein Geschäftsmann namens Jan Carlzon zum CEO einer europäischen Fluggesellschaft, der Scandinavian Airlines System (SAS), ernannt, die schwer zu kämpfen hatte. Er erhielt die gewaltige Aufgabe, sie wieder profitabel zu machen. Er erledigte diese Aufgabe in einem solchen Tempo, dass seine Heldentat in den Mittelpunkt erfolgreicher Managementfälle rückte und in die Literatur einging, die sich mit betrieblichen Kehrtwenden befasst.

Wie gelang ihm dieser Erfolg? Indem er dem Kundenpersonal die Befugnis gab, Serviceprobleme der Kunden sofort zu lösen, ohne dies zuvor mit den Abteilungsleitern besprechen zu müssen. Dadurch kam es zu einer deutlichen Verbesserung der Kundenzufriedenheit, der Moral der Angestellten und der Gewinne der Firma. Zusammengefasst: eine Win-win-Situation für alle Beteiligten.

Was an Carlzons Philosophie und Geschäftsstrategie in Bezug auf dieses Buch interessant ist, ist die Bedeutung, die er dem Kontakt zwischen zwei Personen gab. Er nannte das tatsächlich den »Augenblick der Wahrheit«, weil diese Augenblicke aus Sicht des Kunden ein Bild der Firma formten und zu der Entscheidung beitrugen, ob sie die Dienste der SAS in Anspruch nehmen würden. Carlzon beobachtete: »Letztes Jahr hatte jeder unserer zehn Millionen Kunden mit etwa fünf SAS-Angestellten Kontakt. Diese 50 Millionen ›Augenblicke der Wahrheit‹ sind die Augenblicke, die letztlich entscheiden, ob SAS als Firma Erfolg haben oder scheitern wird. Es sind die Augenblicke, in denen wir unseren Kunden beweisen müssen, dass SAS die beste Alternative für sie ist.«

Wenn Sie jemandem das erste Mal begegnen, ist dies ein Augenblick der Wahrheit, der darüber bestimmt, wie sich diese Beziehung entwickeln wird. Wird diese Person Sie als Freund behandeln oder wie einen Feind meiden? *Die goldene Regel der Freundschaft – Wenn Sie andere für sich gewinnen möchten, sorgen Sie dafür, dass diese Leute sich gut fühlen und mit sich zufrieden sind* – kann ein entscheidender Faktor dafür sein, auf welcher Seite diese andere Person Sie einordnen wird.

Anders als einige Methoden, die später vorgestellt werden und nur relevant werden, wenn Sie sich eine Langzeitbeziehung und nicht nur kurze oder sporadische Interaktionen wünschen, dient die goldene Regel der Freundschaft als Schlüssel zu allen erfolgreichen Beziehungen, ob sie nun kurz, mittelfristig oder lange andauern.

Unterschätzen Sie die Macht und die Bedeutung dieser Regel beim Schließen von Bekanntschaften nicht. Als FBI-Spezialagent wurde von mir verlangt, Menschen jeden Standes zu treffen und sie davon zu überzeugen, empfindliche Informationen zu liefern, Spion zu werden oder verschiedenste Verbrechen zu gestehen. Der Schlüssel für die erfolgreiche Erfüllung dieser gewaltigen Aufgaben war meine Fähigkeit, die Leute nicht nur dazu zu bringen, mich zu mögen, sondern mir zu vertrauen und in vielen Fällen mir ihr Leben anzuvertrauen. Die schwierigste Aufgabe, denen sich neue Spezialagenten gegenübersehen, die andere Leute für sich gewinnen sollen, ist die Entwicklung dieser lebenswichtigen Fertigkeit. Häufig kamen Agenten zu mir und baten mich, ihnen die Methoden beizubringen, mit denen sie andere sofort für sich gewinnen könnten. Und ich gab ihnen genau dieselbe Anweisung: *Wenn Sie möchten, dass jemand Sie mag, sorgen Sie dafür, dass diese Person mit sich zufrieden ist und sich gut fühlt.* Sie müssen Ihre Aufmerksamkeit auf die Person konzentrieren, mit der Sie sich anfreunden möchten. Es klingt einfach, aber selbst trainierte Agenten brauchen dafür Übung. Wenn Sie es schaffen, dass jemand mit sich zufrieden ist und sich gut fühlt, wird diese Person diesen Zustand Ihrer Hilfe zuschreiben. Menschen fühlen sich zu anderen hingezogen, in deren Gesellschaft sie sich gut fühlen, und neigen dazu, Leute zu meiden, die ihnen Schmerz oder Unbehagen verursachen.

Wenn Sie bei jeder Begegnung mit einer bestimmten Person dazu beitragen, dass diese mit sich zufrieden ist, wird sie jede Gelegenheit suchen, Sie zu sehen, um wieder dasselbe gute Gefühl zu erleben. Der Stolperstein auf diesem Weg war für viele meiner Agentenkollegen derselbe, mit dem wir alle zu tun haben: unser eigenes Ego. Dieses steht uns bei der Anwendung der goldenen Regel der Freundschaft im Weg. Die meisten Menschen glauben, die Welt drehe sich um sie und sie sollten der Mittelpunkt der Aufmerksamkeit sein. Wenn Sie jedoch freundlich und auf andere anziehend wirken möchten, müssen Sie Ihr Ego vergessen und der anderen Person und deren besonderen Bedürfnissen und Gegebenheiten Aufmerksamkeit schenken. Sie werden Menschen für sich gewinnen, wenn Sie *sie* (nicht sich selbst) zum Brennpunkt Ihrer Aufmerksamkeit machen.

Denken Sie einmal darüber nach: Es ist bedauerlich, dass wir diese wirksame Regel selten anwenden, um uns für andere attraktiver zu machen und damit gleichzeitig dazu beizutragen, dass diese Menschen sich besser fühlen und mit sich zufriedener sind. Wir sind viel zu sehr damit beschäftigt, uns auf uns selbst zu konzentrieren und nicht auf die Menschen, denen wir begegnen. Wir stellen unsere Wünsche und Bedürfnisse über die Wünsche und Bedürfnisse anderer. Die Ironie dabei ist, dass andere Menschen sich eifrig darum bemühen werden, Ihre Wünsche und Bedürfnisse zu erfüllen, wenn Sie sie erst einmal für sich gewonnen haben.

Empathische Bemerkungen

Empathische Bemerkungen halten den Fokus der Unterhaltung auf der Person, mit der Sie sprechen, und weniger auf Ihnen selbst. Dies ist eine der wirksamsten Vorgehensweisen, damit andere sich gut fühlen. Den Fokus auf eine andere Person zu richten ist schwierig, weil wir von Natur aus egozentrisch sind und denken, die Welt drehe sich um uns. Dennoch, wenn Sie es schaffen, dass andere sich immer gut fühlen, wenn sie mit Ihnen gesprochen haben, haben Sie das Ziel der goldenen Regel der Freundschaft erreicht und als Ergebnis andere für sich gewonnen.

Empathische Bemerkungen wie »Sie scheinen einen schlechten Tag zu haben« oder »Sie sehen heute glücklich aus« geben den Menschen zu verstehen, dass ihnen jemand zuhört und sich in gewissem Maß um ihr Wohlbefinden sorgt. Durch diese Art Aufmerksamkeit fühlt sich die Person gut und ist geneigt, die Person zu mögen, von der diese Aufmerksamkeit kommt.

Empathische Bemerkungen schließen zudem den Gesprächskreislauf. Wenn jemand etwas sagt, wünscht er sich ein Feedback, um zu wissen, ob seine Botschaft angekommen ist und verstanden wurde. Durch das Spiegeln einer ähnlichen Formulierung, die eine Person gesagt hat, schließt sich der Kommunikationskreis. Die Leute fühlen sich gut, wenn sie eine Botschaft erfolgreich vermitteln konnten.

Empathische Bemerkungen verlangen, dass Sie der anderen Person sorgfältig zuhören. Konzentriertes Zuhören demonstriert, dass Sie an dieser anderen Person wirklich interessiert sind und verstehen, was sie sagt.

Die Grundformel für empathische Bemerkungen lautet: »Na, Sie haben/ sind wohl ...« Es gibt viele Formen empathischer Bemerkungen, aber diese Grundformel gewöhnt Sie daran, den Fokus der Unterhaltung auf der anderen Person und nicht auf Ihnen selbst zu halten. Einfache empathische Bemerkungen können sein: »Na, Sie sind wohl zufrieden damit, wie es heute läuft« oder »Na, Sie haben heute wohl einen guten Tag«. Wir neigen ganz natürlich dazu, etwas zu sagen, was ausdrückt: »Ich verstehe, wie Sie sich fühlen.« Dann denkt die andere Person automatisch: »*Nein, Sie wissen nicht, wie ich mich fühle, weil Sie nicht in meiner Haut stecken.*« Die Grundformel »Na, Sie sind/haben wohl ...« sichert, dass der Fokus der Unterhaltung auf der anderen Person bleibt. Sie besteigen beispielsweise einen Aufzug und treffen dort auf eine Person, die lächelt und glücklich aussieht. In diesem Fall können Sie ganz ungezwungen sagen: »Na, bei Ihnen läuft heute wohl alles gut«, wodurch Sie die nonverbalen Hinweise dieser Person spiegeln.

Wenn Sie mit empathischen Bemerkungen arbeiten, um das Ziel der goldenen Regel der Freundschaft zu erreichen, sollten Sie es vermeiden, Wort für Wort zu wiederholen, was die andere Person gesagt hat. Da man dies spontan selten so macht, wird diese Wiederholung vom Gehirn des Zuhörenden als abnormes Verhalten gewertet und ruft eine defensive Reaktion hervor. Das ist genau das Gegenteil dessen, was Sie durch die

empathische Bemerkung erreichen möchten. Das Nachplappern der Äußerung des Gesprächspartners kann auch gönnerhaft und herablassend klingen. Unterlassen Sie das besser!

Empathische Bemerkungen lassen den Fokus der Unterhaltung bei der
anderen Person und sorgen dafür, dass diese sich gut fühlt. Die Nutzung
empathischer Äußerungen ist eine einfache, aber wirksame Methode, die
dafür sorgt, dass andere sich gerne mit Ihnen anfreunden möchten, weil sie
sich immer, wenn sie sich mit Ihnen unterhalten, gut fühlen. Und das Beste
ist, dass die Leute nicht wissen, dass Sie diese Methode anwenden, weil sie
es selbstverständlich finden, diese Aufmerksamkeit zu bekommen, und Ihr
Vorgehen daher nicht als außergewöhnlich empfinden (es durchläuft deren
»Revier-Scanner«, ohne Aufmerksamkeit zu erregen). Sobald Sie die Formulierung empathischer Bemerkungen mit der Grundformel beherrschen,
können Sie zu raffinierteren empathischen Bemerkungen übergehen, indem Sie die Einleitung»Na, Sie haben/sind wohl ...« weglassen.

Bens und Vickis Abenteuer mit empathischen Bemerkungen

Nun wollen wir uns einmal anschauen, wie eine Unterhaltung unter Anwendung der bisher besprochenen Methoden ablaufen könnte. Ben sendet
Vicki, die mit mehreren Freunden an der Theke steht, ein nonverbales Angebot. Vicki nimmt Bens Angebot nonverbal an. Als Ben auf Vicki zugeht,
bemerkt er, dass sie ihre Freunde anlächelt und mit ihnen lacht.

Ben: *Hi, ich heiße Ben. Und du?*

Vicki: *Hi, ich heiße Vicki.*

Ben: *Na, du hast heute Abend wohl richtig Spaß.* (empathische
Grundbemerkung)

Vicki: *Ja, habe ich. Ich brauchte das unbedingt mal wieder, auszugehen.*

Schauen wir uns Bens Unterhaltung mit Vicki noch einmal an, wobei er nun anstelle der Grundformel etwas anspruchsvoller formuliert.

Ben: *Hi, ich heiße Ben. Und du?*

Vicki: *Hi, ich heiße Vicki.*

Ben: *Du scheinst ja richtig Spaß zu haben heute Abend.*
(anspruchsvollere empathische Bemerkung)

Vicki: *Ja, habe ich. Ich brauchte das unbedingt mal wieder, auszugehen.*

Ben: *Demnach hast du sehr viel arbeiten müssen.* (anspruchsvolle empathische Bemerkung)

Vicki: *Richtig, die letzten drei Wochen habe ich 60 Stunden pro Woche gearbeitet, um ein Projekt fertigzubekommen.*

Bei beiden Versionen erkannte Ben, dass Vicki lächelte und lachte, zwei körperliche Anzeichen, dass sie Spaß hatte. Ben formulierte eine empathische Bemerkung, die ihren emotionalen Status widerspiegelte. Ben erreichte mit dieser Vorgehensweise mehrere Ziele. Erstens teilte er Vicki mit, dass er sich für ihre Gefühle interessierte. Zweitens konzentrierte er die Unterhaltung auf sie. Drittens ließ Vickis Antwort Ben wissen, in welche Richtung er die Unterhaltung lenken konnte. Ihre Antwort: »Ja, das habe ich. Ich brauchte das unbedingt mal wieder, auszugehen« deutet darauf hin, dass Vicki in der jüngsten Vergangenheit Stress hatte. Ben weiß nicht, welche Art von Stress, aber er kann eine weitere empathische Bemerkung formulieren, um die Gründe für diesen Stress unaufdringlich herauszufinden. Hierbei hält er den Fokus der Unterhaltung weiterhin auf Vicki und lässt sie dadurch wissen, dass er noch immer an ihr und ihren Gefühlen interessiert ist. Vicki wird nicht erkennen, dass Ben eine Reihe empathischer Bemerkungen benutzt, weil diese Art Verhalten vom Gehirn als »normales Verhalten« wahrgenommen wird und keinen Verdacht und keine Abwehrreaktion hervorruft. Zudem denkt Vicki unbewusst, dass sie der Mittelpunkt der Aufmerksamkeit sein sollte (wie wir das alle denken!), und ist erfreut, dass Ben ihr seine ungeteilte Aufmerksamkeit zuteilwerden lässt. Dadurch fühlt sie

106 Der Sympathie-Schalter

sich gut, was entsprechend der goldenen Regel der Freundschaft die Wahrscheinlichkeit erhöht, dass Ben sie für sich gewinnen kann.

Mit empathischen Bemerkungen die Unterhaltung in Gang halten

Empathische Bemerkungen dienen auch als wirksame Unterhaltungsfüller. Die verlegene Stille, die entsteht, wenn die andere Person zu sprechen aufhört und Ihnen nichts einfällt, was Sie sagen könnten, ist bedrückend. Wenn Sie damit zu kämpfen haben, was Sie sagen könnten, greifen Sie wieder auf eine empathische Bemerkung zurück. Dabei müssen Sie nur daran denken, was die andere Person zuletzt gesagt hat, und auf der Basis dieser Information eine empathische Bemerkung formulieren. Der Sprechende hält daraufhin die Unterhaltung aufrecht und gibt Ihnen Zeit, über etwas Sinnvolles nachzudenken, was Sie sagen könnten. Es ist sehr viel besser, eine Reihe empathischer Bemerkungen zu verwenden, wenn Sie nichts zu sagen haben, als etwas Unpassendes zu sagen. Bedenken Sie: Die Person, mit der Sie sprechen, wird nicht realisieren, dass Sie mit empathischen Bemerkungen arbeiten, weil diese vom Gehirn des Zuhörenden als »normal« verarbeitet werden und unauffällig bleiben.

Schmeichelei/Lob und Komplimente

Eine schmale Grenze trennt die Schmeichelei vom Lob und von Komplimenten. Das Wort *Schmeichelei* hat einen negativeren Beigeschmack als die Begriffe *Lob* oder *Kompliment*. Schmeichelei verbindet man häufig mit unaufrichtigen Komplimenten, die geäußert werden, um andere auszunutzen und zu manipulieren. Der Zweck von Komplimenten ist, andere zu loben und deren Leistungen anzuerkennen. Je mehr eine Beziehung wächst und sich entwickelt, desto stärker nimmt die Bedeutung von Lob und Komplimenten für die Bindung von zwei Menschen zu. Lob und Komplimente signalisieren, dass die andere Person noch immer an Ihnen und daran interessiert ist, was Sie gut machen.

Einer der Fallstricke bei der Äußerung von Komplimenten im Anfangsstadium einer Bekanntschaft ist, dass Sie die andere Person noch nicht gut genug kennen, um aufrichtig sein zu können. Unaufrichtige Komplimente und Schmeicheleien vermitteln der Person, die dieses unaufrichtige Lob erhält, einen negativen Eindruck von Ihnen. Schließlich mag niemand das Gefühl, manipuliert oder angeschwindelt zu werden. Die Menschen wissen, wo ihre Stärken und Schwächen liegen. Wenn Sie jemanden für etwas loben, diese Person jedoch weiß, dass sie darin gar nicht gut ist, wird sie wahrscheinlich überlegen, was Ihr Motiv ist, weil sie die Diskrepanz zwischen Ihrer Bewertung und ihrer tatsächlichen Leistung erkennt.

Es gibt eine alternative und deutlich überlegene Methode, Lob und Komplimente zu nutzen. Dieser Ansatz vermeidet die Fallstricke beim Komplimentemachen gegenüber einer anderen Person und erlaubt es dieser Person stattdessen, sich selbst zu loben. Damit wird das Problem umgangen, unaufrichtig zu erscheinen. Wenn sich Leute selbst loben, ist Aufrichtigkeit kein Problem. Da die Leute selten eine Gelegenheit auslassen, sich selbst zu loben, können Sie diese Gelegenheit bequem nutzen.

Mit dem Aufbau eines Dialogs haben Sie den Schlüssel dazu, dass Leute ihre Eigenschaften oder Leistungen anerkennen und sich selbst stillschweigend auf die Schulter klopfen können. Wenn Leute sich selbst loben, fühlen sie sich gut, und Sie können diese Menschen entsprechend der goldenen Regel der Freundschaft für sich gewinnen, weil Sie die Gelegenheit geliefert haben, dass die anderen sich gut fühlen.

Wenn wir uns an die noch frische Bekanntschaft zwischen Ben und Vicki erinnern, so ist es Ben gelungen, eine Situation zu schaffen, in der Vicki sich selbst loben konnte:

Ben: *Demnach hast du sehr viel arbeiten müssen.* (anspruchsvolle empathische Bemerkung)

Vicki: *Richtig, die letzten drei Wochen habe ich 60 Stunden pro Woche gearbeitet, um ein Projekt fertigzubekommen.*

Ben: *Da braucht man aber viel Engagement und Ausdauer, um ein so großes Projekt abzuwickeln.* (diese Äußerung gibt Vicki die Gelegenheit, sich selbst zu loben)

Vicki: (in Gedanken) *Ich habe eine Menge geopfert, um dieses Riesenprojekt fertigzubekommen, und habe sehr gute Arbeit geleistet, wenn ich das selbst so sagen darf.*

Beachten Sie, dass Ben zu Vicki nicht sagt, er halte sie für engagiert und ausdauernd. Es war für Vicki jedoch nicht schwer, diese Attribute bei sich selbst zu erkennen und sie auf die Bedingungen bei ihrer Arbeit anzuwenden. Falls Vicki sich selbst nicht als engagiert und ausdauernd betrachtet, beschädigt dies die neu entstandene Bekanntschaft nicht. Was Ben gesagt hat, ist unabhängig von Vickis Selbsteinschätzung richtig, daher wird seine Bemerkung schlimmstenfalls unbemerkt bleiben und bestenfalls Vicki den Impuls geben, mit sich zufrieden zu sein (und auch in Bezug auf Ben gute Gefühle zu haben). Selbst wenn Vicki in Wirklichkeit nicht engagiert und ausdauernd ist, würde sie aufgrund der menschlichen Natur diese günstigen Attribute gerne auf sich anwenden. In der Öffentlichkeit werden sehr viel weniger Menschen als im stillen Kämmerlein sich selbst gegenüber zugeben, dass sie keine engagierten und ausdauernden Menschen sind.

Lob und Komplimente über den Umweg Dritter

Sie können eine dritte Person nutzen, um jemandem Komplimente zu machen, mit dem Sie sich anfreunden möchten – *ohne dies also selbst tun zu müssen* – und werden dennoch gutgeschrieben bekommen, dass Sie dafür gesorgt haben, dass die Zielperson sich selbst gut fühlt und auch in Bezug auf Sie positiv empfindet. Wenn Sie einer anderen Person direkt Komplimente machen, insbesondere jemandem, der vermuten könnte, dass Sie etwas von ihm wollen (beispielsweise Ihr Date, Ihr Chef oder eine Freundin/ein Freund), neigt diese Person dazu, Ihre Bemühungen herabzusetzen, weil sie den Verdacht hat, dass Sie absichtlich versuchen, sie durch Schmeichelei zu beeinflussen. Komplimente von Dritten eliminieren diese Skepsis.

Um ein Kompliment über den Umweg eines Dritten in die Wege zu leiten, müssen Sie einen gemeinsamen Freund oder Bekannten finden, der Sie und die Person Ihres Interesses kennt. Weiterhin sollten Sie relativ sicher sein, dass diese dritte Person Ihr Kompliment auch der Person weitersagen wird, für die es bestimmt ist. Wenn diese Informationsübermittlung erfolgreich ist, wird die Person Ihres Interesses Sie bei der nächsten Begegnung in einem positiven Licht sehen. Lesen Sie den folgenden Austausch und nehmen Sie an, Sie seien Mark.

> **Mike:** *Kürzlich habe ich Mark getroffen. Er hat mir erzählt, dass er dich echt helle findet. Er hat gesagt, dass du eine der fähigsten Problemlöserinnen bist, die er je getroffen hat.*
>
> **Sonja:** *Ach wirklich? Das hat er gesagt?*
>
> **Mike:** *Genau das hat er gesagt.*

Sonja wird dieses Kompliment, das Mike ihr weitererzählt hat, bereitwilliger annehmen, als wenn Sie (Mark) ihr dasselbe direkt gesagt hätten. Zudem fühlt Mike sich frei, Sonja genau das zu erzählen, was Sie gesagt haben, was für Sie in der Anfangsphase einer Bekanntschaft gesellschaftlich vielleicht unpassend wäre. Indirekt haben Sie es Sonja durch Mike erlaubt, sich selbst zu loben. Dadurch fühlt sie sich gut und ist geneigt, Ihnen gegenüber Sympathie zu empfinden, noch bevor Sie sie getroffen hat.

Am Arbeitsplatz: Profitieren von Lob und Komplimenten

Abgesehen von der Dating-Landschaft fand ich Komplimente über Dritte auch am Arbeitsplatz sehr wirkungsvoll. Ein typisches Beispiel: Innerhalb des FBI konkurrieren die verschiedenen Operationen um die erforderlichen Geldmittel, nicht jeder Vorschlag wird finanziell unterstützt. Um die

Wahrscheinlichkeit zu erhöhen, dass meine Vorschläge finanziert wurden, verwendete ich die Strategie der Komplimente über Dritte.

Mehrere Wochen bevor mein Vorschlag auf dem Terminplan stand, um von dem neu ernannten stellvertretenden Leiter geprüft zu werden, machte ich das berüchtigtste Klatschmaul im Büro ausfindig und erwähnte ihm gegenüber beiläufig, dass wir ja nun endlich einen stellvertretenden Leiter für unsere Außenstelle hätten, der wüsste, was er tut. Ich bemerkte auch, dass der neue stellvertretende Direktor ein kluger Mann mit genauer Kenntnis der Operationsstrategien sei. Für Klatschmäuler sind Informationen gängige Münze. In ihren Augen steigen sie selbst im Wert, wenn sie Informationen, die sie gehört haben, an die Personen weitergeben, die ein Interesse daran haben könnten. Gewiss erfuhr der Chef bald aus der Gerüchteküche von meinen Kommentaren. Der stellvertretende Leiter konnte dieses Kompliment von einem Dritten eher als aufrichtig annehmen als direkt von mir. Außerdem war ich zu dem Zeitpunkt auf einem Außeneinsatz und hatte gar keinen Kontakt mit ihm.

Als der stellvertretende Leiter meine Vorschläge später prüfte, war er geneigt, sie wohlwollender zu betrachten, weil er wusste, welche Meinung ich von ihm hatte. Ich hatte erreicht, dass er sich gut fühlte, und damit die goldene Regel der Freundschaft in einer Art angewendet, die bei ihm keinen Verdacht erweckte. Komplimente über Dritte liegen innerhalb der Parameter für normales Verhalten und passieren den »Revier-Scanner« eines Menschen, ohne Alarm auszulösen. Ich hatte also nichts zu verlieren. Sollte meine Strategie fehlschlagen, lag das Risiko einer Verschlechterung der Lage bei null, weil ich die Geldmittel ohnehin nicht erhalten hätte. Falls die Methode funktionierte, hatte ich erreicht, was ich mir wünschte. Es stellte sich heraus, dass die meisten meiner Vorschläge finanziert wurden.

»Primär-Effekt« durch eine dritte Person

Worte können die Realität nicht verändern, wohl aber deren *Wahrnehmung*. Worte schaffen Filter, durch die die Menschen ihre Umwelt sehen. Ein einziges Wort kann den Unterschied machen, ob man eine Person mag oder nicht mag.

Betrachten Sie einmal folgendes Beispiel: Ihr Freund Calvin erzählt Ihnen etwas über Ihren neuen Nachbarn Bill, bevor Sie ihm zum ersten Mal begegnen. Calvin sagt: »Dein neuer Nachbar Bill ist nicht sehr vertrauenswürdig, wenn du ihm die Hand gibst, zähle besser deine Finger nach, um sicher zu sein, dass noch alle da sind.« Wie werden Sie Bill sehen, wenn Sie ihm das erste Mal vorgestellt werden? Das Problem ist, dass Sie bereits zu dem Vorurteil ermuntert wurden, ihn als nicht vertrauenswürdig *einzustufen.* Verhaltensforscher nennen das den »Primär-Effekt«. Wenn ein Freund die Person, der Sie bald zum ersten Mal begegnen werden, als nicht vertrauenswürdig beschreibt, werden Sie diese Person eher als nicht vertrauenswürdig ansehen, unabhängig vom tatsächlichen Grad ihrer Vertrauenswürdigkeit. Sodann werden Sie dazu neigen, alles, was diese Person sagt oder tut, als nicht vertrauenswürdig zu betrachten.

Wenn Ihr Freund Calvin Ihnen umgekehrt erzählt, dass Ihr neuer Nachbar Bill »sehr freundlich und gesellig ist und sehr viel Sinn für Humor hat«, wie sieht dann Ihr Bild von Bill aus? Wahrscheinlich werden Sie ihn als freundlich einstufen, unabhängig vom Grad seiner Freundlichkeit.

Es ist schwierig, aber nicht unmöglich, negative oder positive Wahrnehmungen zu überwinden, die Sie gegenüber einem bestimmten Menschen aufgrund von Dingen haben, die jemand anders Ihnen erzählt hat (insbesondere, wenn Sie diese Person respektieren und/oder gerne mögen). Je öfter Sie den »nicht vertrauenswürdigen« Bill sehen, ohne Beispiele mangelnder Vertrauenswürdigkeit zu erleben, desto wahrscheinlicher werden Sie ihn als vertrauenswürdig einstufen und damit den ursprünglich negativen Eindruck, der durch den Primär-Effekt entstanden war, überwinden. Jedoch ist es nicht sehr wahrscheinlich, dass Sie der als »nicht vertrauenswürdig« eingestuften Person die Chance für den Beweis geben, dass dieses Etikett falsch ist, weil Ihr Wunsch, diese Person überhaupt ein zweites Mal zu treffen, gering sein wird.

Wenn Sie den »freundlichen« Bill mehrmals getroffen haben, ohne jedoch die Erfahrung seiner Freundlichkeit zu machen, werden Sie dazu neigen, dieses unfreundliche Verhalten zu entschuldigen. Solche Entschuldigungen können sein »Er muss einen schlechten Tag haben« oder »Ich muss ihn auf dem falschen Fuß erwischt haben«. Eine unfreundliche Person, die anfangs als freundlich beschrieben wurde, zieht einen Vorteil aus dem Primär-Effekt, weil die Leute dazu neigen, der unfreundlichen Person mehrfach Gelegenheit zu geben, Freundlichkeit zu demonstrieren, trotz der zahlreichen Male, wo sie sich bereits unfreundlich verhalten hat.

Da der Primär-Effekt so wirksam sein kann, eignet er sich als Handwerkszeug für den Aufbau von Freundschaften und um andere dahin zu bekommen, uns so zu sehen, wie wir gerne von ihnen gesehen werden möchten. Durch den Primär-Effekt senden Sie eine Botschaft, die jemanden prädisponiert, eine bestimmte Person so zu sehen, wie Sie diese gerne wahrgenommen haben möchten.

Auf den Primär-Effekt bauen

Ich habe den Primär-Effekt oft bei Vernehmungen von Leuten gebraucht, die im Verdacht standen, Verbrechen begangen zu haben. Ich erinnere mich an einen Fall, wo wir einen mutmaßlichen Bankräuber vernahmen. Wir waren zu zweit und saßen mit dem Tatverdächtigen im Verhörzimmer. Ziemlich zu Beginn der Vernehmung entschuldigte sich mein Kollege, weil er einen Anruf tätigen müsse. Tatsächlich gehörte es zu unserem Plan, dass er hinausging, sodass ich mit dem Tatverdächtigen alleine war und privat mit ihm sprechen konnte.

Ich sagte zu dem Tatverdächtigen: »Sie können sich glücklich schätzen, dass mein Kollege den Job macht. Er ist ehrlich und fair. Er wird Ihrer Version der Geschichte ohne Vorurteil zuhören.« Dann lehnte ich mich wieder zurück und wartete, bis mein Kollege zurückkam. Kurz bevor dieser tatsächlich wiederkam, fügte ich noch hinzu: »Meinen Kollegen betreffend – ich vermute, er kann es sich einfach leisten, fair zu sein. Der Kerl ist ein menschlicher Lügendetektor. Ich weiß nicht, wie er das macht, aber er merkt, wenn jemand lügt. Egal, um welches Thema es geht oder wer spricht, der Mann kann sagen, ob jemand unehrlich ist.« Mit meiner letzten Bemerkung schuf ich einen Filter, durch den der Tatverdächtige meinen Kollegen sehen sollte. Ich benutzte den Primär-Effekt, um seine Einschätzung der Fähigkeiten meines Kollegen zu formen.

Als mein Kollege zurückkam, wusste er, dass er still bleiben musste, bis ich den Tatverdächtigen fragte: »Haben Sie die Bank überfallen?« Falls der Mann antworten würde »Nein«, hatte mein Kollege die Anweisung, den Tatverdächtigen anzuschauen, als wolle er sagen: »Wollen Sie Witze machen?«, und ihm einen skeptischen Blick zuzuwerfen.

Was geschah nun? Ich fragte den Burschen: »Haben Sie die Bank überfallen?«, und er sagte: »Nein.« Mein Partner antwortete mit einem skeptischen Blick: »Wie bitte?« Und – das ist wirklich wahr – der Tatverdächtige schlug mit der Hand auf den Tisch und sagte: »Verdammt, der ist gut!« und gestand den Überfall.

Hüten Sie sich, durch den Primär-Effekt Ihr eigenes Verhalten beeinflussen zu lassen

Es ist eine tolle Idee, den Primär-Effekt zu nutzen, um andere zu beeinflussen, aber seien Sie auf der Hut, denn er kann in beide Richtungen wirken. Wenn Sie nicht aufpassen, kann der Primär-Effekt Sie dazu veranlassen, anderen gegenüber Vorurteile zu übernehmen, was falsche und irreführende Annahmen über deren Verhalten zur Folge haben kann.

In meiner Anfangszeit als FBI-Agent wurde ich selbst Opfer des Primär-Effekts. Man hatte mir die Aufgabe übertragen, einen Tatverdächtigen zu befragen, der, wie mich mein Kollege informierte, ein vierjähriges Mädchen entführt haben sollte. Schon bevor ich mit dem Verdächtigen sprach, waren meine Gedanken durch die Äußerung meines Kollegen gefiltert, und als ich den Mann tatsächlich traf, hatte ich mir bereits die Meinung gebildet, dass er der Kidnapper war. Folglich sah ich alles, was der Tatverdächtige sagte oder tat, durch meinen »Filter« als Anzeichen für seine Schuld, trotz reichlicher Hinweise auf das Gegenteil.

Je mehr Druck ich auf den Tatverdächtigen ausübte, desto nervöser wurde dieser. Jedoch nicht, weil er schuldig war, sondern weil ich ihm nicht glaubte und er dachte, er werde ins Gefängnis kommen für etwas, was er nicht getan hatte. Je nervöser der Tatverdächtige wurde, desto mehr bestärkte dies meine anfängliche Überzeugung, dass er der Kidnapper war, und desto mehr Druck übte ich aus. Es war kein Wunder, dass die Befragung außer Kontrolle geriet. Letztendlich war ich sehr beschämt, als der wirkliche Kidnapper gefasst wurde.

Das nächste Mal, wenn Sie eine Befragung durchführen, einen neuen Kollegen kennenlernen oder ein neues Produkt kaufen, überlegen Sie, wie Sie zu Ihrer Meinung über diese Person oder dieses Produkt gekommen sind. Die Aussichten stehen gut, dass Ihre Meinungen durch den Primär-Effekt entstanden sind.

Wie Angestellte aufgenommen werden, die von einem Büro in ein anderes wechseln, hängt oft von dem Ruf ab, der ihnen vorauseilt. Um es zu verdeutlichen: Sie sind ja auch davon überzeugt, dass die nagelneue Zahnpasta, die Sie gekauft haben, gut sein muss, weil vier von fünf Zahnärzten sie empfohlen haben.

Der Primär-Effekt ist wirksam. Nutzen Sie ihn klug.

Um einen Gefallen bitten

Der gute alte Benjamin Franklin, der Mann auf der Hundert-Dollar-Note, beobachtete, dass ein Kollege, den er um einen Gefallen gebeten hatte, ihn lieber mochte, als wenn er die Bitte nicht geäußert hätte. Dieses Phänomen wurde bekannt als Benjamin-Franklin-Effekt.

Auf den ersten Blick erscheint diese Feststellung kontraintuitiv. Sollten Sie nicht die Person lieber mögen, die Ihnen einen Gefallen erweist, als umgekehrt? Es zeigt sich jedoch, dass dies nicht der Fall ist. Wenn jemand einem anderen einen Gefallen tut, ist er mit sich zufrieden und fühlt sich gut. Die goldene Regel der Freundschaft besagt, dass Sie jemanden für sich gewinnen, zu dessen Zufriedenheit und Wohlbefinden Sie beigetragen haben. Wenn Sie also jemanden bitten, Ihnen einen Gefallen zu tun, geht es nicht nur um Sie. Es geht auch um die Person, die Ihnen diesen Gefallen erweist.

Eine Warnung trotz allem: Diese Methode sollten Sie nicht überstrapazieren, denn Benjamin Franklin beobachtete auch, dass »Gäste und Fisch nach drei Tagen zu stinken anfangen« (das passiert auch bei Menschen, die zu oft um einen Gefallen bitten!).

Wenn wir uns wieder der Begegnung von Ben und Vicki zuwenden, kann er diese Methode des »Um-einen-Gefallen-Bittens« auch während der Unterhaltung mit der jungen Frau nutzen.

Ben: *Da braucht man aber viel Engagement und Ausdauer, um ein so großes Projekt abzuwickeln.* (diese Äußerung gibt Vicki die Gelegenheit, sich selbst zu loben)

Vicki: *Ja.* (in Gedanken) *Natürlich bin ich engagiert und ausdauernd. Ich habe eine Menge geopfert, um dieses Riesenprojekt fertigzukommen, und habe sehr gute Arbeit geleistet, wenn ich das selbst so sagen darf.*

Ben: *Vicki, könntest du mir einen Gefallen tun und auf meinen Drink aufpassen, während ich zur Toilette gehe?* (bittet um einen Gefallen)

Vicki: *Ja sicher, kein Problem.*

Ben hat Vicki mit ihrem Vornamen angesprochen (wie Sie sich erinnern, lieben die Menschen den Klang ihres Namens und die Tatsache, dass sich jemand ihren Namen gemerkt hat) und bat sie dann, ihm einen kleinen Gefallen zu tun. Diese kleinen Verhaltensweisen prädisponieren Vicki, Ben zu mögen, weil Menschen, die anderen einen Gefallen erfüllen, mit sich zufrieden sind und sich gut fühlen.

Handwerkszeug für den Aufbau von Freundschaften kombinieren, um Beziehungen zu verbessern

Den Umständen entsprechend werden Sie vielleicht eine oder eine Kombination mehrerer Methoden, die in diesem Buch vorgestellt werden, nutzen, um neue Freundschaften zu schließen. Der Vorteil bei der Nutzung mehrerer Methoden liegt in der zusätzlichen freundschaftsfördernden Kraft, die eine Kombination solcher Methoden liefert. Um dies zu illustrieren, schauen Sie sich einmal an, wie die Nutzung von Primär-Effekt, Freundschaftsformel und Einbeziehung einer dritten Person unseren Militärkräften dabei half, sich mit Leuten anzufreunden, die Amerikanern gegenüber durchaus misstrauisch oder geradezu feindlich eingestellt sind.

Es kann eine entmutigende Aufgabe sein, als Ausländer, der an Militäreinsätzen beteiligt ist, die Herzen und den Verstand der Zivilbevölkerung für sich zu gewinnen. Kampfsoldaten auf ausländischem Boden sind aufgrund ihrer Arbeit gezwungen, eine Strategie zu verfolgen, zu der sich General James »Mad Dog« Mattis folgendermaßen äußerte: »Seien Sie höflich, seien Sie professionell, aber haben Sie immer den Plan, notfalls jeden umzulegen, dem Sie begegnen.« Mit anderen Worten kann es eine Herausforderung sein, mit potenziellen Feinden Freundschaften zu schließen.

Bei dem Versuch, das afghanische Volk für uns zu gewinnen, war ich Mitglied eines Teams, das die Aufgabe hatte, »unseren Jungs [von den amerikanischen Streitkräften] zu zeigen, wie sie weniger bedrohlich wirken und gleichzeitig ihre Kampfbereitschaft erhalten können«.

Wie können Sie Leute freundlich wirken lassen, wenn alles, was diese an sich tragen, bedrohlich wirkt (Kampfanzug, Helm, Waffengürtel), und man ihnen beigebracht hat, finster zu blicken (ihr »Pokerface« aufzusetzen), wenn sie mit der lokalen Bevölkerung zu tun haben? Wenn diese Soldaten in ein Dorf kommen, ist es kein Wunder, dass die einheimische Bevölkerung nur einen Blick auf sie wirft, die feindlichen Signale sieht und sich zurückzieht.

Wir sagten den Militärangehörigen, sie sollten Folgendes tun: Geht mit eurer Kampfausrüstung in die Dörfer und habt die Bereitschaft, euch im Fall eines Angriffs zu verteidigen, aber macht auch Folgendes:

1. **Wendet die Freundschaftsformel an:** Verbringt einige Zeit in dem Dorf, ohne irgendetwas zu machen, seid einfach da. Dies erfüllt die Bedingung der Nähe. Erhöht mit der Zeit allmählich die Anzahl der Besuche in dem Dorf (Häufigkeit) und die Länge der Zeit, die ihr dort verbringt (Dauer). Schließlich bringt noch die Intensität ins Spiel, indem ihr den Dorfkindern etwas schenkt, was sie mögen.

2. **Sendet mehr »freundschaftliche« als »feindliche« Signale:** Behaltet euer Pokerface, aber unter einer Maske, mit anderen Worten lächelt, statt finster zu blicken.

3. **Beladet einen LKW mit Fußbällen und fahrt in das Dorf, sodass die Kinder euch sehen können.** Was wird geschehen? Da ihr freundschaftliche Signale sendet, werden die Kinder euch nicht als Bedrohung sehen, und ihre Neugier wird geweckt sein (Intensität), sodass sie sich dem LKW nähern und fragen werden: »Für wen sind die Bälle?« Der LKW-Fahrer kann ihnen antworten: »Die sind für euch!« Und die Freude bei den Kindern wird garantiert groß sein.

Was geschieht anschließend? Die Kinder mögen euch. Zu Hause bei ihren Eltern führen die Kinder in der Funktion der dritten Person die Amerikaner ein. Sie erzählen: »Ich habe die Amerikaner gesehen, sie haben uns Fußbälle geschenkt und sind nett.« Nun sehen die Eltern euch durch den Primär-Filter, den die Kinder erzeugt haben, und sind eher offen dafür, euch als Freunde zu sehen und nicht als »den Feind«.

Wenn die Amerikaner einfach in das Dorf gekommen wären, ohne die Freundschaftsformel anzuwenden (ohne den Versuch, Nähe, Häufigkeit, Dauer und Intensität herzustellen), und wenn sie eher feindliche als freundschaftliche Signale gesendet, also den Primär-Effekt durch die dritte Person nicht genutzt hätten, was glauben Sie, wäre passiert? Man hätte den Amerikanern ganz einfach nicht geglaubt. Die Soldaten wären als Lügner wahrgenommen worden, selbst wenn die amerikanischen Streitkräfte den Dorfälteren geschworen hätten, sie seien keine Bedrohung.

Es ist erstaunlich, wie leicht es ist, das Verhalten der Menschen durch die Anwendung dieser freundschaftsfördernden Hilfsmittel zu beeinflussen. Ob alleine oder in Kombination genutzt, erlauben sie es Ihnen, dafür zu sorgen, dass sich die Leute besser fühlen. Im Umkehrschluss bedeutet das, dass auch Sie sich besser fühlen. Die Anwendung der goldenen Regel der Freundschaft fördert die Gegenseitigkeit: »Wenn du mich glücklich machst, möchte ich dich auch glücklich machen.« Selbst bei einmaligen Begegnungen, beim Umgang mit einer Person, die Sie wahrscheinlich nie wieder sehen werden, können Sie diese Gegenseitigkeit erleben.

Die Wahl, 1. Klasse zu fliegen oder wegen Unfreundlichkeit am Boden zu bleiben

Vor mehreren Jahren hatte ich einen Aufenthalt in Frankfurt. Auf den Weiterflug freute ich mich nicht; ich hatte einen Mittelplatz in der Economy Class, und die Flugdauer betrug acht Stunden. Ich hatte keine Lust, frühzeitig an Bord zu gehen, und beschloss, die freie Stunde gut zu nutzen. Ich kratzte alle deutschen Worte zusammen, an die ich mich aus der Schulzeit erinnerte, und ging hinüber zu dem Mitarbeiter am Abfertigungsschalter. Beim Näherkommen sendete ich viele freundschaftliche Signale, zog die Augenbrauen hoch, lächelte, legte den Kopf leicht zur Seite. Am Schalter angekommen, sagte ich zunächst »Guten Tag«, um eine gewisse »Gemeinsamkeit« zu schaffen. Der Mitarbeiter lächelte bei meinem dilettantischen

Versuch, seine Sprache zu sprechen, erwiderte den Gruß jedoch und fuhr dann auf Englisch fort: »Can I help you?«

Ich antwortete mit Nein, begann jedoch, ihn in ein Gespräch zu verwickeln. Ich machte empathische Bemerkungen, um ihn zum Reden zu animieren und dafür zu sorgen, dass er sich gut fühlte. Mit fortschreitender Unterhaltung, angespornt durch meine kurzen empathischen Bemerkungen, bestritt er den Großteil der Unterhaltung. Er bemerkte dies gar nicht, weil die Leute sich immer als das Zentrum der Welt sehen, daher wich mein Verhalten nicht von der üblichen menschlichen Verhaltensweise ab und rief in seinem Gehirn keine »Alarm«-Reaktion hervor. Ich lieferte ihm einen Vorwand zum Reden, *förderte* dies tatsächlich und sorgte so dafür, dass er sich gut fühlte.

Nun mochte er mich.

Am Ende unseres »Gesprächs« fragte mich der Angestellte, warum ich noch nicht an Bord ging. Ich erzählte ihm, dass ich einen Mittelplatz hätte und möglichst wenig Zeit so eingezwängt verbringen wollte. Das war alles.

Etwa 20 Minuten später kam der letzte Aufruf, an Bord der Maschine zu gehen. Als ich zur Fluggastbrücke ging, hörte ich den Mitarbeiter vom Abfertigungsschalter »Herr Schafer« rufen. Ich blieb stehen, und er kam zu mir herüber. Er fragte, ob ich meine Bordkarte hätte. Ich nickte und zeigte sie ihm. Er nahm sie und händigte mir eine andere aus.

»Guten Flug, Herr Schafer«, sagte er.

Ich schaute auf das Dokument und stellte fest, dass er mir ein Upgrade für die Business Class gegeben hatte. Ich sagte: »Danke Ihnen, das weiß ich wirklich sehr zu schätzen.«

»Kein Problem, machen Sie sich deswegen keine Gedanken«, antwortete er und winkte mich ins Flugzeug.

Bei einer anderen Gelegenheit hatte mein Flieger Verspätung, und die Mitreisenden waren sehr verärgert. Ich stand in der Warteschlange am Check-in-Schalter, und der Typ vor mir regte sich so auf, dass er die Mitarbeiterin am Schalter anbrüllte, er werde seinen Anschlussflug verpassen und so weiter und so fort. Sie antwortete ihm, das Einzige, was sie tun könne, sei, ihn auf den späteren Flug umzubuchen, der um 17.30 Uhr startete.

Dann war ich an der Reihe. Ich ging zu der offensichtlich nervösen Angestellten und erwartete gar nichts, ich versuchte nur, ihren Tag etwas besser zu machen. Sie nahm das Ticket, das ich ihr reichte, und sagte: »Es tut mir leid, Sir, Sie werden Ihren Anschlussflug verpassen. Ich kann Sie auf einen späteren Flieger umbuchen, der um 17.30 Uhr startet.«

Ich blickte ihr direkt in die Augen und sagte ironisch: »Ich glaube nicht, dass das akzeptabel ist«, wobei ich den vorherigen Fluggast nachahmte. Und als sie mich anschaute, fügte ich hinzu: »Darf ich Sie jetzt anschreien?« Sie schaute irritiert und nannte erneut den Flug um 17.30 Uhr.

Ich wiederholte: »Darf ich Sie jetzt anschreien?« Da fing sie an zu kichern. Ich sagte: »Wann *darf* ich denn jetzt anfangen, Sie anzuschreien?« Nun grinsten wir beide und neckten uns hin und her. Nach etwa einer Minute sagte sie: »Wissen Sie was, ich habe gerade einen Platz für den Flug um 14.40 Uhr gefunden«, und tippte meinen Namen in den Computer. Ich bemerkte: »Da bin ich jetzt neugierig, ich habe doch gehört, dass Sie dem vorherigen Kunden sagten, für den Flug um 14.40 Uhr gäbe es keine Plätze mehr.« »Es gibt keine Plätze mehr für Leute, die mich anschreien. Möchten Sie mich jetzt anschreien?«, antwortete sie. »Nein, auf gar keinen Fall«, entgegnete ich verlegen und fügte noch ein »Danke« hinzu.

Das Interessante daran ist, dass ich nicht mit dem Hintergedanken zu der Mitarbeiterin gegangen war, einen früheren Flug zu bekommen; ich wollte lediglich, dass sie sich besser fühlt. Aber wenn Sie dafür sorgen, dass andere Leute sich gut fühlen, geschieht Ihnen selbst oft Gutes.

Diesen »Lassen-Sie-Ihren-Frust-heraus«-Ansatz habe ich oftmals bei jeglicher Art von Kundendienstpersonal angewandt und bin nie damit gescheitert, ihren Ärger zu besänftigen und sie in eine bessere Laune zu versetzen. Während einer meiner Auslandsreisen verpasste eine chinesische Reisegruppe ihren Anschlussflug nach Hongkong, und sie machten der Mitarbeiterin am Flugsteig das Leben schwer. Sie versuchte vergeblich, nett zu ihnen zu sein. Schließlich wurde die Polizei gerufen, um die Situation zu klären, weil die Passagiere einen derartigen Krawall veranstalteten.

Ich hatte die zweifelhafte »Ehre«, als Nächstes an die Reihe zu kommen. Also ging ich zu der Mitarbeiterin am Abfertigungsschalter und sagte: »Sie hatten hier wohl etwas Ärger, oder?« (empathische Bemerkung).

Ihre Antwort war kurz angebunden: »Ja.«

»Dann sind Sie jetzt wohl ziemlich frustriert«, bemerkte ich (empathische Bemerkung).

»Ja, ich bin sehr frustriert, dass ich diese Leute nicht anschreien kann. Ich kann meinen Frust nicht herauslassen.«

Ich nickte ihr verständnisvoll zu. »Ich sage Ihnen, was ich dagegen tun kann. Ich gehe jetzt zurück zur Warteschlange, und dann komme ich wieder hierher zu Ihnen und sage irgendetwas über Ihren Service, und dann möchte ich, dass Sie es mir so richtig geben. Lassen Sie Ihren ganzen Frust heraus.«

Die Frau sah mich etwas misstrauisch an, sagte jedoch »Okay«.

Also ging ich zurück zu dem abgesperrten Bereich, drehte um und ging wieder an den Schalter. Ich deutete mit dem Finger auf die Mitarbeiterin und sagte: »Mir hat das überhaupt nicht gefallen, wie Sie diese Leute behandelt haben. Sie waren unhöflich, unüberlegt und ...« Weiter kam ich nicht, denn die Angestellte sagte, ich solle den Mund halten, und dann bekam ich mein Fett weg. Ich glaube, die gesamte angestaute Frustration kochte direkt unter der Oberfläche, und nun hatte sie die Gelegenheit, sie herauszulassen!

Nachdem sie ihre Tirade beendet hatte, sagte ich ihr, ich sei äußerst wütend und enttäuscht.

Die Angestellte holte Atem und fragte: »Was würde Ihren Ärger besänftigen? Würde ein Upgrade helfen?«

Ich nickte bestätigend. »Ja, ich glaube, das würde helfen.«

»In Ordnung, ich gebe Ihnen ein Upgrade in die erste Klasse«, erklärte sie.

Ich sagte: »Danke.« Und dann fingen wir beide an zu lachen.

Als mein Flug aufgerufen wurde, kam die Angestellte tatsächlich in den Flieger und dankte mir, dass ich »ihren Tag gerettet hätte«.

Solche Dinge passieren mir ständig. Die Leute tun etwas für mich. Ich bitte nicht um derartige Gefallen, nicht einmal andeutungsweise. Aber ich habe Folgendes entdeckt: Wenn Sie erreichen, dass andere Leute sich gut fühlen, erreichen Sie damit nicht nur, dass Sie diese Menschen für sich gewinnen, sondern es gibt noch einen weiteren Nutzen: Diese Menschen möchten, dass auch Sie sich gut fühlen. Ich sehe das jeden Tag. Ich erlebe es wieder und wieder.

Hier noch eine weitere Flugreiseerfahrung zur Illustration dieses »Nutzens«. Ich war in Moline, Illionois, als mein Flug annuliert wurde. Es ist kein wirklich großartiger Ort, um dort zu stranden. Die Mitreisenden schimpften und fluchten. Die Frau direkt vor mir in der Schlange fuchtelte mit den Armen und schrie die Mitarbeiterin am Abfertigungsschalter an, die ihr Bestes versuchte, nicht auszurasten. Sie sagte: »Der nächste Flug, auf den ich Sie buchen kann, ist morgen Vormittag.« Als die Frau das hörte, fluchte sie noch lauter und zog wütend ab.

Nun war ich an der Reihe. Ich ging zu der innerlich vor Wut kochenden Angestellten und sagte: »Wow, die Dame war ja ziemlich heftig« (empathische Bemerkung).

»Das kann man wohl sagen«, stimmte sie zu. »Ich mochte sie nicht.«

Ich antwortete: »Nun, ich habe wohl oder übel mitgehört, dass der nächste Flug erst morgen Vormittag geht.«

Da sagte sie: »Nein, es gibt noch einen Flug in einer Stunde.«

Ich wollte etwas sagen, aber sie unterbrach mich: »Ich mag sie nicht. Sie wartet bis morgen. Sie hingegen mag ich. Sie fliegen heute noch.«

Freundschaftsfördernde Hilfsmittel nutzen: Der Himmel ist die Grenze

Mit einer letzten Fluggeschichte möchte ich demonstrieren, dass die freundschaftsfördernden Hilfsmittel tatsächlich funktionieren. Ich hatte einen Flug mit der letzten Maschine des Tages gebucht und hatte 90 Minuten Aufenthalt, daher beschloss ich, dies sei eine großartige Gelegenheit, einige Leute vom Personal der Airline zu interviewen und mir ihre Gedanken über das Verhältnis zwischen Kundenservice und Kundenverhalten anzuhören.

Am Ticketschalter arbeitete nur noch eine einzige Angestellte. Ich ging auf sie zu und sendete dabei freundschaftliche Signale. Ich brauchte einen »Aufhänger«, um ihre Neugier zu wecken. Als sie mich nach meinem Reiseziel fragte, sagte ich, ich sei unterwegs nach Chicago, um eine Ermittlung abzuschließen. Sie fragte, womit ich meinen Lebensunterhalt verdiene, und ich antwortete: »Ich arbeite für das FBI.« Das fand ihre Aufmerksamkeit, und sie fragte, welche Art Arbeit ich beim FBI mache.

»Ich bilde Leute aus«, antwortete ich.

»Worin bilden Sie sie aus?«, wollte sie wissen.

»Darin, zu anderen Leuten nett zu sein, um Dinge zu bekommen, die sie gar nicht verdienen.« (Aufhänger für die Neugier)

Sie lachte. »Was für Dinge zum Beispiel?«

»So etwas wie ein Upgrade.«

An diesem Punkt grinsten wir beide. Ich sagte: »Wenn ich zu Ihnen komme und um ein Upgrade bitten würde, würden Sie das machen?«

»Nein«, rief sie. »Es kommen ständig Leute, die das wollen, und ich sage Nein.«

»Geben Sie jemals Upgrades?«

»Ja, Leuten, die mir gefallen.«

Und damit war für mich die Angelegenheit erledigt.

Egal, ob in Afghanistan oder Atlanta, die Methoden in diesem Buch funktionieren, alleine oder in Kombination. Wenn Sie sie nutzen, maximieren Sie Ihre Chancen, Freunde zu gewinnen, selbst unter solchen Leuten, die Sie anfangs als Feind betrachten. Und wer weiß, vielleicht ist auch einfach nur einmal ein Upgrade für Sie drin.

4

Die Gesetze der Anziehung

Wenn Sie losziehen, um einen Freund zu finden, werden Sie feststellen,
dass diese sehr rar sind. Wenn Sie losziehen, um ein Freund zu sein,
werden Sie sie überall finden.

ZIG ZIGLAR

In diesem Kapitel werde ich Ihnen einige zusätzliche Hilfsmittel für Ihren »Werkzeugkasten« zum Freundschaftsaufbau an die Hand geben: die »Gesetze der Anziehung«. Diese »Gesetze« beschreiben bestimmte Faktoren, die die Wahrscheinlichkeit erhöhen, dass zwei Menschen voneinander angezogen werden und in ihrem Umgang ein positives Erlebnis haben. Diese Gesetze spielen eine entscheidende Rolle bei der Gestaltung zwischenmenschlicher Beziehungen, daher werden sie Ihnen zusätzliche Möglichkeiten bieten, sich mit anderen anzufreunden, wenn Sie sie in Ihre eigenen Interaktionen einbinden können.

Stellen Sie sich jedes Gesetz der Anziehung als ein Werkzeug zur Verbesserung des Erfolgs Ihrer Beziehungen vor. Tatsächlich sollten Sie gar nicht alle anwenden, da einige dieser Gesetze nicht mit Ihren persönlichen Merkmalen übereinstimmen oder speziell für langfristige bzw. kurzfristige Beziehungen ausgelegt sind (eine einmalige Begegnung mit einem Verkäufer im Gegensatz zur Entwicklung einer lange währenden Freundschaft).

Wählen Sie die aus, die am besten zu Ihnen passen, und nutzen Sie sie im Umgang mit Personen, für die Sie sich interessieren.

Das Gesetz der Ähnlichkeit

Menschen, die dieselben Ansichten, Haltungen und Aktivitäten teilen, entwickeln gerne enge Beziehungen. Das Sprichwort »Gleich und Gleich gesellt sich gern« hat seine Berechtigung. Menschen fühlen sich von anderen angezogen, die ihre Interessen teilen. Das Bedürfnis, kognitive Unstimmigkeiten zu vermeiden, könnte eine Erklärung dafür sein. Solche Unstimmigkeiten entstehen, wenn Leute an zwei gegensätzlichen Ideen oder Überzeugungen festhalten. Dieser reale oder nur als solcher wahrgenommene Gegensatz ruft Ängste hervor.

Menschen mit ähnlichen Ansichten bestärken einander und verbessern dadurch die Wahrscheinlichkeit gegenseitiger Anziehung. Ähnlichkeit erhöht auch die Wahrscheinlichkeit, dass sich Gleichgesinnte erneut treffen. Gegenseitige Bestärkung erhält oder erhöht das Selbstwertgefühl, was zu einem Gefühl größeren Wohlbefindens oder Glücks führt.

Menschen, die dieselben Prinzipien und Überzeugungen teilen, empfinden selten Unstimmigkeiten und fühlen sich in der Gleichheit, die sie miteinander teilen, sicher. Diese Menschen erleben tendenziell weniger Konflikte, weil sie die Welt auf ähnliche Art und Weise wahrnehmen. Gleichheit führt zur Wahrnehmung größeren Glücks und zu dem Gefühl, verstanden zu werden. Wenn sich Menschen das erste Mal begegnen, wird die Wahrnehmung ihrer Gleichheit die gegenseitige Anziehung erhöhen.

Aus demselben Holz geschnitzt

Zu Beginn meiner Laufbahn bemerkte ich, dass die meisten FBI-Agenten ähnlich aussahen und dieselben Ansichten teilten. Dies kann durch das psychologische Prinzip von Ähnlichkeit und Anziehung erklärt werden.

FBI-Agenten in Einstellungsgremien neigten dazu, neue Agenten einzustellen, die ihnen selbst am ähnlichsten waren. Wenn die neu eingestellten Agenten das entsprechende Dienstalter hatten, um an Einstellungsverfahren teilzunehmen, wählten auch sie wiederum unbewusst Personen aus, die weitgehend so waren wie sie selbst. Über die Jahrzehnte wurde das FBI von Agenten bevölkert, die dieselben Ansichten teilten, ähnlich gekleidet waren und sich auch im Aussehen ähnelten.

Mit den aufkommenden Antidiskriminierungsmaßnahmen wurden mehr Frauen und Minderheiten in die Reihen des FBI aufgenommen. Als diese Personen das entsprechende Dienstalter erreicht hatten, neigten sie ebenfalls dazu, Bewerber auszuwählen, die ihnen am ähnlichsten waren. Basierend auf dem psychologischen Prinzip von Ähnlichkeit und Anziehung spiegeln die derzeitigen FBI-Agenten ebenso wie die meisten US-Unternehmen die Vielfalt der heutigen amerikanischen Population genauer wider.

Gemeinsamkeiten verbinden die Menschen. Das Finden eines gemeinsamen Nenners führt rasch zu einem guten Kontakt und bildet eine fruchtbare Umgebung für die Entwicklung von Freundschaften. Bereits Aristoteles schrieb: »Wir mögen diejenigen, die uns ähneln und sich denselben Beschäftigungen widmen (...) Wir mögen diejenigen, die dieselben Dinge wünschen wie wir [das tun].«

Es ist einfach, eine Beziehung zu entwickeln, wenn Sie Gemeinsamkeiten mit einer anderen Person finden können. Die Menschen denken automatisch, dass andere Menschen so denken wie sie, insbesondere, wenn sie einer Person das erste Mal begegnen. Wenn Sie daher jemanden das erste Mal treffen, können Sie auf diese Veranlagung aufbauen, indem Sie Dinge suchen, die Sie gemeinsam haben.

Wenn Sie jemanden aus der Ferne einzuschätzen versuchen, halten Sie nach potenziellen Gemeinsamkeiten Ausschau. Diese lassen sich beispielsweise in der Art der Kleidung finden. Eine Person, die ein T-Shirt mit dem Logo eines Sportteams trägt, hat vermutlich zumindest ein vorübergehendes Interesse an diesem Team. Selbst wenn Sie nicht dasselbe Team favorisieren, können Sie diese Information nutzen, um ein Gespräch zu beginnen, insbesondere, wenn Sie sich für Sport interessieren.

Auch womit sich eine Person beschäftigt, kann als Basis für das Errichten eines gemeinsamen Nenners dienen. Wenn eine Person einen Hund ausführt, ein Buch liest oder einen Kinderwagen schiebt, liefert Ihnen dies wertvolle Informationen, um ein Gespräch zu beginnen und/oder ähnliche Interessen herauszufinden.

Auch Tattoos können Hinweise auf die Interessen eines anderen Menschen geben. Tattoos sind etwas Dauerhaftes. Wenn sich jemand tätowieren lässt, überlegt er in der Regel, welche Art von Tattoo es sein soll und an welcher Körperstelle es angebracht wird. Ein kleines Tattoo in Form eines Marihuana-Blatts an einer auffälligen Körperstelle ist ein klares Statement. Wenn Sie absolut gegen den Konsum von Gras sind, dürfte es besser sein, anderswo nach einem Freund zu suchen, der in seinen Überzeugungen kompatibler ist.

Auch die Art, wie eine Person mit anderen interagiert, kann Hinweise auf deren persönliche Veranlagung geben. Eine Person, die in einen Sessel gesunken ist und nicht so leicht mit anderen interagiert, hat eine andere Veranlagung als eine Person, die gerade sitzt und die Leute um sich herum problemlos einbezieht. Wenn Ihre Persönlichkeit stark von der der Person abweicht, für die Sie sich interessieren, sinkt die Wahrscheinlichkeit stark, dass sich eine enge Beziehung entwickeln wird.

Nachdem Sie einen ersten Kontakt mit einer Person hergestellt haben, kann Ihnen das, was diese sagt, zusätzliche Hinweise auf deren Vorlieben und Abneigungen geben. Bemühen Sie sich bewusst, die Unterhaltung auf Dinge zu lenken, die Sie gemeinsam haben. Das Sprechen über geteilte Erfahrungen, Interessen, Hobbys, Jobs oder andere gemeinsame Themen verbessert den Kontakt und die Entwicklung einer Freundschaft. Nachfolgend ein paar Illustrationen, wie leicht Sie mit anderen Gemeinsamkeiten finden können.

Gleiche Erfahrungen

Eine gleichzeitige Erfahrung bedeutet, dass Sie und die Person, der Sie soeben begegnet sind, dieselben Interessen oder Ansichten teilen. Wenn

Sie beispielsweise jemanden ausmachen, der ein T-Shirt mit dem Logo der Baseball-Mannschaft Chicago White Sox trägt, und Sie selbst ein White Sox-Fan sind, teilen Sie das gleichzeitige Interesse an diesem Team. Nur weil jemand ein T-Shirt der White Sox trägt, muss er jedoch nicht automatisch ein Fan dieses Teams sein. Zusätzlich zur Aufnahme eines guten Kontakts können empathische Bemerkungen genutzt werden, um Beobachtungen oder Hypothesen zu überprüfen, die Sie vielleicht entwickelt haben, als Sie die soeben kennengelernte Person beobachtet haben. Folgende Unterhaltung wäre denkbar:

Bryan: *Hi, ich heiße Bryan. Und du?*

Christine: *Christine.*

Bryan: *Du bist wohl ein Fan der Baseballmannschaft White Sox?* (empathische Bemerkung)

Christine: *Ich war schon immer Sox-Fan.*

Bryan: *Ich auch.*

Durch die Verwendung einer empathischen Bemerkung erfuhr Bryan, dass sie sich beide für die White Sox begeistern. Sobald eine Gemeinsamkeit gefunden ist, kann Bryan sich nun auf dieses Thema konzentrieren, und die Unterhaltung wird ganz natürlich fließen. Wenn Brian kein Sox-Fan ist, kann er sich auf ihr gemeinsames allgemeines Interesse für Baseball zurückziehen wie bei diesem Austausch:

Bryan: *Hi, ich heiße Bryan. Und du?*

Christine: *Christine.*

Bryan: *Du bist wohl ein White Sox-Fan?* (empathische Bemerkung)

Christine: *Ich war schon immer Sox-Fan.*

Bryan: *Ich mag Baseball auch, aber ich bin ein Cubs-Fan.*

Christine: *Oh, Minor League Baseball verfolge ich nicht.*

(Anmerkung: Neben Christines Sinn für Humor wird deutlich, dass sie für den innerstädtischen Rivalen ihres Lieblingsteams nichts übrig hat!) Sobald klar ist, dass Christine und Bryan das Interesse für Baseball teilen, aber Anhänger verschiedener Teams sind, könnte Bryan diese Information nutzen, um eine lebhafte Unterhaltung über das Pro und Kontra jedes Teams anzustoßen.

Leute aus derselben Stadt können schnell Freundschaften aufbauen, insbesondere wenn sie sich außerhalb dieser geografischen Grenzen treffen. Gemeinsame berufliche Interessen, politische Haltungen, religiöse Überzeugungen, gemeinsame Freunde und ähnliche Erfahrungen sind gute Themen, die auf Gemeinsamkeiten hin erforscht werden können.

Ein Tipp: Wenn Sie Schwierigkeiten haben, Gemeinsamkeiten zu finden, sprechen Sie über Musik. Wie bereits erwähnt, gehört das Interesse für Musik zu den Dingen, die die meisten Menschen gemeinsam haben. Musik ist ein neutrales Thema, über das die meisten bereitwillig sprechen, selbst wenn sich ihr Hörgeschmack unterscheidet.

Zeitweise gemeinsame Erfahrungen

Erfahrungen, die über einen gewissen Zeitraum geteilt werden, wie der Besuch derselben Schule, der geleistete Wehrdienst oder das Leben in derselben Gegend, verbessern die Gelegenheiten, Freunde zu finden. Sie müssen diese Erfahrungen nicht zur selben Zeit gemacht haben, können aber nach entsprechenden Gemeinsamkeiten suchen.

Stellvertretende Erfahrung

Von einer stellvertretenden Erfahrung spricht man, wenn Sie einen Lebensstil oder eine Aktivität durch die Erzählungen einer anderen Person ausleben. Sie können stellvertretende Erfahrungen nutzen, um eine Gemeinsamkeit mit einer anderen Person herzustellen, selbst wenn Sie tatsächlich sehr wenig über das Sachgebiet wissen, über das gesprochen wird. Dieser

Ansatz ist besonders wirksam, weil er der Person Ihres Interesses erlaubt, über sich selbst und über etwas zu sprechen, woran sie sehr wahrscheinlich interessiert ist. Weil Sie den Anstoß für dieses gute Gefühl geben, werden Sie in einem positiven Licht gesehen (hier greift wieder die goldene Regel der Freundschaft). Dies ist eine bei Verkäufern beliebte Methode, weil sie damit einen gemeinsamen Nenner mit einem Kunden finden, selbst wenn sie nicht viel über das wissen, worüber der Kunde spricht. Hier ein Beispiel:

Autoverkäufer: *Was machen Sie beruflich?*

Kunde: *Ich bin Bäcker.*

Autoverkäufer: *Tatsächlich? Mein Vater war auch Bäcker.*

Der Autoverkäufer muss nichts über den Bäckerberuf wissen, weil sein Vater ein Bäcker war. Dieselbe Methode können Sie anwenden, wenn Sie jemandem das erste Mal begegnen, um einen gemeinsamen Nenner zu finden.

Audrey: *Wo arbeitest du?*

Susan: *Ich bin Finanzplanerin.*

Audrey: *Interessant. Meine Schwester ist Buchhalterin.*

Die meisten von uns haben Familienmitglieder oder entfernte Verwandte, die denselben oder einen ähnlichen Beruf ausüben wie die Leute, mit denen wir uns unterhalten. In Audreys Fall ist die Schwester Buchhalterin, also in einem der Finanzplanung ähnlichen Bereich tätig. Wenn Sie niemanden in der Familie oder Verwandtschaft haben, der in demselben oder einem ähnlichen Bereich arbeitet wie die Person Ihres Interesses, überlegen Sie, ob Sie im Freundeskreis jemanden kennen. Die Anwendung der Methode der stellvertretenden Erfahrung kann sich immer auszahlen, wenn Sie versuchen, eine Beziehung aufzubauen. Seien Sie jedoch vorsichtig: Belügen Sie die Person nicht, der Sie zum ersten Mal begegnen, denn sollte Ihre Beziehung gedeihen, könnte die Wahrheit herauskommen. Zerstörtes Vertrauen, insbesondere zu Beginn einer Beziehung, kann den Sympathie-Schalter schnell wieder umlegen.

Das Gesetz der Fehlzuordnung

Manchmal geht es beim Schließen von Freundschaften einfach nur darum, zum richtigen Zeitpunkt am richtigen Ort zu sein. Wenn sich Leute gut fühlen und dieses gute Gefühl keiner speziellen Ursache zuschreiben, neigen sie dazu, es mit der Person zu assoziieren, die ihnen zu diesem Zeitpunkt räumlich nah ist. Falls Sie zufällig diese Person sind, profitieren Sie davon, und zwar nicht, weil Sie irgendetwas gemacht hätten, sondern aufgrund der »Fehlzuordnung«. Hier haben wir es eher mit einem Kollateralnutzen als einem Kollateralschaden zu tun.

Ein Beispiel: Beim Sport setzt das Gehirn Endorphine frei. Die Freisetzung von Endorphinen sorgt bei denen, die Sport treiben, für ein unspezifisches Wohlbefinden. Da die Wirkung von Endorphin nicht direkt dem Sport zugeschrieben wird, neigt man dazu, die guten Empfindungen mit einer anderen Person zu verknüpfen, falls zufällig eine in der Nähe ist. Stellen Sie sich das als »Kollateralnutzen« vor. Da das Wohlbefinden fälschlich der Person in der Nähe zugeordnet wird, wird diese Person unbewusst als die Ursache für das Wohlbefinden angesehen und wirkt daher attraktiver.

Wie können Sie nun mithilfe dieser Information jemanden für sich gewinnen? Sie können sich dieses Phänomen auf mehrere Arten zunutze machen. Wenn Sie gut in Form sind, können Sie ein Treffen rund um eine sportliche Aktivität arrangieren, Mitglied in einem Fitnessclub werden oder an Sportveranstaltungen teilnehmen (organisierte Wanderungen oder Wettläufe bieten gute Gelegenheiten für Fehlzuordnungen).

Fehlzuordnung nutzen, um ein Date zu bekommen

Nehmen wir einmal an, Sie möchten sich mit einer Person verabreden, für die Sie sich interessieren, und möchten Ihre Chancen für eine Zusage erhöhen. Durch Anwendung des Gesetzes der Fehlzuordnung könnte das funktionieren. Wenn Sie entdecken, dass die betreffende Person regelmäßig

joggt oder einen anderen Sport betreibt, arrangieren Sie ein »Zufallstref-
fen« während oder kurz nachdem diese Person ihr Training absolviert hat.
Bei dieser Begegnung muss nicht unbedingt ein verbaler Austausch stattfinden. Alleine das Teilen desselben Raums kann zu einer Fehlzuordnung
führen und Sie attraktiver wirken lassen. Wenn Sie und die betreffende Person beide trainieren, versuchen Sie es so einzurichten, dass Sie zur selben
Zeit trainieren. Während des Trainings räumliche Nähe zu haben erzeugt
den bereits besprochenen Kollateralnutzen. Falls die Person, mit der Sie
sich treffen möchten, eine Arbeitskollegin/ein Arbeitskollege ist, die/der
trainiert, halten Sie sich in der Nähe ihres oder seines Büros auf, wenn sie/
er vom Training zurückkommt. Oder wenn Sie wissen, dass die betreffende
Person jeden Tag nach dem Training in ein Café geht, sind Sie dort präsent,
wenn die Person eintrifft.

Damit können Sie versuchen, vom Prinzip der Fehlzuordnung zu profitieren und Ihre Attraktivität in den Augen der anderen Person zu erhöhen,
indem Sie mit den guten Gefühlen assoziiert werden, die durch die Freisetzung von Endorphinen beim Sport entstehen. Um dieses Ziel zu erreichen,
müssen Sie der Person während oder bald nach der Freisetzung der Endorphine räumlich nah sein.

Erstaunlicherweise tritt eine Fehlzuordnung auch auf, wenn Menschen
beängstigende Ereignisse erleben oder traumatische Erfahrungen machen.
Die Menschen empfinden eine engere Beziehung zu anderen, mit denen
sie diese beängstigenden oder traumatischen Erlebnisse teilen. Soldaten,
die grauenhafte Kämpfe überleben, bauen tiefe Bindungen zu ihren Waf-
fenkameraden auf. Polizeibeamte entwickeln eine enge Beziehung zu den
Kollegen, mit denen sie traumatische Erlebnisse teilen. In den Zeiten, als
Feuerproben bei den studentischen Verbindungen noch erlaubt waren
(oder toleriert wurden), rückten die Personen, die eine solche Feuerprobe
bestanden hatten, näher zusammen, und es bildeten sich oft anhaltende
Freundschaften.

Ein Horrorfilm kann dieselbe Reaktion hervorrufen. Wenn Sie mit jemandem in einen Horrorfilm gehen, löst die gemeinsame beängstigende
Erfahrung eine Fehlzuordnung aus, die im Gegenzug die Attraktion zwi-

schen den Kinogängern erhöht. Daher ist der Besuch eines Horrorfilms für eine erste Verabredung ideal, weil dies die Chance gegenseitiger Anziehung in einer neuen Beziehung verbessert. Dies gilt entsprechend auch für eine Langzeitbeziehung, die abgeflaut ist: Gehen Sie zum Fallschirmspringen oder Bungeespringen, fahren Sie mit der Achterbahn oder betreiben Sie sonstige Aktivitäten, die ein Gefühl von Gefahr erzeugen. Die gemeinsame Erfahrung wird Sie wieder näher zusammenrücken und die Freundschaft oder Liebesbeziehung neu beleben.

Das Gesetz der Neugier

Neugier kann als »Aufhänger« benutzt werden, um die Intensität (Freund-schaftsformel) zu steigern und das Interesse einer Person an Ihnen zu wecken. Sie ist eine wirksame Möglichkeit, Freundschaften zu schließen. Alle Lebewesen, die zu mehr als einer rein mechanischen Reaktion fähig sind, sind neugierig. Dies ist ein biologisches Gebot, angetrieben durch das Bedürfnis der Selbsterhaltung, Fortpflanzung und Gier. Der Mensch möch-te alles wissen: Wer wir sind, wer die anderen sind, woher wir gekommen sind und wann, was auf der anderen Seite des Berges ist, die Form, Größe, Zusammensetzung, Lebensdauer und Entfernung von allem, angefangen bei den Quarks bis hin zum Universum.

Um zu überleben, müssen alle höheren Lebewesen die Nische verste-hen, in der sie leben. Zusätzlich müssen sie alle Veränderungen in dieser Nische erkennen, um angemessen und wirksam darauf reagieren zu kön-nen. Da es um das persönliche Überleben geht, um das sich das Individuum sorgt, sind Veränderungen in der unmittelbaren Nachbarschaft – die das Individuum persönlich betreffen – am wichtigsten.

Die wirksamste Art, Veränderungen zu entdecken, ist, nach ihnen Aus-schau zu halten. So zieht ein Geräusch im Gebüsch die Aufmerksamkeit der Katze auf sich, gefolgt von einem langsamen Heranschleichen. Das Geräusch kann von einer Beute stammen, es kann ein Räuber sein oder die automatische Rasensprenganlage, die gleich anspringen wird. Diese Neugier kann ihr eine Mahlzeit, eine rechtzeitige Flucht oder ein unfreiwilliges Bad bescheren. In jedem Fall muss das Geräusch erkundet werden.

Wenn Sie sich auf eine Art und Weise verhalten, die bei einer anderen Person Neugier erweckt, erhöht das die Chancen beträchtlich, dass diese Person mit Ihnen in Kontakt treten möchte, um zu versuchen, ihre Neugier zu befriedigen. Daher wird ein »Neugier-Aufhänger« ein wirksames Hilfsmittel, um eine Person, für die man sich interessiert, zu treffen und eine Freundschaft zu entwickeln. Ich nutzte das Gesetz der Neugier als FBI-Agent regelmäßig, um Ausländer erfolgreicher anzuwerben. Einmal tauchte während meiner Laufbahn beim FBI ein Nordkoreaner in meinem Zuständigkeitsbereich auf. Es gab Verdachtsmomente dafür, dass er ein Agent seiner Regierung war, und ich bekam den Auftrag, ihn nach Möglichkeit als Doppelagenten zu gewinnen. Ich wusste, dass der Typ wahrscheinlich Panik bekommen und stiften gehen würde, wenn ich einfach in das Fotogeschäft, wo er arbeitete, gehen und sagen würde: »Ich bin Jack Schafer vom FBI, können wir miteinander reden?« Daher beschloss ich, Neugier als Aufhänger zu nutzen, um ihn einzuwickeln.

Zuerst ging ich in den Laden, als ich wusste, dass er nicht dort war, und hinterließ ihm eine Nachricht: »Tut mir leid, ich habe Sie nicht angetroffen«, und unterschrieb mit »Jack Schafer«. So machte ich es zu drei verschiedenen Gelegenheiten. Beim dritten Besuch hinterließ ich ihm zusätzlich meine Telefonnummer. Diese Botschaften sollten die Neugier des Nordkoreaners wecken. Wer ist dieser Jack Schafer, und warum will er mit mir Kontakt aufnehmen? Genau das sollte sich der Nordkoreaner fragen, und ich hoffte, jede neue Nachricht würde seine Neugier verstärken. Es funktionierte. Nachdem er meine Notiz mit meiner Telefonnummer erhalten hatte, rief er mich an, und ich konnte ein Treffen mit ihm gegen Ende der Woche vereinbaren.

Das Gesetz der Gegenseitigkeit

Gesellschaftliche Normen diktieren, dass Sie, wenn jemand Ihnen etwas gibt oder Ihnen einen Gefallen erweist, geneigt sind, sich dafür in ähnlicher oder umfangreicherer Weise zu revanchieren. Organisationen profitieren von diesem Gesetz, indem Sie Adressaufkleber, Kalender oder andere Kleinigkeiten zusammen mit der Bitte um eine Spende verschicken. Die Leute sind eher geneigt, dieser Bitte nachzukommen, weil sie etwas bekommen haben und sich nun verpflichtet fühlen, sich zu revanchieren.

Das Gesetz der Gegenseitigkeit ist ein sehr wirksames Hilfsmittel, um Freundschaften zu schließen. Wenn Sie jemanden anlächeln, fühlt er sich verpflichtet, ebenfalls zu lächeln, weil das Akzeptanz und Gefallen signalisiert. Die Menschen mögen es, wenn man sie mag. Das Prinzip der Gegenseitigkeit tritt in Aktion, wenn jemand bemerkt, dass er einer anderen Person gefällt. Sobald eine Person entdeckt, dass sie einer anderen Person gefällt, findet sie diese andere Person attraktiver. Die Menschen neigen dazu, Gefühle zu erwidern, die andere ihnen entgegenbringen. Die Gegenseitigkeit erzielt die besten Ergebnisse, wenn beide Parteien von der Interaktion des jeweils anderen einen guten ersten Eindruck bekommen oder natürliche Gefühle für diese andere Person hegen.

Wenn sich das nächste Mal jemand bei Ihnen bedankt, sagen Sie nicht »gern geschehen«, sondern: »Ich weiß, dass Sie dasselbe auch für mich machen würden.« Diese Antwort aktiviert die Gegenseitigkeit. Nun ist die andere Person willig, Ihnen ebenfalls zu helfen, wenn Sie um einen Gefallen bitten.

Das Gesetz der Selbstoffenbarung

Gegenseitigkeit ist auch mit Offenheit in der Kommunikation verbunden. Menschen, die anderen gegenüber mehr persönliche Informationen preisgeben, werden wahrscheinlich im Gegenzeug ein ähnliches Maß an persönlichen Informationen bekommen. Dieses Phänomen wird noch verstärkt, wenn die Menschen, die miteinander kommunizieren, ähnliche Interessen haben.

Selbstoffenbarung fördert die Anziehung. Die Menschen fühlen sich anderen nah, die ihnen ihre Verletzlichkeiten, ihre innersten Gedanken und Tatsachen über sich enthüllen. Das Gefühl der Nähe nimmt weiter zu, wenn die Enthüllungen eher emotionaler als faktischer Natur sind. Dies beruht zum Teil auf der Intensität solcher Offenbarungen, die die Person, von der sie kommen, liebenswerter machen.

Enthüllungen, die zu allgemein sind, reduzieren das Gefühl von Offenheit und damit auch das Gefühl von Nähe und Liebenswürdigkeit. Enthüllungen, die zu intim sind, betonen häufig Charakter- und Persönlichkeitsmängel der Person, wodurch diese weniger liebenswert wirkt. Menschen, die in einer Beziehung zu früh intime Offenbarungen machen, werden häufig als unsicher wahrgenommen. Daher gilt, wenn Sie jemandem begegnen, mit dem Sie sich eine langfristige freundschaftliche oder Liebesbeziehung wünschen: Seien Sie vorsichtig mit intimen Enthüllungen im Frühstadium dieser Beziehung.

Selbstoffenbarung ist ein Vorgang in zwei Schritten. Zuerst muss eine Person eine Selbstoffenbarung machen, die weder zu allgemein noch zu intim ist. Im zweiten Schritt muss diese Selbstoffenbarung mit Empathie, Zuwendung und Respekt aufgenommen werden. Eine negative Reaktion auf eine aufrichtige Selbstoffenbarung kann das sofortige Ende einer Beziehung bedeuten.

Selbstoffenbarungen erfolgen häufig wechselseitig. Wenn eine Person sich selbst offenbart, wird sich der Zuhörer wahrscheinlicher mit ähnlichen Selbstoffenbarungen revanchieren. Der Austausch persönlicher Informationen schafft in Beziehungen ein Gefühl von Vertrautheit. Eine Beziehung, in der eine Person persönliche Selbstoffenbarungen macht, während die andere Person sich weiterhin nur oberflächlich offenbart, macht keine Fortschritte und wird wahrscheinlich bald zu Ende sein.

Lebensdauer der Beziehung verlängern

Verwenden Sie den Hänsel-und-Gretel-Ansatz. In dem Märchenklassiker gehen Hänsel und Gretel in den Wald. Sie markieren den Weg mit Brotkrumen, um wieder nach Hause zu finden. Ich empfehle Ihnen, Informationen über sich selbst wie solche »Brotkrumen« zu verteilen. Beziehungen neigen dazu, mit der Zeit abzuflauen. Um die Lebensdauer dieser Verbindungen zu verlängern, geben Sie Ihre Selbstoffenbarungen über einen längeren Zeitraum verteilt preis.

Sobald man eine Person findet, der man trauen kann, ist man oft versucht, die emotionalen Schleusentore zu öffnen, was den Partner erdrückt. Enthüllungen sollten über einen längeren Zeitraum verteilt werden, um sicherzugehen, dass Intensität und Nähe der Beziehung langsam wachsen. Das tröpfchenweise Weitergeben von Informationen verlängert die Lebensdauer der Beziehung, weil jeder Partner kontinuierlich die Nähe empfindet, die sich durch den beständigen Informationsfluss einstellt.

Wechselseitige Selbstoffenbarungen schaffen Vertrauen. Menschen, die Persönliches offenbaren, werden gegenüber der Person, der sie sich offenbaren, verletzlich. Wechselseitige Selbstoffenbarungen schaffen aber auch eine Sicherheitszone, weil jede Person ihre Verletzlichkeiten preisgegeben hat und eher versucht, alle Enthüllungen zu schützen, um gegenseitige Peinlichkeiten zu vermeiden, die aus einem Vertrauensbruch resultieren würden.

Die Nutzer sozialer Netzwerke verlassen sich verstärkt auf Selbstoffenbarungen, um ein Gefühl von Nähe zu erzeugen, weil sie keine verbalen und nonverbalen Hinweise erhalten, die bei einer persönlichen Kommunikation ausgetauscht würden. Die Aufrichtigkeit von online ausgetauschten Informationen ist zweifelhaft, was die Leute zwingt, online mehr Zeit damit zu verbringen, die Informationen gegenseitig zu überprüfen. Sobald die Aufrichtigkeit bestätigt ist, erhöht das Fehlen der körperlichen Präsenz die Wahrscheinlichkeit, dass online intimere Offenbarungen erfolgen, die wiederum zur Illusion einer engeren Beziehung führen.

Das Gesetz der persönlichen Attraktivität

Attraktivität ist für diejenigen, die sie besitzen, ein konkreter Vorteil. Auch wenn es heißt, dass »Schönheit im Auge des Betrachters entsteht«, sieht die Realität doch so aus, dass jede Kultur weitgehend akzeptierte Standards für »Attraktivität« hat. Auch wenn sich diese Standards mit der Zeit vielleicht ändern, verinnerlichen die meisten Mitglieder der jeweiligen Kultur die vorherrschende aktuelle Norm dessen, was als schön oder gut aussehend betrachtet wird.

Attraktivität ist kein »absoluter« Wert. Sie können attraktiver werden, wenn Sie bereit sind, für das Erreichen dieses Ziels gewisse Anstrengungen zu unternehmen. Gordon Wainwright zufolge, dem Autor von *Teach Yourself Body Language,* kann jeder seine Attraktivität für andere verbessern, indem er guten Augenkontakt hält, optimistisch agiert, sich gut kleidet, die Garderobe mit etwas Farbe aufpeppt und anderen gut zuhört. Wainwright betont auch, wie wichtig Körperhaltung und Manieren sind, und schlägt vor, eine Woche lang gerade zu stehen, den Bauch einzuziehen, den Kopf hoch zu tragen und andere Leute anzulächeln. Anhand der Ergebnisse vieler Versuche sagt Wainwright vorher, dass man anfangen wird, Sie mit mehr Herzlichkeit und Respekt zu behandeln und dass Sie mehr Leute anziehen werden.

Attraktiven Menschen werden mehr positive Attribute zugeordnet. Gut aussehende Männer und Frauen werden in der Regel als talentierter, freundlicher, ehrlicher und intelligenter beurteilt als weniger attraktive Menschen. Kontrollierte Studien zeigen, dass die Leute keine Mühen scheuen, um attraktiven Menschen des gleichen oder anderen Geschlechts zu helfen, weil sie gut aussehende Menschen gerne für sich gewinnen und von ihnen akzeptiert werden möchten.

Attraktivität kann auch finanzielle Auswirkungen haben. Auf einer Skala von weniger attraktiv bis attraktiver verdienen weniger attraktive Menschen 5 bis 10 Prozent weniger als Menschen mit einem durchschnittlichen Aussehen, die wiederum 3 bis 8 Prozent weniger verdienen als Menschen, die als gut aussehend angesehen werden. Studien zeigen auch, dass attraktive Studenten von ihren Dozenten mehr Aufmerksamkeit und höhere Bewertungen erhalten. Gut aussehende Patienten werden von ihren Ärzten persönlicher betreut, und attraktive Kriminelle erhalten leichtere Strafen als weniger attraktive Gesetzesbrecher. Man muss nur nach Hollywood schauen, um zu sehen, welchen Einfluss schöne Schauspieler auf unser Justizsystem haben.

Das Gesetz des Humors

Menschen, die bei sozialen Begegnungen ihren Humor einsetzen, werden als liebenswerter wahrgenommen. Zudem nehmen Vertrauen und Anziehung zu, wenn im zwischenmenschlichen Umgang ein fröhlicher Ton herrscht. Der vernünftige Einsatz von Humor kann Ängste reduzieren und für eine entspannte Stimmung sorgen, was zu einer schnelleren Entwicklung der Beziehung beiträgt. Ein nicht ganz salonfähiger Scherz kann den Grad der Vertrautheit bei einem Flirtgespräch verbessern. Natürlich muss der Sprechende in diesem Fall wie bei jeder verbalen Kommunikation sicher sein, dass seine Worte, oder in diesem Fall sein Humor, angemessen ist und vom Zuhörenden nicht als anstößig empfunden wird.

Der zusätzliche Vorteil beim Einsatz von Humor ist, dass Lachen Endorphine freisetzt und die Menschen sich gut fühlen. Entsprechend der goldenen Regel der Freundschaft ist es ja so, dass Sie eine Person für sich gewinnen, wenn Sie der Grund dafür sind, dass diese Person sich gut fühlt. Eine Frau, die Gefallen an einem Mann findet, wird über seine Scherze, selbst wenn sie noch so lahm sind, öfter und mit mehr Gefallen lachen als über Scherze von einem Mann, an dem sie wenig romantisches Interesse hat.

Das Gesetz der Vertrautheit

Je öfter wir jemanden treffen und miteinander Umgang haben, desto wahrscheinlicher werden wir uns anfreunden. Der Verhaltensforscher Leon Festinger und zwei seiner Kollegen studierten die Beziehungen in einem kleinen, zweistöckigen Appartmenthaus. Sie stellten fest, dass die meisten Nachbarn dort befreundet waren. Die Hausbewohner, die am wenigsten wahrscheinlich befreundet waren, wohnten auf unterschiedlichen Stockwerken. Die Hausbewohner, die neben der Treppe und den Briefkästen im Erdgeschoss wohnten, hatten auf beiden Stockwerken Freunde.

Das Gesetz der Vertrautheit zeigt die Bedeutung der **räumlichen Nähe** (eine Komponente der Freundschaftsformel) für die Entwicklung von Beziehungen. Bei Menschen, die denselben physischen Raum teilen, ist die Wahrscheinlichkeit größer, dass sie voneinander angezogen werden. Räumliche Nähe prädisponiert eine Person, eine andere Person zu mögen, noch bevor sie einander förmlich vorgestellt wurden.

Anhand von Sitzplänen in Unterrichtsräumen kann recht gut vorhergesagt werden, welche Studenten einander anziehen werden. In meiner Klasse habe ich beobachtet, dass Studenten, die in der Nähe voneinander sitzen, wahrscheinlicher Freunde werden als Studenten, die an den entgegengesetzten Seiten des Zimmers sitzen. Entsprechend lassen sich auch im beruflichen Umfeld Liebesbeziehungen und Freundschaften anhand dessen vorhersagen, wer in der Nähe von wem sitzt.

Das alte Sprichwort »Durch die Ferne wächst die Liebe« ist nicht unbedingt wahr. Je weiter entfernt ein Paar voneinander lebt, desto größer ist die Wahrscheinlichkeit, dass die Beziehung nicht halten wird.

Das Gesetz der Gemeinschaft

Wenn sich Leute in einer größeren Gruppe zusammentun, neigen Leute außerhalb dieser Gruppe dazu, die einzelnen Mitglieder der Gruppe anhand des allgemeinen Eindrucks der gesamten Gruppe zu beurteilen. Wenn daher ein weniger attraktiver Mensch attraktiver wirken möchte, sollte er sich einer Gruppe attraktiver Leute anschließen. Umgekehrt kann eine attraktive Person weniger attraktiv wahrgenommen werden, wenn sie in Begleitung unattraktiver Leute ist.

Anscheinend verändert sich das Leben eines Erwachsenen im Vergleich zum Leben auf der Highschool nicht grundlegend. Wer »beliebt« sein möchte, muss weiterhin mit den beliebten Leuten abhängen. Im Geschäftsleben bedeutet dies, immer zu versuchen, sich durch »Freundschaften nach oben«

zu arbeiten, nicht nach unten. Bedeutsam ist, mit wem Sie sich zusammen-tun. Wenn Sie als erfolgreich angesehen werden möchten, müssen Sie mit erfolgreichen Leuten abhängen.

Das Assoziationsgesetz funktioniert anders, weil der Fokus nicht darauf liegt, wie die Attraktivität einer Person dadurch beeinflusst wird, dass sie in einer großen Gruppe ist, sondern darauf, wie Leute verglichen und wahrge-nommen werden, wenn sie nur mit ein oder zwei anderen Personen zusam-men sind. Unter diesen Umständen sollte sich eine Person, die attraktiver wirken möchte, in Gesellschaft eines weniger attraktiven Menschen zeigen. Dieses Phänomen erklärt das Verhalten potenzieller Käufer, wenn sie Mus-terhäuser besichtigen. Sie verlassen ihr eigenes Haus, das sie am Morgen noch attraktiv finden. Nachdem sie den ganzen Tag lang Musterhäuser besichtigt haben, kehren sie nach Hause zurück und nehmen ihr Haus nun als unattraktiv wahr. Ihr Haus wird weniger attraktiv, weil sie es mit den eleganteren Musterhäusern vergleichen, die sie inzwischen gesehen haben.

Das Gesetz der Selbstachtung

Menschen schließen sich gerne Menschen an, die ein hohes Maß an Selbst-achtung zur Schau stellen. Dadurch erleichtern sie es sich, andere Men-schen anzuziehen und Freundschaften zu schließen. Personen mit hoher Selbstachtung sind auch selbstbewusster und fühlen sich wohl, wenn sie im Mittelpunkt der Aufmerksamkeit stehen. Zudem haben sie kein Prob-lem mit Selbstoffenbarungen, einem Baustein für das Errichten enger per-sönlicher Beziehungen.

Für Menschen mit hoher Selbstachtung gehört Ablehnung zum Leben und hat nichts mit ihrem Selbstwert zu tun. Hingegen sind Menschen mit geringer Selbstachtung zurückhaltend mit der Preisgabe persön-licher Informationen. Ihre Unfähigkeit zu Selbstoffenbarungen dient als Abwehrmechanismus, mit dem sie sich vor Kritik und Ablehnung schüt-zen. Selbstoffenbarung ist der Weg zu engeren persönlichen Beziehungen. Leider wird dieser Weg von Menschen mit geringer Selbstachtung »wenig beschritten«. Ironischerweise kann die Furcht vor Selbstoffenbarung genau zu der Ablehnung führen, die eine Person mit geringer Selbstachtung zu vermeiden versucht.

Es besteht nur ein schmaler Grat zwischen Selbstachtung und Arroganz. Arrogante Menschen fühlen sich häufig überlegen und halten sich von anderen fern. Aus diesem Grund werden sie als »anders« wahrgenommen. Daraus ergibt sich, dass die Wahrscheinlichkeit gegenseitiger Anziehung signifikant verringert ist, außer mit anderen arroganten Menschen, die dieselbe Haltung und dasselbe Verhalten an den Tag legen.

In der amerikanischen Gesellschaft definieren Männer und Frauen den Selbstwert oft unterschiedlich. Ganz allgemein leiten Männer ihre Selbstachtung und ihren sozialen Status von ihrer tatsächlichen oder potenziellen Fähigkeit ab, Geld zu verdienen, Frauen zu beeindrucken und teure Objekte wie tolle Autos oder Immobilien zu besitzen. Obgleich der amerikanische Markt eine bemerkenswerte Verschiebung erlebt, da mehr Frauen als Männer ihre Universitätsausbildung abschließen, ist es noch immer so, dass viele Frauen Selbstachtung und sozialen Status aus körperlicher Schönheit, Jugendlichkeit und Beziehungen zu anderen ableiten. Diese Unterschiede werden deutlich, wenn die Gastgeber von Spielshows die Kandidaten bitten, sich kurz selbst zu beschreiben. Männliche Kandidaten beschreiben sich in der Regel anhand ihres Berufs (»ich bin Elektriker«), während Frauen sich anhand ihrer Beziehungen charakterisieren (»ich bin eine Frau und Mutter von drei Kindern«). Mit der zunehmenden Zahl berufstätiger Frauen werden auch sie vielleicht anfangen, sich mit ihren Berufen und nicht mit ihren Beziehungen zu identifizieren.

Wenn es darum geht, kurz- oder langfristige Liebesbeziehungen aufzubauen, verbinden sich Frauen mit hohem Status (jung und körperlich attraktiv) eher mit Männern mit ebenfalls hohem Status (hohe Verdienstmöglichkeiten und hohes verfügbares Einkommen). Dieses Muster bei der Partnerwahl entspricht typischen Partnerstrategien. Männer wählen junge und körperlich attraktive Frauen, um die Fortpflanzung zu sichern, und Frauen wählen gut verdienende Männer mit hohem verfügbarem Einkommen, um die nötige Sicherheit für das Großziehen von Kindern zu sichern.

Männer mit geringerem Selbstwertgefühl wählen eher Frauen, die körperlich weniger attraktiv sind, und Frauen mit geringerem Selbstwertgefühl wählen eher Partner mit niedrigerem Einkommen und weniger verfügbaren Mitteln.

Personen mit weniger hohem Status versuchen gelegentlich, einen höheren Status vorzutäuschen, um zu versuchen, Beziehungen mit Leuten »außerhalb ihrer Liga« anzuknüpfen. So kann beispielsweise ein Mann ein höheres Einkommen vortäuschen, indem er eine Frau mit teuren Geschenken überhäuft, ein Auto fährt, das er sich gar nicht leisten kann, und Geld ausgibt, das er nicht hat. Diese Strategie mag zwar auf kurze Sicht erfolgreich sein, endet langfristig jedoch gewöhnlich in einer Katastrophe, wenn der Verehrer entlarvt und sein wahrer Wert aufgedeckt wird.

Besser nicht darauf verlassen

Einer meiner Studenten erzählte mir von einem Trick, den er und seine Freunde beim Ausgehen häufig anwenden. Auf dem Weg in eine Kneipe gehen sie beim Geldautomaten einer großen Bank vorbei und schauen im Papierkorb nach weggeworfenen Kontoauszügen, bis sie welche finden, die einen besonders hohen Kontostand aufweisen. Diese heben sie für später auf. Wenn der Student oder einer seiner Freunde ein Mädchen kennenlernt, das finanziell besser gestellt ist, schreibt er ihr seine Telefonnummer wie zufällig auf die Rückseite des mitgenommenen Kontoauszugs, um die Illusion zu erwecken, er sei wohlhabend.

Das Gesetz der Verfügbarkeit (Knappheit)

Der Mensch wird von Personen und Dingen angezogen, die er nicht so ohne Weiteres bekommen kann. Bei Dingen werden die Leute eher von einem begehrten Objekt angezogen, weil es für sie unerreichbar ist. Bekommen sie das Objekt ihrer Begierde schließlich doch, nimmt dessen Attraktivität rasch ab. Ein gutes Beispiel für dieses Phänomen sind Weihnachtsgeschenke. Spielsachen, die Kinder sich das ganze Jahr über gewünscht haben, werden ein paar Tage, nachdem sie unter dem Weihnachtsbaum ausgepackt wurden, beiseitegelegt. Das Gesetz der Verfügbarkeit bewahrheitet sich auch bei menschlichen Interaktionen, insbesondere im Frühstadium einer entstehenden Beziehung. Die Dating-Regel, auf die unsere Mütter geschworen haben, hat durchaus wissenschaftlichen Wert. Eine Person sollte für die Person, mit der sie eine längerfristige Beziehung aufbauen will, nicht ständig verfügbar sein. Ein gewisses Maß an Nichtverfügbarkeit lässt sie geheimnisvoller erscheinen und macht sie zu einer Herausforderung.

Erinnern Sie sich an Vladimir, den Spion, über den in der Einleitung berichtet wurde? Wie Sie vielleicht noch wissen, fragte Vladimir, nachdem ich tagelang schweigend bei ihm gesessen und Zeitung gelesen hatte, warum ich jeden Tag komme. Ich ließ die Zeitung sinken und sagte: »Weil ich mit Ihnen sprechen möchte.« Dann hob ich die Zeitung sofort wieder und las weiter, ohne ihn zu beachten. Dies vergrößerte Vladimirs Neugier immens und sorgte für einen Mangel. Schließlich besann Vladimir sich und wollte mit mir sprechen, ich ignorierte ihn jedoch, was seinen Drang noch verstärkte, mit mir sprechen zu wollen.

Je verbotener, desto reizvoller

Eltern ist dieses Gesetz bestens bekannt! Wenn sie ihren Kindern etwas verbieten, möchten diese es erst recht tun. Meine Tochter hatte als Teenager eine Phase, in der sie uns Eltern testen wollte. Einmal brachte sie einen jungen Mann mit nach Hause, um ihn uns vorzustellen. Er hatte zehn Zentimeter lange Haarzacken, die mit viel Gel vom Kopf abstanden, Tattoos bedeckten den Großteil seiner sichtbaren Haut, und in unserer Einfahrt stand sein Motorrad. Ich begrüßte ihn freundlich, ohne zu sagen, was ich wirklich über ihn dachte oder wie enttäuscht ich über die Wahl meiner Tochter sei.

Am nächsten Tag fragte meine Tochter mich, was ich von dem jungen Mann halte. Gerne hätte ich ihr verboten, ihn je wiederzusehen, aber ich wusste, dass sie sehr viel motivierter sein würde, sich weiter mit ihm zu verabreden, wenn ich Druck machte. Daher entschied ich mich für folgende Strategie. Ich sagte meiner Tochter, ihre Mutter und ich hätten sie so erzogen, dass sie eine gute Urteilsfähigkeit habe, und wir würden ihren Entscheidungen vertrauen. Wenn sie das Gefühl habe, der junge Mann sei eine Bereicherung für ihr Leben, würden wir ihre Entscheidung mittragen. Ich habe ihn nie wiedergesehen.

Zehn Jahre später. Inzwischen ist meine Tochter 26 Jahre alt. Wir saßen in der Küche und erinnerten uns an ihre Jahre als Teenager. Zu meiner Überraschung kam sie auf den jungen Mann zu sprechen. Sie beichtete uns, ihn mitgebracht zu haben, um ihre Mutter und mich wegen irgendetwas, womit wir sie geärgert hatten, total wütend zu machen. Als ich damals sagte, wir würden ihrer Urteilsfähigkeit vertrauen und wüssten, dass sie sich richtig entscheidet, habe sie Gewissensbisse bekommen. Sie wusste, dass er nicht der Richtige für sie war und dass es ein Fehler gewesen war, ihn mitzubringen, um uns zu ärgern. Es sei eine Ironie gewesen, dass sie vorgehabt hatte, uns wütend zu machen, und am Ende selbst diejenige war, die sich schuldig fühlte. Es dauerte zehn Jahre, bis ich erleichtert erfuhr, dass meine Strategie aufgegangen war.

Das Gesetz des steinigen Wegs

Wenn sich zwei Menschen begegnen und sich nicht sofort mögen, insbesondere keine Verliebtheit empfinden, zu einem späteren Zeitpunkt jedoch eine enge Bindung eingehen, bilden sie eine engere Beziehung, als wenn sie sich auf Anhieb so gut verstanden hätten. Dieses Phänomen wird häufig in romantischen Komödien thematisiert. Das übliche Szenario sieht dabei so aus, dass ein Mann eine Frau trifft. Der Mann mag die Frau nicht, und die Frau mag den Mann nicht. Kurz bevor der Film endet, verlieben sie sich ineinander. Ein steiniger Weg führt in der Liebe häufig zu intensiveren Liebesbeziehungen.

Eine neue Strategie, dem Chef Honig um den Mund zu schmieren

Ich erinnere mich an eine Zeit, als ich einer neuen Supervisorin zugeteilt wurde. Anstatt sie mit offenen Armen willkommen zu heißen, wie es der Rest meiner Gruppenkollegen tat, blieb ich absichtlich distanziert und legte eine neutrale bis leicht negative Körpersprache an den Tag. Allmählich zeigte ich bei jedem Gespräch, das wir hatten, mehr positive nonverbale Hinweise. Mehrere Monate später hatte ich die Kehrtwende vollzogen, indem ich ihr sagte, ich halte sie für eine gute Supervisorin und respektiere ihre starken Führungsfähigkeiten. Von dem Tag an war unsere Beziehung enger, als wenn ich sie von Anfang an akzeptiert hätte. Diese engere Beziehung verschaffte mir einen deutlichen Vorteil, wenn ich für Ermittlungen um finanzielle Mittel aus der knappen Kasse, um Freizeit oder etwas anderes bat.

Das Gesetz der Persönlichkeit

In der wissenschaftlichen und populärwissenschaftlichen Literatur wurden im wahrsten Sinn des Wortes Hunderte von Persönlichkeits-»Typen« oder -»Merkmalen« identifiziert. Sie beziehen sich auf übereinstimmende Muster, die eine Person in ihrem alltäglichen Verhalten aufweist. Wenn jemand sagt: »Die oder der ist einfach nicht mein Typ«, können sie damit deren physisches Erscheinungsbild oder deren rigoros vertretene (beispielsweise religiöse oder politische) Überzeugungen meinen. Häufig jedoch beziehen sie sich dabei auf die Persönlichkeit dieses Menschen, die mit ihrer eigenen Persönlichkeit nicht harmoniert.

Zwei beherrschende Persönlichkeitstypen, die Extroversion und die Introversion, sind von besonderem Interesse für den persönlichen Umgang und die Entwicklung kurz- und langfristiger Beziehungen.

Extrovertierte wirken verglichen mit Introvertierten attraktiver, weil sie als gesellig und selbstbewusst angesehen werden. Bevor Sie irgendeine Art von Beziehung eingehen, ist es eine nützliche Information, ob die

Person, mit der Sie sich treffen möchten, eher zur Extroversion oder zur Introversion neigt, um besser einschätzen zu können, auf welche Art von Verhalten Sie sich einzustellen haben.

Wenn Sie selbst extrovertiert und die andere Person introvertiert ist, können Sie damit rechnen, dass sich daraus einige Unterschiede in Ihrer jeweiligen Wahrnehmung der Welt ergeben. Extrovertierte beziehen ihre Energie daraus, mit anderen Leuten zusammen zu sein, und suchen in ihrem Umfeld nach Anregungen. Extrovertierte sprechen häufig spontan, ohne vorher groß nachzudenken. Sie zögern nicht, nach der Versuch-und-Irrtum-Methode vorzugehen, um zu einer Entscheidung zu kommen. Introvertierte hingegen verbrauchen Energie, wenn sie sich sozial engagieren, und brauchen Zeit für sich alleine, um ihre Batterien wieder aufzuladen. Introvertierte finden Anregungen in sich selbst und sprechen selten, ohne vorher nachgedacht zu haben. Bevor sie eine Entscheidung treffen, wägen sie alle Optionen sorgfältig ab.

Extrovertierte unterhalten eine Vielfalt an Beziehungen, die jedoch alle eher relativ oberflächlich sind. Introvertierte andererseits haben wenige Beziehungen, diese sind jedoch durch mehr Tiefe gekennzeichnet. Introvertierte, die sich mit Extrovertierten verabreden, sind üblicherweise auf der Suche nach einer engeren Beziehung, auf die sich Extrovertierte weniger gerne einlassen. Diese Unmöglichkeit, eine für beide Seiten gleichsam zufriedenstellende Verbindlichkeit zu erreichen, betont die Verschiedenartigkeiten, die letztlich die gegenseitige Anziehung reduzieren.

Extrovertierte nutzen den Bewusstseinsstrom, um zu kommunizieren. Was sie denken, sagen sie sogleich. Diese Spontaneität bringt Extrovertierte oft in Schwierigkeiten, insbesondere mit Introvertierten, die erst denken und dann reden und leichter durch Dinge in Verlegenheit gebracht werden, die von einem extrovertierten Menschen ausposaunt werden, von ihnen aber als persönliche Information betrachtet werden. Wenn Sie introvertiert sind und sich eventuell mit einem extrovertierten Menschen einlassen wollen, sollten Sie bei den Worten, die dem Extrovertierten aus dem Mund purzeln, auf Überraschungen gefasst sein.

In der Regel verhalten sich Introvertierte und Extrovertierte in sozialen Situationen unterschiedlich. Extrovertierte sind eher aufgeschlossen, auch wenn sie viele Leute nicht kennen. Introvertierte andererseits fühlen sich in größeren Gruppen mit Leuten, die ihnen nicht vertraut sind, eher unwohl. Wenn Introvertierte in Gesellschaft von Freunden sind oder sich mit ihrer Umgebung wohlfühlen, können sie so kontaktfreudig werden wie Extrovertierte (zumindest eine Zeit lang).

Eine Methode, um herauszufinden, ob jemand extrovertiert ist, besteht darin, einen Satz anzufangen und dann absichtlich ein paar Sekunden zu pausieren. Extrovertierte vervollständigen den Satz normalerweise für Sie. Introvertierte tun das nicht. Dieselbe Methode kann genutzt werden, um zu bestimmen, ob Sie einen guten Kontakt zu einer introvertierten Person haben herstellen können. Introvertierte, die sich mit den Leuten, mit denen sie zusammen sind, wohlfühlen, ergänzen Sätze häufig genauso wie Extrovertierte. Der Unterschied in der Anwendung der Methode liegt darin, dass Sie damit Extrovertierte identifizieren können, selbst wenn Sie nicht wissen, ob die Person, mit der Sie sprechen, introvertiert oder extrovertiert ist. Um das Verhältnis zu einer introvertierten Person zu testen, müssen Sie erst festgestellt haben, dass es sich um eine introvertierte Person handelt.

Ich erinnere mich an einen Fall, in dem ich monatelang ermittelte. Akribisch wurden ausreichend persönliche und biografische Informationen gesammelt, um den Persönlichkeitstyp des Tatverdächtigen zu bestimmen. Auf dieser Information basierend erarbeitete ich eine Ermittlungsstrategie, die genau auf die Persönlichkeit des Tatverdächtigen zugeschnitten war. Der Schlüssel zum Erfolg der Operation war unsere Sekretärin. Ihre Aufgabe war es, den Verdächtigen anzurufen, um das Verfahren einzuleiten. Ich übte mit der Sekretärin, bis sie sich in ihrer Rolle wohlfühlte. Sie tätigte den Anruf, aber der Tatverdächtige schluckte den Köder nicht sofort. Ich ermunterte sie, den Tatverdächtigen in ein zwangloses Gespräch zu verwickeln, um ihn in Sicherheit zu wiegen. Das Gespräch wurde sehr zwanglos, und der Verdächtige entspannte sich, die Sekretärin leider ebenfalls. Der Tatverdächtige fragte die Sekretärin, wo sie arbeite. Sie platzte heraus: »Ich arbeite für das FBI.« Damit endete die Undercover-Operation. Aufgrund ihrer extrovertierten Art hatte die Sekretärin gesprochen, ohne vorher nachzudenken.

Persönlichkeit und Anschaffungen

Wenn Sie im Verkauf tätig sind, sollten Sie berücksichtigen, ob Ihr Kunde extrovertiert oder introvertiert ist, bevor Sie Ihr Verkaufsargument vorbringen. Sorgen Sie dafür, introvertierten Kunden Zeit zu lassen, über Ihr Angebot nachzudenken. Introvertierte nehmen Informationen auf, überlegen hin und her und kommen dann zu einer Entscheidung. Drängt man Introvertierte zu einer schnellen Entscheidung, fühlen sie sich eventuell gezwungen, Nein zu sagen, weil sie sich mit sofortigen Entscheidungen unwohl fühlen. Extrovertierte hingegen können in gewissem Maß gedrängt werden, Ihr Produkt »jetzt gleich« zu kaufen, weil sie sich mit impulsiven Entscheidungen wohler fühlen.

Nur selten legen Menschen komplett extrovertierte oder introvertierte Merkmale an den Tag. Die Persönlichkeitszüge liegen irgendwo in der Mitte. Es gibt tatsächlich Menschen, die praktisch die gleiche Menge an extrovertierten und introvertierten Merkmalen aufweisen, bei den meisten Leuten jedoch ist eine Seite ausgeprägter, und sie verhalten sich entsprechend.

Introvertierte können, falls erforderlich, wie Extrovertierte handeln. Wenn ein Introvertierter beispielsweise einen Job hat, bei dem er kontaktfreudig und gesellig sein muss, so schafft er das, auch wenn es für ihn anstrengender ist, sich so zu verhalten, als für einen von Natur aus extrovertierten Menschen. Außerhalb des Jobs werden diese Menschen wieder introvertiert. Diese beiden gegensätzlichen Lebensstile geraten selten in Konflikt, weil die Arbeitswelt und die private Welt sich normalerweise nicht überlappen.

Wenn Introvertierte bei der ersten Begegnung wie Extrovertierte agieren, ist es für die andere Person oft ein Schock, wenn die Beziehung fortgesetzt wird und die Introvertierten zu ihrem »normalen« Verhalten zurückkehren. Es ist deutlich besser, bei einem ersten Treffen seine wahre Natur zu enthüllen, als sich in ein Dr. Jekyll-Mr. Hyde-Spiel einzulassen, wenn man gesunde und starke Beziehungen entwickeln möchte.

Das Gesetz der gegenseitigen Ergänzung

Die Menschen bekommen gerne Komplimente. Dadurch sind sie mit sich zufrieden und haben dadurch auch Ihnen gegenüber gute Gefühle. Das Ergebnis: Die Chancen stehen besser, eine Freundschaft anzufangen oder eine bestehende Freundschaft zu stärken.

Lob und Komplimente sollten aufrichtig und verdient sein, um ihre Wirkung zu zeigen. Jemandem ein Kompliment zu machen, wenn Sie selbst nicht glauben, was Sie sagen, oder wenn der Empfänger des Lobs dieses nicht verdient hat, ist für den Aufbau einer guten Beziehung kontraproduktiv und verlogen (das Gegenteil von Vertrauen aufbauen).

Der Autor Steve Goodier formuliert es so: »Aufrichtiges Lob und Komplimente kosten nichts und können viel bewirken. Sie sind in jeder Beziehung der Applaus, der erquickt.« Nutzen Sie Komplimente, wenn Sie die Gelegenheit dazu bekommen; sie funktionieren und sind ein wirksames Handwerkszeug im »Werkzeugkasten« des Freundschaftsaufbaus.

5

Die Sprache der Freundschaft sprechen

Letztlich ist das verbindende Element jeder Partnerschaft, ob in einer
Ehe oder Freundschaft, das Gespräch.

———

OSCAR WILDE

In Kapitel 2 haben Sie erfahren, dass Sie sich über die nonverbale Kommunikation mit jemandem anfreunden können. In gewisser Weise wirken diese »freundschaftlichen Signale« wie Schneepflüge, die Ihnen den Weg frei räumen, um auf die Person Ihres Interesses zuzugehen und dabei einen guten ersten Eindruck zu machen. Lächeln und Schieflegen des Kopfes alleine sind allerdings nicht ausreichend, um eine Beziehung aufrechtzuerhalten. Hierzu ist die verbale Kommunikation erforderlich, und die Worte, die Sie sprechen und die zu Ihnen gesprochen werden, spielen nicht nur eine große Rolle beim Sich-Anfreunden, sondern beeinflussen auch die Länge und Intensität der Freundschaften, die Sie gewinnen.

Wenn Sie sich nur eine Sache merken, wie Sie durch verbale Kommunikation Freunde gewinnen können, dann bitte diese hier: *Je mehr Sie die andere Person zum Sprechen ermuntern können, je mehr Sie ihr aufmerksam zuhören, Empathie zeigen und auf ihre Bemerkungen positiv reagieren, desto größer ist die Wahrscheinlichkeit, dass diese Person sich gut fühlt (goldene Regel der Freundschaft) und als Ergebnis daraus Gefallen an Ihnen findet.* Das bedeutet, wenn ich mir wünsche, Sie als Freund/Freundin zu haben, werde ich Ihnen zu verstehen geben, dass ich an dem interessiert bin, was Sie zu sagen haben, und Ihnen jede Menge Zeit geben, es zu sagen.

Großartige Erfindung, gute Absicht, falscher Hinweis, scharfe Meinungsverschiedenheit

Nehmen Sie einmal folgendes Szenario an, das sich ohne Weiteres an jedem beliebigen Tag in irgendeiner Firma irgendwo auf der Welt so abspielen könnte. Es illustriert, welche Macht die verbale Kommunikation auf die Erfolgswirksamkeit einer Beziehung hat. Zudem demonstriert es, wie die von uns verwendeten Worte den Unterschied zwischen Erfolg und Scheitern ausmachen, wenn es um das Schließen von Freundschaften und das Erreichen unserer Ziele geht.

Stacey, die kürzlich ihren Hochschulabschluss gemacht hat, hat einen begehrten Job in einer angesehenen chemischen Firma bekommen. Sie erfüllt jede ihr übertragene Aufgabe mit Begeisterung und Geschick. Sie hält sich über neue Entwicklungen in dem Bereich auf dem Laufenden und sucht stets nach neuen und kostengünstigeren Methoden, um den Reingewinn der Firma zu fördern.

Eines Tages entdeckt Stacey eine innovative Methode, um die Kosten für die Herstellung einer bestimmten Chemikalie zu senken. Die Methode ist ein wichtiger Durchbruch, und sie geht direkt zu ihrem Vorgesetzten, um über ihren Fund zu berichten.

Sie kann ihre Aufregung kaum beherrschen, als sie das Büro ihres Chefs betritt, und noch bevor sie richtig Platz genommen hat, sprudelt die gute Nachricht aus ihr heraus: »Sie haben diese Chemikalie bisher völlig falsch hergestellt. Ich habe eine neue und billigere Methode dafür gefunden!«

Zu Staceys großer Bestürzung wischt ihr Chef ihre Entdeckung mit einer Handbewegung fort und ermahnt sie, sich auf die ihr zugewiesene Arbeit zu konzentrieren. Niedergeschmettert geht Stacey in ihr Büro zurück und schwört sich, nie wieder die Initiative zu ergreifen.

Leider hat Stacey nie verstanden, warum ihre Idee abgelehnt wurde. Eigentlich waren ihre Absichten gut, aber die Art und Weise, in der sie ihre Idee kommunizierte, war weder gut durchdacht noch angemessen. Bei der Kommunikation geht es um sehr viel mehr als um das Übermitteln von Ideen, dazu gehört auch, wie die Ideen in echten Situationen übermittelt werden. Stacey versäumte es, einige grundlegende psychologische Lehren der erfolgreichen Kommunikation zu berücksichtigen. Bei ihrer Äußerung gegenüber ihrem Chef machte Stacey mehrere Kommunikationsfehler, die dazu führten, dass ihr Chef ihre Idee ablehnte.

1. **»Wenn ich recht habe, liegst du falsch.«** Selten bedenken die Leute die wechselseitigen Qualitäten von Äußerungen wie »Ich habe recht« oder »Meine Vorgehensweise ist besser«. Wenn Sie recht haben, wird automatisch davon ausgegangen, dass die andere Person nicht recht hat. Wenn Ihre Vorgehensweise besser ist, wird automatisch davon ausgegangen, dass die Vorgehensweise der anderen Person schlechter ist. Das »Ich habe recht und du liegst falsch«-Muster zwingt die Leute dazu, eine defensive Haltung anzunehmen, um ihr Ego oder ihren Ruf zu schützen. Eine Person, die durch solche Äußerungen in die Defensive gedrängt wird, ist weniger bereit, neue Gedanken in Erwägung zu ziehen, geschweige denn, sie zu übernehmen.

2. **Wir gegen euch oder ich gegen Sie.** Stacey verwendete die Pronomen Sie und ich. Die Verwendung dieser Pronomen schafft eine gegnerische Situation. Das »Sie und ich«-Muster spielt eine Person gegen die andere aus. In Staceys Fall schuf sie unabsichtlich eine feindliche Beziehung zwischen sich und ihrem Chef. Feindliche Situationen bringen Sieger und Verlierer hervor. Sieger erobern, Verlierer bleiben zurück und können ihre Wunden lecken. Feindliche Beziehungen laden zum Wettbewerb ein, was mit negativen Gefühlen einhergeht, die für eine effektive Kommunikation nicht förderlich sind.

3. **Kognitive Dissonanz**. Eine kognitive Dissonanz wird erzeugt, wenn eine Person an zwei oder mehr widersprüchlichen Überzeugungen gleichzeitig festhält. Wenn Menschen eine kognitive Dissonanz erleben, ist das nicht angenehm: Sie werden frustriert, wütend und erleben ein gestörtes psychisches Gleichgewicht. In Staceys Situation war es so, dass sie unbeabsichtigt bei ihrem Vorgesetzten eine kognitive Dissonanz verursachte. Wenn Stacey recht hat, hat ihr Chef nicht recht. Wenn Stacey recht hat, ist sie schlau, und ihr Chef ist nicht schlau. Menschen, die eine kognitive Dissonanz erleben, haben mehrere Optionen, um wieder ins Gleichgewicht zu kommen. Im Fall von Stacey konnte ihr Chef einräumen, dass sie recht hat und er nicht. Oder er konnte Stacey davon überzeugen, dass seine Methode korrekt ist und ihre Methode nicht realisierbar ist. Schließlich konnte er Stacey als noch unfertige, wohlmeinende Angestellte wegschicken, die auf ihren Platz verwiesen werden musste. Staceys Chef wählte diese letzte Option, um seine Dissonanz zu lösen. Wenn jemand eine kognitive Dissonanz erlebt, führt dies selten zu einem positiven Ergebnis.

4. **Ego**. Der Mensch ist von Natur aus egozentrisch und hält sich für den Mittelpunkt der Welt. Stacey bewies ihren Selbst-Fokus, als sie das Wort »ich« verwendete. Sie stellte sich über ihren Chef und griff damit unbeabsichtigt sein Ego an. Angesichts einer solchen Herausforderung war sein Denkprozess vorhersehbar. »Ich bin seit 20 Jahren Chef. Was bildet sich diese unerfahrene Rotznase, die frisch von der Uni kommt, ein, wer sie sei? Sie soll erst einmal Erfahrungen sammeln, bevor sie in mein Büro stürmt und mir erzählt, dass ich zwei Jahrzehnte lang etwas falsch gemacht habe. Sie soll zurückgehen in ihr Büro und das machen, was ihr aufgetragen wurde.« In diesem Beispiel hat das Ego des Chefs den gesunden Menschenverstand und den wichtigen Reingewinn der Firma übertrumpft. Egos haben mehr Menschen verletzt und mehr gute Ideen torpediert, als man eingestehen möchte.

Lernen, das eigene Ego in Schach zu halten

Anstatt zu sagen: »Sie haben diese Chemikalie bisher völlig falsch hergestellt, ich habe eine neue und billigere Möglichkeit gefunden«, hätte Stacey
für ihre Kommunikation psychologisch einwandfreie Prinzipien anwenden müssen. Eine angemessenere Art, ihren Chef über den signifikanten
Durchbruch zu informieren, wäre beispielsweise gewesen:

»Chef, ich hätte gerne Ihren Rat zu einer Sache, die unsere Firma profitabler machen könnte.«

Ihren Vorgesetzten mit »Chef« anzusprechen zeigt Respekt und
demonstriert, dass Stacey ihren Boss als Vorgesetzten sieht. Der Einleitungssatz »ich hätte gerne Ihren Rat ...« erreicht fünf Ziele. Erstens schafft
Stacey eine einschließende Atmosphäre. Der Chef fühlt sich so, als sei er
in den Prozess eingebunden. Zweitens wird eine kognitive Dissonanz vermieden, was die Wahrscheinlichkeit erhöht, dass der Chef für neue Ideen
offen sein wird. Drittens wird seine Illusion des Selbst-Fokus unterstützt.
Der Chef wird wahrscheinlich denken: »Natürlich, Stacey braucht meinen
Rat, weil ich intelligent bin und auf 20 Jahre Erfahrung zurückblicken
kann.« Viertens könnte dieser Einleitungssatz eine Mentor-Mentee-Bezie-
hung fördern. Wird dies erreicht, wird Staceys Erfolg auch zu einem Erfolg des Chefs. Fünftens fühlt sich der Chef gut, wenn Stacey ihm Respekt
entgegenbringt und seine Kompetenz anerkennt. Damit kommt wieder die
goldene Regel der Freundschaft ins Spiel: »Wenn Sie dafür sorgen, dass jemand sich gut fühlt, wird diese Person Sie mögen.«
Leute, die Sie mögen, werden wahrscheinlich offener für Ihre Vorschläge
sein. Die Formulierung »unsere Firma« signalisiert, dass Stacey emotionalen Anteil an der Firma hat und ein Teamplayer ist. Ihre Äußerung »macht
unsere Firma profitabler« ist sehr reizvoll, insbesondere, wenn man dem
Chef einen besseren Reingewinn zuschreibt. Wenn der Chef seinen Rat
erteilt, übernimmt er einen Teil des Eigentumsrechts an der Idee oder dem
vorgeschlagenen Projekt. Wenn Leute das Gefühl haben, Miteigentümer einer guten Idee oder eines Projekts zu sein, fördern sie es mit Begeisterung.

Der Ruhm und alles, was damit zusammenhängt

Der Nachteil für Stacey, wenn sie die von uns empfohlene Äußerung ihrem Chef gegenüber verwendet, ist, dass sie den Ruhm mit allem, was damit zusammenhängt, mit ihm teilen muss. Das mag auf den ersten Blick nicht fair oder angenehm erscheinen, da die Idee von Stacey kam und sie das Gefühl hat, sie sollte die Lorbeeren ernten. Das Problem ist, dass die Leute meistens nicht den Vorteil berücksichtigen, wenn sie den Ruhm teilen: Ruhm ist schnell vergänglich, Wohlwollen hingegen hat eine lange Lebensdauer. Eine gute Idee ergibt einen großen Teller, der in viele Stücke aufgeteilt werden kann. Verteilen Sie diese Stücke großzügig, steigt Ihre Beliebtheit, andere stehen in Ihrer Schuld und werden zu Ihren Verbündeten, wenn Sie irgendwann einmal ihre Hilfe brauchen, um Erfolg zu haben.

Die Katze, die Maus und das Metronom

Besonders für Extrovertierte kann es schwierig sein, dem zuzuhören, was eine andere Person sagt. Extrovertierte sind so mit dem beschäftigt, was sie selbst sagen möchten, wobei sie den Sprechenden auch unterbrechen oder ihre Gedanken wandern lassen, dass sie gar nicht hören, was gesagt wird. Dass jemand auf die Botschaft eines anderen nicht entsprechend reagieren kann, wenn er diese gar nicht empfängt und verarbeitet, liegt auf der Hand. Ist es wirklich möglich, die Rede eines anderen »auszublenden« und nicht zu hören? Allerdings, das wies man bei einem Versuch nach, der vor über einem halben Jahrhundert durchgeführt wurde.

Psychologen führen einige recht seltsame und moralisch zweifelhafte Versuche mit Tieren durch. Bei dieser speziellen Untersuchung wurden einer Katze Elektroden in das Hörzentrum im Gehirn implantiert. Anschließend fütterte man die Katze einige Tage nicht, sodass sie großen Hunger hatte. Sobald die Katze verkabelt und ausgehungert war, setzte man sie zusammen mit einem Metronom, einem Gerät, das ein regelmäßiges Klick-geräusch von sich gibt, in einen Raum. Ebenfalls in dem Raum befand sich ein Oszillograph, der Geräusche auf einem Display in Leuchtimpulse über-trägt, ähnlich wie der Herzschlag auf einem sich bewegenden Papier durch Zackenlinien dargestellt wird.

Was geschah nun? Jedes Mal, wenn das Metronom ein Klickgeräusch von sich gab, wurde es von der Elektrode im Gehirn der Katze aufgenom-men, und auf dem Display des Oszillographen zeigte sich ein Blinkzeichen. Die Katze hörte das Klickgeräusch. Aber lohnt es sich dafür, eine Katze hungern zu lassen und sie einer Operation zu unterziehen?

Das Experiment ging noch weiter. Man setzte eine Maus in den Raum. Sofort wandte die Katze ihre Aufmerksamkeit der potenziellen Mahlzeit zu und beobachtete jede Bewegung des Nagers mit großem Interesse. Und nun die große Überraschung: Das Display des Oszillographen zeigte nichts mehr an! Das Metronom gab weiterhin das Klickgeräusch von sich, das Geräusch drang weiterhin ins Ohr der Katze, aber irgendwie konnte das Tier dieses Geräusch im Gehirn ausblenden. Die Katze war so auf die Maus fokussiert, dass sie die Geräusche, die sie eigentlich »hörte«, ausblenden konnte.

So wie bei dieser Katze ist es auch beim Menschen. Wir können aus-blenden, was jemand sagt. Fazit: Wenn jemand etwas zu einer anderen Person sagt, garantiert dies nicht, dass der Zuhörer auch aufnimmt, was gesagt wird.

Um wirklich zu hören, was jemand sagt, muss man dessen verbalen Äußerungen Aufmerksamkeit schenken. Dies wird als aktives Zuhören be-zeichnet und sollte praktiziert werden, wenn verbale Kommunikation als Mittel zum Aufbau neuer Freundschaften genutzt werden soll.

Beim Anknüpfen und Aufbau von Freundschaften durch verbale Kommunikation halten Sie sich an das Stichwort **LOVE** (**Listen** = Zuhö-ren, **Observe** = Beobachten, **Vocalize** = Aussprechen und **Empathize** = Nachempfinden).

Regel 1 – Zuhören: Seien Sie aufmerksam, wenn jemand spricht, um das Gesagte bewusst aufzunehmen

Zuhören ist mehr, als einfach nur still zu sein, während die Person, für die Sie sich interessieren, spricht. Es beinhaltet auch, dass Sie sich auf das Gesagte voll konzentrieren. Es besteht immer die Versuchung, die Gedanken abschweifen zu lassen, weil wir etwa viermal schneller denken können, als eine Person normalerweise spricht. Geben Sie dieser Versuchung nicht nach.

Der Sprechende bemerkt, wenn jemand nicht zuhört. Die beste Möglichkeit, sich auf die Rede zu konzentrieren und dem Sprechenden gleichzeitig nonverbal mitzuteilen, dass Sie dem Gesagten aufmerksam folgen, ist das Halten von Augenkontakt. Dies ist zudem ein freundschaftliches Signal, das zum Aufbau einer stärkeren Bindung beiträgt. Hierzu müssen Sie den Sprechenden nicht anstarren; halten Sie jedoch etwa zwei Drittel bis drei Viertel der Zeit, die er oder sie spricht, Augenkontakt, um das rechte Maß an Verbindung herzustellen und zu zeigen, dass Sie dem Gesagten folgen. Bemühen Sie sich, den Sprechenden *nicht* zu unterbrechen. Extrovertierte müssen besonders sorgfältig darauf achten, dies nicht zu tun, da sie dazu neigen, mit dem Sprechen zu beginnen, bevor der Sprechende geendet hat, und sogar dessen Satz zu vervollständigen, um das Wechselseitige der Unterhaltung zu beschleunigen.

Der Mensch mag andere Menschen, die ihn reden lassen, vor allem über sich selbst. Wie ein unbekannter Autor einmal sagte: »Freunde sind diese seltenen Wesen, die dich fragen, wie es dir geht, und sich dann auch die Antwort anhören.« Ein weiser Rat!

Eine empathische Bemerkung ist das perfekte Hilfsmittel, um zu zeigen, dass Sie der anderen Person zuhören. Um eine gute empathische Bemerkung zu formulieren müssen Sie aufnehmen, was die Person sagt, oder ihre emotionale oder körperliche Disposition wahrnehmen. Ein Umschreiben dessen, was die Person gesagt hat, hält den Fokus auf dieser Person. Wenn Sie beispielsweise in einem Kaufhaus Hilfe benötigen und beobachten, dass eine Verkäuferin/ein Verkäufer müde aussieht, werden Sie die Dienstleistung möglicherweise nicht wie erhofft erhalten. Um die Wahrscheinlichkeit für einen besseren Service zu erhöhen, könnten Sie eine empathische Bemerkung formulieren wie: »Sie scheinen einen arbeitsreichen Tag gehabt zu haben.« Oder: »Das war schon ein langer Tag. Sieht so aus, als hätten Sie bald Feierabend.« Diese empathischen Bemerkungen zeigen der Verkäuferin/dem Verkäufer, dass Sie sich die Zeit genommen haben, ihre persönliche Disposition zu bemerken, und sorgen dafür, was noch wichtiger ist, dass sie/er sich dadurch gut fühlt. Während beiläufiger Unterhaltungen hören die Leute der gerade sprechenden Person häufig nicht genau zu.

Selbst eine langweilige Unterhaltung kann durch empathische Äußerungen aufgewertet werden. Ihr Kollege erzählt beispielsweise begeistert über seinen Wochenendausflug an einen See. Wenn Sie nicht zusammen mit diesem Kollegen an dem See waren, wird sie dies nicht sonderlich interessieren. Eine empathische Bemerkung wie: »Klingt ganz so, als hätten Sie den Ausflug wirklich genossen« teilt dem Erzählenden mit, dass Sie zuhören und sich für das Erzählte interessieren. Empathische Äußerungen sind die Würze aller Unterhaltungen. Wenn Sie sich empathische Bemerkungen angewöhnen, zwingen Sie sich dadurch selbst, anderen sorgfältiger zuzuhören. Folglich werden diese sich gut fühlen und Sie mögen.

Bedenken Sie, dass die Leute gerne über sich selbst sprechen und sich gut fühlen, wenn jemand zuhört, während sie ihre Gedanken in Worte fassen. Wenn Sie dafür sorgen können, dass sich jemand gut fühlt, werden Sie diese Person eher für sich gewinnen können und von ihr als Freund akzeptiert werden.

Vertrauen aufbauen in weniger als zehn Minuten

So lautete der Titel eines Artikels des Anästhesiologen Scott Finkelstein. Darin beschreibt er, was es bedeutet, täglich mit den Problemen von Leben und Tod konfrontiert zu sein, und betont, wie wichtig die Kommunikation zwischen Arzt und Patient beim Umgang mit medizinischen Krisen ist. »Ich schenke jedem Patienten meine volle Aufmerksamkeit«, erklärt Dr. Finkelstein. »Ich halte Augenkontakt. Ich höre zu. Ich erkenne die Gefühle der Patienten an ... Die Angst schmilzt dahin. Und dann vertrauen sie mir. Das alles in weniger als zehn Minuten.«

Wenn Sie einer Person die Gelegenheit zum Reden geben, wenn Sie zuhören, ohne den anderen zu unterbrechen, und wenn Sie nonverbale Hinweise geben, dass Sie sich für das Gesagte interessieren, können Sie einen gewaltigen Vorteil erzielen, ob nun beim Vertrauensgewinn eines Patienten oder in einer Freundschaft.

Regel 2 – Beobachten: Achten Sie bei jeder verbalen Interaktion darauf, den anderen zu beobachten bevor, während und nachdem Sie Informationen bekommen oder übermitteln

Bei jeder Interaktion mit einem anderen Menschen findet die Kommunikation auf zwei Ebenen statt: verbal und nonverbal. Bevor, während und nach einer verbalen Interaktion ist es wichtig, dass Sie die nonverbalen Signale und die Körpersprache des anderen *beobachten*, denn diese können als Barometer dienen, um zu beurteilen, ob eine Unterhaltung angemessen ist, wie sie vorankommt und welchen Einfluss sie hatte, nachdem sie beendet ist. Diese Signale können aber auch als Warnung dienen, falls etwas gesagt wurde, das ein Teilnehmer der Unterhaltung als anstößig findet. Lehnt sich jemand zurück, verschränkt die Arme über der Brust und presst die Lippen zusammen, so sind dies deutliche nonverbale Indikatoren, dass die Unterhaltung nicht sonderlich gut aufgenommen wird. Die Leute neigen dazu, zu Dingen, die sie nicht sehen oder hören wollen, auf Abstand zu gehen. Es ist das Gegenteil des nonverbalen Hinweises des Vorbeugens, den wir bereits weiter oben besprochen haben. Das Verschränken der Arme über der Brust ist eine abblockende Geste, die darauf hinweisen könnte, dass diese Person symbolisch und physisch abblocken möchte, was sie sieht oder hört. Weitere Anzeichen für ein Abrücken sind, wenn der andere im Raum umherschaut, auf die Uhr blickt, als wolle er sagen »Die Zeit ist um«, oder Füße, Rumpf oder beides in Richtung Tür wendet. Wenn Sie sehen, dass die andere Person anfängt, sich von der Unterhaltung zurückzuziehen, wechseln Sie das Thema. Vielleicht verwenden Sie zu viel Zeit darauf, über Sie selbst zu reden und sich nicht auf die andere Person zu konzentrieren.

Es ist wichtig, das nonverbale Verhalten zu beobachten, noch bevor der Versuch einer Unterhaltung unternommen wird. Damit endet jedoch die Bedeutung des Beobachtens nicht. Sollten die nonverbalen Hinweise einer Person signalisieren, dass eine Unterhaltung passend ist, beginnen Sie damit. Nehmen Sie dies jedoch nicht zum Anlass, Ihre Beobachtung zu beenden! Das ständige Beobachten während einer verbalen Interaktion ist entscheidend, um potenzielle Probleme zu erkennen, die sonst unbemerkt bleiben könnten.

Das trifft besonders zu, wenn es um »Wort-Minen« geht.

Worte haben für verschiedene Menschen verschiedene Bedeutungen. Werden solche Worte benützt, können sie, wie Landminen, eine sich entwickelnde Beziehung in die Luft sprengen. Wenn ein Gesprächsteilnehmer von einer solchen Wort-Mine beleidigt wird, spricht er normalerweise nicht über sein Unbehagen, sondern fängt einfach an, sich von dieser Beziehung zu distanzieren und/oder sie zu beenden. Das nonverbale Verhalten gibt jedoch häufig einen eindeutigen Hinweis darauf, dass etwas Störendes gesagt wurde. Das kann ein Zusammenzucken sein, ein schockierter oder überraschter Gesichtsausdruck, ein Schritt rückwärts. Jemand, der Informationen auf verbaler und nonverbaler Ebene verarbeitet, wird solche Signale aufnehmen und kann den Tag häufig retten, indem er fragt, ob er etwas Beleidigendes gesagt hat, und in diesem Fall dem Zuhörenden versichern, dass dies sicher keine Absicht war. Eine darüber hinausgehende Klärung, was das Wort des Anstoßes für jeden der beiden Gesprächsteilnehmer bedeutet, kann in der Regel alle negativen Gefühle ausräumen, und die Unterhaltung kann in positivem Ton wieder neu beginnen. Das Risiko bei Wort-Minen ist, dass man nicht weiß, welche emotionalen Bedeutungen jemand anders diesen an sich unverfänglichen Worten beimisst.

Habe ich etwas Falsches gesagt?

Ein Freund hielt vor einer Gruppe von Seminarteilnehmern eine Vorlesung über Interviewmethoden. An einer Stelle sagte er: »Die Leute müssen mehr zuhören als reden. Der Beweis dafür ist, dass Gott Ihnen zwei Ohren und nur einen Mund gegeben hat, daher sollten Sie doppelt so lange zuhören, wie Sie sprechen.«

Während der Mittagspause kam die Veranstalterin in den Bankettsaal und informierte meinen Freund darüber, dass bei der Equal Employment Opportunity Commission (amerikanische Bundesbehörde mit dem Auftrag, Diskriminierung in Beschäftigung und Beruf zu beenden) eine Beschwerde gegen ihn eingereicht worden sei. Der Vorfall würde genau untersucht werden. Mein Freund war wie vom Donner gerührt. Er hatte keine Ahnung, wer eine solche Anzeige erstattet haben könnte und warum.

Es stellte sich heraus, dass einer der Teilnehmer einen Sohn hatte, der mit nur einem Ohr auf die Welt gekommen war, und als mein Freund die Bemerkung über die »zwei Ohren und einen Mund« machte, hatte der Vater gedacht, mein Freund mache sich über sein Kind lustig.

Als mein Freund über die Umstände der Beschwerde erfahren hatte, erklärte er der Veranstalterin, seine Bemerkung sei eine Binsenweisheit und seit Jahrzehnten in Umlauf, und er habe damit niemanden kränken wollen.

Die Veranstalterin rührte das nicht. »Wenn der Vater beleidigt ist«, sagte sie, »dann müssen wir uns mit seiner Sichtweise befassen, ob Sie diese Bemerkung nun für beleidigend halten oder nicht.«

Mein Freund empfand die gesamte Situation als lächerlich. Er fand nicht, dass er irgendetwas falsch gemacht hätte, und wollte sich bei dem Vater nicht für etwas entschuldigen, was er als absolut akzeptable Aussage ansah.

Die Veranstalterin blieb unnachgiebig. »Wenn Sie diesen Beraterjob behalten möchten, müssen Sie sich bei dem Vater entschuldigen.«

Vor dieses Ultimatum gestellt, entschied mein Freund, Vorsicht sei besser als Nachsicht, und entschuldigte sich bei dem unglücklichen Vater.

Wenn nicht alles schwarz-weiß ist

Der Unterrichtsraum scheint eine besonders förderliche Umgebung für Wort-Minen zu sein, die einen arglosen Dozenten aus dem Konzept bringen können. Zwei Gründe dafür sind die Unterschiedlichkeit der heutigen Studentenschaft und die größere Anzahl an Bewerbern für jeglichen Kurs. Wenn es um Rassenfragen geht, müssen sich die Lehrer vorsichtig und wie auf Zehenspitzen durch ihre Vorlesungen bewegen und darauf achten, durch die Verwendung von Worten oder Sätzen, die für verschiedene Studenten verschiedene Bedeutungen haben, auf keine Wort-Minen zu treten. In einer Klasse gelang es mir einmal nicht, meinen Laptop hochzufahren. Jedes Mal, wenn ich ihn anschaltete, war nur ein schwarzer Bildschirm zu sehen. Daher fragte ich meine Studenten: »Weiß hier irgendjemand, wie man dieses Ding zum Laufen bekommt?« Ein Student nickte, ging zu meinem Laptop, nahm ein paar Änderungen vor und gab ihn mir zurück. Ich sagte: »Gut, jetzt ist der Bildschirm weiß, und weiß ist schon mal besser als schwarz.«

Sofort störte sich ein schwarzer Student in der Klasse an meiner Bemerkung. »Sie haben gesagt, ›weiß ist besser als schwarz‹« erklärte er. »Das ist eine rassistische Bemerkung.«

Ich hatte keinerlei Absicht, eine rassistische Bemerkung zu äußern. Mir ging es lediglich darum, meinen Laptop zum Laufen zu bekommen, um meine Vorlesung halten zu können. Meine Bemerkung bezog sich darauf, wie mein Laptop funktionierte. Ein schwarzer Bildschirm bedeutete, dass der Laptop nicht hochfuhr. Ein weißer Bildschirm zeigte, dass der Laptop hochfuhr. Mit anderen Worten ist ein Laptop, der hochfährt, besser als ein Laptop, der nicht hochfährt. Mein Student jedoch hörte die Bemerkung unter einem anderen Blickwinkel, und sie löste bei ihm eine tiefe emotionale Reaktion aus. Darin liegt die Gefahr von Wort-Minen.

Eine andere Dozentin erzählte mir ein weiteres gutes Beispiel. Sie gibt einen Kurs in internationalem Management, was bedeutet, dass viele ausländische Studenten daran teilnehmen. Nachdem etwa das halbe Semester vorüber war, ging zu Beginn der Stunde ein amerikanischer Student zu einem anderen Studenten und begrüßte ihn mit den Worten: »Wie geht's, dawg (= Slang für Freund)?!« Der Empfänger dieses Grußes hätte ihn beinahe körperlich angegriffen. Es stellte sich heraus, dass der wütende Student aus dem Mittleren Osten kam, wo es als große Beleidigung gilt, jemanden als »Dog« zu bezeichnen.

Halten Sie Ausschau nach Wort-Minen und seien Sie dann bereit, die beschädigte Beziehung schnell und entschieden zu behandeln, um einen Schaden möglichst gering zu halten. Es lohnt sich, erneut darauf hinzuweisen: Das Risiko von Wort-Minen besteht darin, dass derjenige, der sie äußert, nicht weiß, welche emotionalen Bedeutungen andere diesen eigentlich unverfänglichen Worten beimessen. Wenn der Sprechende die Zuhörenden nicht beobachtet, merkt er vielleicht gar nicht, dass er jemanden beleidigt oder verletzt hat.

Selbst wenn der sprechenden Person bewusst wird, dass sie beim Zuhörer eine negative Reaktion ausgelöst hat, wird sie in den meisten Fällen dazu neigen, defensiv auf den unerwarteten emotionalen Ausbruch zu reagieren, anstatt zu versuchen, die Situation zu entschärfen. Dadurch verstärkt sich die ursprüngliche Reaktion der aufgebrachten Person leider noch. Jemand, der beim Sprechen auf eine Wort-Mine tritt und defensiv reagiert, wenn er mit einem wütenden Zuhörer konfrontiert ist, wird häufig als unsensibel und ohne Mitgefühl angesehen. Andererseits ist der Sprechende häufig verwirrt, weil er nicht weiß, wie er auf die emotionale Explosion des Zuhörers reagieren soll.

Empathische Bemerkungen eignen sich am besten, um auf die Explosion von Wort-Minen zu reagieren. Sie greifen die Gefühle einer Person auf und reflektieren sie durch die Nutzung paralleler Formulierungen. Empathische Äußerungen erkennen die Gefühle der Person an, ohne in die Defensive gehen zu müssen.

Wie Sie sich aus einem vorherigen Kapitel erinnern werden, lautet die Grundformel für eine empathische Bemerkung »Na, Sie haben/sind offenbar ...« Dieser Grundansatz richtet den Fokus auf die andere Person und weg von der Person, die auf die Wort-Mine getreten ist. Spontan neigen viele Leute dazu, etwas in der Art zu sagen wie »Ich verstehe, wie Sie sich fühlen«. Das führt dazu, dass die andere Person automatisch denkt: *»Nein, du weißt nicht, wie ich mich fühle, weil du nicht ich bist.«*

Empathische Bemerkungen erlauben es den Menschen, ihren Emotionen Luft zu machen. Sind die angestauten Emotionen erst einmal heraus, kann die Unterhaltung in der Regel wieder zu einem normalen Informationsaustausch zurückkehren. Kann eine heiße Auseinandersetzung mit einem emotionalen Menschen vermieden werden, steigt die Wahrscheinlichkeit, dass die Beziehung eine Chance hat, zu überleben und zu wachsen.

Sollten Sie einmal auf eine Wort-Mine treten, lernen Sie daraus. Bringen Sie dort im Geist eine rote Fahne an, um künftige Detonationen zu vermeiden. Es ist leider unwahrscheinlich, dass sich das Problem der Wort-Minen in naher Zukunft erledigen wird. Die virtuelle Welt, in der wir leben, ist nämlich mit gefährlichen Wort-Minen übersät. Sie können nie sicher sein, wann Sie auf eine treten werden. Es ist schwieriger, persönliche Beziehungen anzuknüpfen und zu erhalten, wenn die verbale Landschaft mit entdeckten und versteckten Wort-Minen übersät ist.

In den kommenden Jahren werden Kommunikationspannen wahrscheinlich weiter zunehmen, da die Leute zum Kommunizieren mehr und mehr auf elektronische Medien wie SMS, E-Mails und Internet-Postings zurückgreifen. Symbole wie Klammern, Punkte und Kommas, die glückliche, winkende oder überraschte Gesichter darstellen, ergänzen häufig die Aussagen, um dem Leser zusätzliche Hinweise über die wahre Bedeutung der Kommunikation zu liefern. Auch Emoticons werden verwendet, um Botschaften klarer zu machen. Ich erinnere mich an die Zeit, als SMS in Mode kamen und ich meiner Tochter einmal eine geschrieben habe. Sie antwortete auf eine meiner SMS mit den Buchstaben »LOL«. Ich schrieb zurück »Ich liebe dich auch«. Ihre Antwort war: »Ha, ha. LOL bedeutet laugh out loud.« Ich schrieb zurück: »Ich dachte, es bedeutet Lots of Love.« Ihre abschließende Antwort war: »Ich liebe dich auch, Dad.« Mein Kommunikations-Fauxpas mit meiner Tochter endete mit einem Kichern, demonstriert aber die Gefahr von Kommunikationspannen, wenn die Leute keine nonverbalen Hinweise haben, die eine Unterhaltung leiten. Wenn Sie elektronische Medien zur Kommunikation nutzen, sollten Sie keine Sarkasmen, Untertreibungen oder doppeldeutige Worte verwenden, wenn Sie Kommunikationspannen vermeiden möchten.

Einige Tipps, wie Sie Ihre verbale Kommunikation in einer von Wort-Minen übersäten Welt am besten erfolgreich gestalten können:

1. Denken Sie erst über die Worte nach, die Sie verwenden wollen, bevor Sie sie aussprechen. Prüfen Sie einen Text im Voraus auf mögliche Wort-Minen, um sie aus Ihrer Rede zu eliminieren.

2. Beobachten Sie Ihre Zuhörer, während Sie sprechen, um ungewöhnliche Reaktionen zu registrieren. Diese könnten anzeigen, dass eine Wort-Mine hochgegangen ist.

3. Gehen Sie nicht in die Defensive und werden Sie nicht böse, wenn sich ein Zuhörer über Ihren Gebrauch einer Wort-Mine aufregt (auch nicht, wenn Sie von deren Existenz gar nichts wussten).

4. Nehmen Sie sich sofort die Zeit herauszufinden, ob das Unbehagen des Zuhörers durch eine explodierende Wort-Mine verursacht wurde. Ist dies der Fall, entschuldigen Sie sich, dieses Wort oder diesen Satz gesagt zu haben, erklären Sie, dass Sie nicht wussten, dass es für den Zuhörer eine negative Nebenbedeutung hat, und versichern Sie ihm oder ihr, dass Sie es nicht wieder verwenden werden. Und dann achten Sie darauf, es auch wirklich nicht mehr zu verwenden.

Geschürzte Lippen

Niemand kann Gedanken lesen, durch die Beobachtung nonverbaler Zeichen kommt man dem jedoch nahe. Einige nonverbale Hinweise sind offensichtlicher als andere. Offensichtliche Hinweise sind für Beobachter leichter zu lesen und zu interpretieren. Ebenso sind offensichtliche Hinweise für Sprecher leichter zu kontrollieren, wodurch sie ihre wahren Gedanken tarnen können. Subtile nonverbale Hinweise sind schwerer zu kontrollieren und enthüllen mehr vertrauliche Informationen. Die Lippen sind ein Körperbereich, der solche subtilen Hinweise geben kann.

Das Schürzen der Lippen ist ein leichtes, fast unmerkliches Zusammenziehen oder Runden der Lippen (siehe Fotos Seite 170). Dieser Ausdruck signalisiert eine abweichende Meinung oder einen Widerspruch. Je ausgeprägter die Lippen geschürzt werden, desto stärker weicht die Meinung ab oder desto größer ist der Widerspruch. Geschürzte Lippen bedeuten, dass die Person etwas denkt, was dem widerspricht, was gesagt oder getan wurde.

Es ist für Sie von Vorteil zu wissen, was eine Person denkt. Der Trick ist, die Meinung dieser Person zu ändern, noch bevor sie Gelegenheit hat, ihren Widerspruch zu artikulieren. Sobald eine Meinung oder Entscheidung laut ausgesprochen wurde, wird es aufgrund des psychologischen Prinzips der Stetigkeit schwieriger, die Einstellung einer Person zu verändern. Das Treffen einer Entscheidung verursacht bis zu einem gewissen Grad Spannung. Ist die Entscheidung gefallen, baut sich die Spannung ab. Hat jemand seine Entscheidung getroffen, ist es weniger wahrscheinlich, dass er seine Einstellung ändern wird, da er sonst zugeben müsste, dass seine erste Entscheidung falsch war, was wiederum eine Spannung hervorruft. Eine einmal ausgesprochene Position beizubehalten verursacht weniger Spannung, als den Entscheidungsprozess erneut durchzumachen, unabhängig davon, wie überzeugend die Argumente für eine Meinungsänderung sein mögen. Mit anderen Worten halten Leute, die etwas ausgesprochen haben, eher daran fest.

Geschürzte Lippen.

Auf geschürzte Lippen zu achten ist auch nützlich, wenn Sie mit Ihrem Ehepartner, mit Kollegen und Freunden sprechen, da es ein universeller nonverbaler Hinweis ist, der uns sagt, was die Leute denken. Geschürzte Lippen sind jedoch kein feindliches Signal, auch jemand, der zufrieden mit Ihnen ist, kann die Lippen schürzen.

Bedenken Sie noch einmal, warum es so entscheidend wichtig ist, auf geschürzte Lippen zu achten: Sobald eine Person in der Lage ist, auf Ihren Gedanken oder Vorschlag ein »Nein« zu artikulieren oder eine negative Bemerkung zu äußern, kommt das Prinzip der »Stetigkeit« ins Spiel, das heißt, es wird für den Zuhörer sehr schwierig, von dieser verbalen Antwort abzurücken und die Meinung wieder zu ändern. Das Lippenschürzen erlaubt es Ihnen, eine drohende negative Reaktion vorherzusehen, und gibt Ihnen die Chance, diese aufzufangen, noch bevor sie ausgesprochen ist. Dadurch stehen Ihre Chancen besser, dass Ihre Idee oder Ihr Projekt angenommen wird.

Sie können dieses nonverbale Signal im Privat- oder Berufsleben nutzen, um Ihre verbale Wirksamkeit zu steigern. Nehmen Sie diese Äußerung, die Sie Ihrer Frau gegenüber machen könnten, als Beispiel:

»Schatzi, ich kann dir zeigen, wie wir uns ein Fischerboot [oder ersetzen Sie dies durch irgendetwas, was Sie gerne kaufen möchten] leisten können, damit ich angeln gehen kann.«

Während Sie nun Ihr Finanzierungsargument vortragen, sehen Sie, wie Ihre Frau anfängt, die Lippen zu schürzen. Sie hat im Kopf einen Satz formuliert, der dem widerspricht, was Sie sagen (ihre Lippen zeigen Ihnen, dass sie nicht möchte, dass Sie an ihren Geldbeutel gehen!). Nun wissen Sie, dass Sie eine weitere Rechtfertigung brauchen, bevor Ihre Frau ihren Einwand äußert, andernfalls wird ihre öffentliche Proklamation es für Sie schwieriger machen, Ihr Boot oder welche größere Anschaffung Sie eben vorhaben, zu bekommen. Natürlich funktioniert diese Methode auch andersherum.

Wenn Sie von Ihrem Chef ein Lippenschürzen ernten

Ich versuchte in meinem Job immer, finanzielle oder personelle Unterstützung für eine geplante Operation zu bekommen. Beides war knapp bemessen, und ich musste mich um diese Mittel bewerben. Ich erinnere mich, wie ich meinem Chef einmal erklärte, warum ich für ein spezielles Projekt Geld brauchte, und sah, wie er die Lippen schürzte. Nun wusste ich, dass er sich eine Entgegnung zu dem überlegte, was ich sagte, und ich musste seine Meinung ändern, bevor er die Chance hatte, Nein zu sagen. Wenn er meinen Vorschlag erst einmal öffentlich abgelehnt hatte, würde es so gut wie unmöglich sein, doch noch seine Zustimmung zu erhalten.

Bei dem Versuch, seiner verbalen Ablehnung zuvorzukommen, arbeitete ich mit einer empathischen Bemerkung. »Chef, ich wette, dass Sie diese

Idee für nicht durchführbar halten, aber lassen Sie mich erklären, warum es funktionieren wird.« Ich wusste genau, dass mein Chef mit einer speziellen Äußerung von mir ein Problem hatte. Meine Erklärung verschaffte mir etwas Zeit, auf seine Bedenken zu antworten und ihn davon zu überzeugen, dass meine Idee sinnvoll war, bevor er irgendeine mündliche Erklärung abgeben konnte, die schwieriger zurückzunehmen ist.

Wenn Sie das nächste Mal Ihrem Vorgesetzten ein Projekt oder einen Vorschlag unterbreiten, achten Sie auf ein mögliches Lippenschürzen. Wenn Ihr Chef oder Ihre Chefin während einer Präsentation die Lippen schürzt, wissen Sie, dass er oder sie bereits eine Entgegnung auf Ihren Vorschlag im Kopf hat. Sobald Sie ein Lippenschürzen bemerken, sollten Sie versuchen, die Meinung Ihres Chefs/Ihrer Chefin zu ändern, bevor der Widerspruch geäußert werden kann. Haben Sie eine empathische Bemerkung parat. Versuchen Sie es mit:»Sie scheinen nicht zu glauben, dass dies sehr sinnvoll ist. Lassen Sie mich ein paar Dinge erwähnen, die Ihnen zeigen werden, dass mein Vorschlag die beste Strategie ist.« So erkennen Sie die Zweifel Ihres Chefs/Ihrer Chefin an und präsentieren Gegenargumente, um seine/ihre Meinung zu ändern, bevor die negativen Gedanken ausgesprochen wurden.

Auf die Lippen beißen

Eine weitere Methode, um »in den Gedanken einer anderen Person zu lesen«, besteht darin, auf Lippenbeißen zu achten. Beim Lippenbeißen wird mit den Zähnen leicht auf die Ober- oder Unterlippe gebissen oder mit den Zähnen an den Lippen gezogen. Dieser nonverbale Ausdruck zeigt, dass die Person etwas zu sagen hat, jedoch aus vielerlei Gründen zögert, dies zu tun. So bewahrheitet sich das alte Sprichwort: »Sich auf die Zunge beißen«, was bedeutet, lieber den Mund zu halten und nichts zu sagen. Bei meinen Vorlesungen sehe ich häufig, dass sich jemand auf die Lippe beißt.

Das werte ich als Signal für die Notwendigkeit einer empathischen Bemerkung wie: »Sie möchten anscheinend etwas zu dem Gespräch beitragen«, um Studenten zu ermuntern, ihre Meinung zu äußern. Die meisten Studenten sind überrascht, dass ich in ihren Gedanken lesen kann, und fühlen sich gut, weil ich ihnen Aufmerksamkeit schenke.

Das Lippenbeißen.

Zusammenpressen der Lippen

Das Zusammenpressen der Lippen hat eine ähnliche Bedeutung wie das Lippenbeißen, jedoch mit einer negativeren Konnotation. Das Lippenzusammenpressen zeigt, dass die Person, mit der Sie sprechen, etwas sagen möchte, aber zögert, dies auch zu tun. Ich sah das Zusammenpressen der Lippen häufig, bevor ein Tatverdächtiger ein Geständnis abgelegt hat. Der Tatverdächtige wollte etwas sagen, presste jedoch die Lippen zusammen, um die Worte daran zu hindern, ausgesprochen zu werden.

Zusammenpressen der Lippen.

Sich an die Lippen fassen

Fasst sich jemand mit der Hand, den Fingern oder einem Gegenstand wie einem Stift oder Ähnlichem an die Lippen, zeigt dies, dass diese Person sich mit einem Thema, das besprochen wird, unwohl fühlt. Das Stimulieren der Lippen zieht die Aufmerksamkeit kurzzeitig von dem heiklen Thema ab und reduziert dadurch die innere Unruhe. Verdächtige signalisierten mir damit häufig unwissentlich, dass die soeben von mir gestellte Frage ein heikles Thema berührte oder ihnen diese unangenehm war. Wenn ich diesen stillen Hinweis bemerkte, formulierte ich eine empathische Bemerkung wie »Es scheint Ihnen etwas unangenehm zu sein, über dieses Thema zu sprechen«, um das Thema weiter zu erkunden. Der Tatverdächtige bestätigte oder leugnete, dass es ihm unangenehm war, und lieferte in den meisten Fällen Gründe dafür.

Von diesem Signal der Selbstberührung kann im geschäftlichen wie im sozialen Umfeld profitiert werden. Wenn Sie beispielsweise einem Kunden ein neues Produkt vorstellen und sehen, dass Ihr Kunde sich mit den

Fingern leicht über die Lippen fährt, beachten Sie dieses Signal. Wenn Sie diesen nonverbalen Hinweis wahrnehmen, sollten Sie eine empathische Bemerkung machen wie »Das mag etwas ungewohnt wirken, weil Sie dieses Produkt nie zuvor verwendet haben«, um dem Kunden die Möglichkeit zu geben, Bedenken oder Zweifel zu äußern, die er bezüglich des Produkts oder der Dienstleistung hat, die Sie anbieten. Sobald Sie herausgefunden haben, welche Bedenken der Kunde hat, können Sie Ihre Verkaufspräsentation entsprechend anpassen, um Ihr Produkt oder Ihre Dienstleistung erfolgreicher verkaufen zu können.

Das Berühren der Lippen zeigt, dass sich die Person
unbehaglich fühlt.

Im sozialen Umfeld lassen sich peinliche Momente vermeiden, wenn Sie die Person beobachten, mit der Sie sprechen. Wenn Sie ein heikles Thema ansprechen und sehen, dass Ihr Gesprächspartner die Lippen schürzt oder zusammenpresst, sind Sie am besten beraten, das Thema zu wechseln, bevor ein Schaden entstanden ist. Sie können unbesorgt zu dem Thema zurückkehren, wenn zwischen Ihnen und Ihrem Gesprächspartner ein ausreichend guter Kontakt hergestellt wurde.

Regel 3 – Aussprechen: Die *Art*, wie Sie etwas aussprechen, und *was* Sie aussprechen hat Einfluss darauf, wie erfolgreich Sie Freundschaften schließen und erhalten

Wie Sie etwas sagen, kann manchmal ebenso wichtig sein wie der Inhalt der Botschaft selbst. Besonders wichtig ist der Tonfall, der dem Zuhörer eine Information übermittelt, die unabhängig vom Inhalt dessen ist, was Sie sagen. Anziehung und Interesse beispielsweise werden sehr viel mehr durch den Tonfall als durch die Worte selbst kommuniziert.

Wie Sie sprechen, hat Einfluss darauf, wie die andere Person Ihre Botschaft und Sie als Person wahrnimmt

Der Tonfall kann Botschaften übermitteln, die durch Worte alleine nicht vermittelbar sind. Eine innige, tiefe Stimme vermittelt romantisches Interesse. Eine hohe Stimme drückt Überraschung oder Skepsis aus. Eine laute Stimme vermittelt den Eindruck, dass Sie überwältigt sind. Der Tonfall, den Sie Ihrer Stimme geben, kann den anderen umarmen oder ablehnen.

Auch das Tempo Ihres Sprechens beeinflusst Gespräche. Schnelles Sprechen verleiht einem Gespräch eine gewisse Dringlichkeit oder kann als Aufforderung wirken, einen langweiligen Austausch zu beenden. Ein Wort in die Länge zu ziehen kann Interesse signalisieren. In Filmen ziehen Schauspieler häufig die Begrüßung in die Länge (»Hallooo«), um ein romantisches Interesse zu signalisieren. Hingegen signalisiert eine langsame, leise und monotone Stimme mangelndes Interesse am Zuhörer oder extreme Schüchternheit des Sprechenden. Eine langsame, leise Stimme mit normalem Tonfall wiederum zeigt Sympathie. Diese Art der Kommunikation ist bei Beerdigungen oder Tragödien häufig zu hören.

Die meisten Eltern lernen es, das Verhalten ihrer Kinder durch ihren Tonfall zu kontrollieren. Wollte ich mein Missfallen ausdrücken, sprach ich mit einer tiefen, langsamen Stimme zu meinen Kindern. Wenn ich sehr verärgert war, zog ich, wie dies viele Eltern tun, Vor- und Zunamen meines Kindes sehr effektvoll in die Länge. Ein kurzes und präzises »gut« drückt Zustimmung aus.

Der Tonfall liefert den emotionalen Teil Ihrer Botschaft. Ich habe einen Chicagoer Akzent und neige dazu, die Worte sehr zu verkürzen. Wenn ich mich in Chicago aufhalte, bleibt das unbemerkt, weil alle so reden. Reise ich jedoch in andere Landesteile, nehmen die Leute dieses Wortverkürzen als überheblich und herablassend wahr. Sarkasmus kann ebenfalls fehlinterpretiert werden, wenn der passende Tonfall fehlt, der dem Zuhörer mitteilt, dass die Botschaft eine verborgene Bedeutung hat. Daher sollten sarkastische Bemerkungen in E-Mails und SMS vermieden werden.

Auch die Satzmelodie spielt in der Wechselseitigkeit einer Unterhaltung eine wichtige Rolle. Durch das Absenken der Stimme am Ende eines Satzes signalisieren Sie, dass Sie fertig gesprochen haben und nun die andere Person an der Reihe ist. Senkt ein Sprechender die Stimme am Ende eines Satzes und spricht danach weiter, wird der Zuhörende frustriert, weil er dachte, er sei nun an der Reihe. Es verletzt die goldene Regel der Freundschaft, eine Unterhaltung zu dominieren, denn dadurch bleibt die Aufmerksamkeit auf Ihre Person fokussiert anstatt auf die andere Person.

Das Wort zu ergreifen, wenn die Person, für die Sie sich interessieren, keinen Hinweis gegeben hat, dass Sie nun an der Reihe sind, kann selbst dann, wenn sie ihren Satz beendet hat, die Entwicklung einer Freundschaft hemmen. Eine Verletzung der guten Umgangsformen bei einer Unterhaltung kann Irritation hervorrufen und sich nachteilig auf die Entwicklung einer Freundschaft auswirken.

Machen Sie es sich zur Angewohnheit, bevor Sie sprechen einen kurzen Moment zu warten, dies gilt insbesondere für Extrovertierte. Durch diese Pause haben Introvertierte eine Chance, ihre Gedanken zu sammeln. Wie Sie wissen, neigen Introvertierte dazu, erst zu denken, bevor sie sprechen.

Wird ihr Denkprozess unterbrochen, werden sie leicht frustriert und haben folglich weniger Sympathie für Sie. Extrovertierten gibt diese kleine Pause Zeit, über das nachzudenken, was zu sagen sie gerade im Begriff sind. Nachdem ich mir diese Pause angewöhnt hatte, hat sie mir zahllose peinliche Momente erspart.

Was Sie sagen, hat Einfluss darauf, wie andere Ihre Botschaft und Sie selbst wahrnehmen

Dies scheint einem der gesunde Menschenverstand zu sagen, was bis zu einem gewissen Grad auch zutrifft. Hier liegt der Fokus jedoch darauf, im Interesse des Anknüpfens und Erhaltens neuer Freundschaften bestimmte Dinge oder Dinge in einer bestimmten Weise zu sagen, die Ihnen sonst nicht in den Sinn kämen. Nachfolgend ein paar verbale Strategien, um in Alltagssituationen Freundschaften zu schließen oder zu erhalten. Es sind Strategien, die Sie sonst möglicherweise ignorieren oder herunterspielen könnten.

Strategie 1: Wenn Sie recht haben und eine andere Person im Unrecht ist, sorgen Sie dafür, dass diese Person mit einem Minimum an Peinlichkeit und/oder Demütigung Ihren Wünschen nachkommen und ihr Gesicht wahren kann. Aufgrund dieses Bemühens werden Sie bei dieser Person sehr viel mehr Sympathie genießen.

Dem Menschen ist das Bedürfnis angeboren, recht zu haben, aber das Rechthaben ist mit einigen unbeabsichtigten Konsequenzen verbunden. Eine davon ist der Verlust einer Freundschaft, wenn die Person, die recht hat, der Person, die im Unrecht ist, keine Möglichkeit gibt, sich aus dieser Situation zu befreien, ohne das Gesicht zu verlieren.

Ich lernte dies auf die harte Tour, als ich vor einer Gruppe von Bewährungshelfern einen Vortrag über das Berichtschreiben hielt. Vor Beginn des Vortrags sprach ich mit mehreren Teilnehmern über ihre aktuelle Praxis des Berichtschreibens. Ein Teilnehmer bezeichnete seinen Supervisor als Schreib-Guru. Die anderen Teilnehmer stimmten zu und äußerten sich mit Bemerkungen wie: »Der kennt sich wirklich aus«, »Er ist ein Wortakrobat«, »Er nötigt uns, ein und dieselbe Sache mit unterschiedlichen Worten zu formulieren« und »Ich wüsste nicht, was wir ohne ihn täten«.

Ich blickte flüchtig zu dem Supervisor hinüber. Seine Augen strahlten, und er lächelte stolz. Die Unterhaltung und die Reaktion des Supervisors waren ein Warnzeichen, das ich erst als solches erkannte, als es zu spät war. Das Ansehen des Supervisors war eng mit seiner Identität als Sprachlehrer seiner Gruppe verknüpft. Auch innerhalb der Behörde bezog er seine Wertstellung aus diesem Ansehen als hervorragender Textverfasser.

Während meines Vortrags demonstrierte ich eine einfache, aber effektive Methode, Berichte anhand des FBI-Musters für solche Dokumente zu schreiben. Mehrere Teilnehmer äußerten, sie würden künftig dieses Modell verwenden, da es einfacher sei und das Risiko reduziere, dass ihre Berichte vor Gericht erfolgreich angefochten würden.

Ich war überrascht, als der Supervisor protestierte. Er behauptete, die Schreibmethode, die ich lehrte, könne wohl für das FBI funktionieren, sei für seine Behörde jedoch nicht geeignet. Er erklärte, er habe Englisch als Hauptfach studiert und glaube, kreative Berichte, in denen Synonyme verwendet würden, seien interessanter als Berichte, die immer wieder dieselben Worte verwendeten. Nun beging ich den fatalen Fehler, den Supervisor zu einem spontanen Rollenspiel aufzufordern, um zu beweisen, dass ich recht hatte und er folglich nicht. Ich fragte ihn, welche Synonyme er für das Verb *feststellen* verwenden würde. Er bot folgende Alternativen an: *erzählen*, *erklären* und *erwähnen*. Ich unterbrach ihn hier und bat ihn, die Rolle eines Zeugen bei Gericht zu spielen, während ich die Rolle des Strafverteidigers übernehmen würde. Er war einverstanden. Der Wortwechsel lief folgendermaßen ab:

Ich (Strafverteidiger): *Officer, bitte definieren Sie die Formulierung »er stellte fest«, die Sie in Ihrem Bericht verwendet haben.*

Supervisor (Officer): *Eine Tatsache als gesichert ausdrücken.*

Ich (Strafverteidiger): *Danke, Officer. Wie würden Sie den Begriff »erklärte« definieren, den Sie in Ihrem Bericht verwendet haben?*

Supervisor (Officer): *Über etwas sprechen.*

Ich (Strafverteidiger): *Danke, Officer. Sie wollten mit dem, was Sie geschrieben haben, also ausdrücken, dass das, was mein Mandant anfangs sagte, als sichere Tatsache geäußert wurde, und das Zweite, was mein Mandant gesagt hat, nicht mit Sicherheit erklärt wurde.*

Supervisor (Officer): *Nein, so war das nicht gemeint. Der Verdächtige hat beides als sichere Tatsache gesagt.*

Ich (Strafverteidiger): *Das haben Sie so aber nicht geschrieben. Nach Ihrer eigenen Definition der Begriffe haben Sie gesagt, dass die erste Aussage mit Sicherheit und die zweite nicht mit Sicherheit geäußert wurde. Ist das richtig?*

Supervisor (Officer): *Nein, beide Aussagen wurden als sicher geäußert.*

Ich (Strafverteidiger): *Wenn beide Aussagen als sicher geäußert wurden, warum haben Sie dann nicht in beiden Sätzen »er stellte fest« geschrieben?*

Supervisor (Officer): *Ähhh. Ich weiß nicht.*

Der Punkt ging an mich, aber es war ein Pyrrhussieg. Mein Bedürfnis, recht zu haben, sorgte dafür, dass alles schiefging. Von diesem Moment an war die Spannung im Raum greifbar. Ich zwang die Teilnehmer, zwischen meiner effizienteren Schreibmethode und der weniger effizienten Schreibmethode ihres Supervisors zu wählen. Natürlich ergriffen sie für ihren Supervisor Partei.

Die unbeabsichtigten Folgen der Rechthaberei ereignen sich täglich und in aller Welt im Berufs- und Privatleben. Ohne es zu wollen, stoßen wir unsere Vorgesetzten, Kollegen, Freunde und Ehepartner vor den Kopf und verursachen unnötige Streitereien und Spannungen.

Es gibt einen besseren Weg. Sie können recht haben, ohne deshalb eine andere Person ins Unrecht zu setzen. Anstatt zu behaupten, dass Sie recht haben, bitten Sie andere um ihren Rat. Das erlaubt es diesen, Teil der Entscheidungsfindung zu werden. Zusätzlich fühlen sie sich gut, weil Sie auf sie zugekommen sind, um ihren Rat einzuholen, was ihnen einen Ehrenplatz verschafft. Die goldene Regel der Freundschaft besagt, dass Sie Leute für sich gewinnen, wenn Sie dafür sorgen, dass diese sich gut fühlen.

Diese Strategie, den anderen um seinen Rat zu bitten, erlaubt es Ihnen weiterhin, recht zu haben, die von Ihnen erwünschten Ergebnisse zu erzielen und die Freundschaft mit denen zu erhalten (oder zu vertiefen), die auf diese Weise ihr Gesicht und ihre Würde wahren können, weil sie nicht ins Unrecht gesetzt werden.

Der folgende Austausch zwischen einer Angestellten und ihrem Chef illustriert die Methode, um Rat zu bitten. Die Angestellte fand einen Fehler in einer neuen, von ihrem Chef vorbereiteten umstrittenen Richtlinie. Anstatt ihren Chef mit der »Ich habe recht«-Karte zu übertrumpfen, suchte sie seinen Rat.

Angestellte: *Haben Sie eine Minute Zeit, Chef?*

Chef: *Sicher, was gibt es?*

Angestellte: *Ich habe Ihre neueste Richtlinie durchgesehen und etwas bemerkt, wozu ich gerne Ihren Rat hätte.*

Chef: *Ja, gerne. Lassen Sie mal sehen.*

Nun kann die Angestellte die Unstimmigkeiten in der Richtlinie aufzeigen, und ihr Chef hat die Gelegenheit, seinen Fehler zu beheben, ohne sein Gesicht zu verlieren.

Verkaufspersonal kann dieselbe Methode bei Begegnungen mit Langzeit- und Neukunden anwenden. Die Verlagsvertreter für Lehrbücher besuchen regelmäßig mein Büro, um neue Bücher vorzustellen, die ich im Unterricht verwenden könnte. Anstatt ihr Verkaufsgespräch persönlich zu gestalten, erzählen sie mir, dass ihr Buch besser ist als das von mir aktuell verwendete. Der Verlagsvertreter mag recht haben, aber ein solches Vorgehen ist mit unbeabsichtigten Folgen verbunden. Der Vertreter bringt damit stillschweigend zum Ausdruck, dass mein Urteilsvermögen bei der Auswahl von Lehrbüchern schlecht ist. Diese Feststellung sorgt nicht gerade dafür, dass ich mich gut fühle. Ich würde dem Vertreter bereitwilliger zuhören, wenn er sich vorstellen und sagen würde: »Professor, ich hätte gerne Ihren Rat über dieses Buch, das Sie in Ihrem Kurs verwenden könnten.«

Die Methode, den anderen das Gesicht wahren zu lassen und ihn nicht bloßzustellen

Als FBI-Agent fürchtete ich immer den Augenblick, wo ich in einen lange ersehnten Urlaub fliegen und dabei den Auftrag erhalten würde, bei einem renitenten Fluggast einzugreifen oder eine Krise zu lösen. Genau das passierte auf einem Flug morgens um sechs Uhr ab Los Angeles. Ich war an Bord gegangen und saß ruhig auf meinem Platz, als eine Flugbegleiterin zu mir kam und sagte, hinten im Flugzeug sei ein betrunkener Passagier, den der Kapitän gerne von Bord haben würde. Ich schaute mich um, und tatsächlich torkelte ein Passagier durch den Mittelgang, und eine andere Flugbegleiterin schrie ihn an: »Sie gehen sofort von Bord ... Sie Idiot.« So viel zum Beruhigen der Lage. Die Flugbegleiterin, die bei mir stand, sagte: »Sie sind doch FBI-Agent, bringen Sie den Mann bitte von Bord.«

Ich dachte mir, »da könnte ich doch gut etwas aus meiner Schulung nutzen«. Also ging ich zu dem Mann, der an einen Sitz gelehnt stand. Ich sagte ihm, ich sei FBI-Agent, zeigte ihm meine Marke und meinen Ausweis und schlug vor, wir sollten uns beide hinsetzen und miteinander reden. Er war nicht so betrunken, dass er mich nicht verstanden hätte. Er setzte sich, und ich zwängte mich auf den leeren Sitz neben ihm.

»Schauen Sie«, sagte ich mit sanfter Stimme, die die anderen Passagiere kaum würden verstehen können, »das Ende des Spiels ist ja doch, dass Sie dieses Flugzeug verlassen. Wenn der Kapitän sagt, dass Sie von Bord gehen müssen, dann müssen Sie von Bord gehen. Sie haben jetzt die Wahl. Entweder Sie gehen freiwillig und wahren Ihre Würde, äußern Ihre Beschwerden, sobald Sie im Terminal sind, und fliegen mit einem späteren Flug nach Dallas, oder ich muss Sie festnehmen, in Handschellen legen und zwangsweise von Bord führen. Dann kommen Sie ins Gefängnis, müssen sich eine

Kaution beschaffen, um frei zu kommen, und es gibt ein Gerichtsverfahren, bei dem Sie vielleicht eine Gefängnisstrafe erwartet. Also«, flüsterte ich ihm zu, »Sir, die Wahl liegt bei Ihnen. Ich lasse Sie entscheiden. Überlegen Sie kurz. Was möchten Sie tun?«

Es dauerte nur einen Augenblick, bis der Passagier sagte: »Ich denke, ich gehe von Bord, lege meine Beschwerde ein und nehme einen anderen Flieger.«

Ich antwortete ihm: »Ich glaube, das ist eine sehr intelligente Entscheidung. Ich begleite Sie gerne von Bord.«

Nachdem ich den Mann zum Terminal begleitet hatte und wieder auf meinen Platz zurückgekehrt war, kam die Flugbegleiterin, die mich zuvor angesprochen hatte, und wollte wissen, wie ich es geschafft hatte, eine so hässliche Konfrontation so friedlich zu beenden. Ich erzählte ihr, dass ich dem Passagier die Gelegenheit gegeben hätte, selbst zu entscheiden.

Ich gab ihm das Gefühl, selbst die Kontrolle über die Situation zu haben, frei zu sein, über sein Schicksal zu entscheiden. Und, was das Wichtigste war, ich verschaffte ihm eine Möglichkeit, das Flugzeug mit geringstmöglicher Peinlichkeit zu verlassen und sein Gesicht zu wahren.

Denkfutter

Es kann Wunder wirken, jemandem das Gefühl zu geben, die Kontrolle über eine Situation zu haben, auch bei Kindern. Eltern können diese Methode nutzen, um ihren Kindern dabei zu helfen, Entscheidungen zu treffen, insbesondere, wenn diese noch jünger sind. Kinder wie Erwachsene möchten das Gefühl haben, ihr Leben zu kontrollieren. Die Illusion dieser Kontrolle können Eltern ihren Kindern verschaffen, wenn sie sie manches selbst entscheiden lassen. Dies kann erreicht werden, ohne die elterliche Autorität aufzugeben. Beispiel: Sie gehen mit Ihrem Sohn auswärts zum Mittagessen. Sie haben sich bereits überlegt, dass Sie entweder zu McDonald's oder zu Burger King gehen und er ein Kindermenü bekommt. Sie möchten nicht, dass Ihr Kind ein anderes Restaurant aussucht, wollen es jedoch seine Entscheidungsfähigkeit üben lassen. Sie erreichen dies, indem Sie eine Auswahlfrage stellen wie: »Wir gehen zum Mittagessen. Möchtest du bei McDonald's oder bei Burger King ein Kindermenü?« Eine Auswahlfrage gibt Ihrem Kind die Illusion der Kontrolle, tatsächlich haben Sie jedoch die Kontrolle, weil Sie die Restaurantwahl auf McDonald's oder Burger King und die Speisenwahl auf ein Kindermenü beschränkt haben.

Verkäufer arbeiten ständig mit Auswahlfragen. Wenn Sie zu einem Autohändler gehen, wird ein guter Verkäufer Sie nicht fragen, ob Sie ein Auto kaufen wollen. Er wird fragen, ob Sie ein blaues oder ein rotes Auto möchten. Wenn Sie antworten: »Ein blaues«, wird der Verkäufer Ihnen blaue Autos zeigen. Wenn Sie antworten »Ein rotes«, wird er Ihnen rote Autos zeigen. Wenn Sie eine andere Farbe nennen, wird er Ihnen diese zeigen. Gute Verkäufer geben den Kunden die Illusion, die Kontrolle über den Autokauf zu haben, während sie sie tatsächlich durch eine gut geplante Präsentation dirigieren.

Strategie 2: Verwenden Sie die verbale Methode der »Höherstufung«, damit sich die Leute besser fühlen und Sie als Freund betrachten. Diese Methode sorgt dafür, dass die Bedürfnisse einer Person nach Anerkennung befriedigt werden. Ich entdeckte diesen Ansatz eines Tages, als ich mit meinem Sohn Bryan in einem Buchladen war. Vorne im Geschäft signierte eine Autorin an einem Tisch ihre Bücher. Niemand sonst stand an dem Tisch, daher gingen Bryan und ich hin, um mit ihr zu reden. Während mein Sohn mit der Dame sprach, warf ich einen Blick in ihr Buch. Ich stellte fest, dass mich ihr Schreibstil an Jane Austen erinnerte. Dies erwähnte ich ihr gegenüber. Ihre Augen leuchteten auf, und ihre Wangen röteten sich. Sie antwortete:»Tatsächlich? Ich habe nicht sehr viel Zeit zum Schreiben. Ich habe drei Kinder. Mein Mann ist beim Militär und selten zu Hause. Ich möchte gerne weiterstudieren und meinen Abschluss machen. Ich habe das Studium abgebrochen, um zu heiraten. Das war ein Fehler, den ich immer noch bedaure.« Durch eine einzige Bemerkung von mir erzählte mir diese Frau wie einem alten Freund wichtige Teile aus ihrer Lebensgeschichte.

Ich habe diese Methode mehrmals mit demselben Ergebnis ausprobiert. Einmal begegnete ich einem aufstrebenden Kandidaten der Republikaner. Nachdem wir ein paar Minuten über Politik gesprochen hatten, machte ich die Bemerkung, sein politischer Stil erinnere mich an Ronald Reagan. Der junge Mann war stolz und erzählte mir über seine familiäre Herkunft, wo er studiert hatte und viele weitere persönliche Details, die mir zeigten, dass er mich als jemanden betrachtete, der seine Wertschätzung verdiente. Eine Höherstufung kann in Form eines einfachen Kompliments erfolgen.

Lösung für Probleme mit Graffiti in einer Schule

Bei einer Gelegenheit befragte ich einen Hausmeister einer Highschool zu einigen rassistischen Graffiti, die irgendwann in der vorherigen Nacht aufgetaucht waren. Zu Beginn des Gesprächs versuchte ich, einen guten Kontakt zu ihm aufzubauen. Ich bemerkte, dass es eine gewaltige Aufgabe für ihn sei, ein so großes Gebäude ganz alleine zu versorgen. Er erzählte mir von dem System, das er entworfen hatte, um immer die kürzesten Wege durch das Gebäude zu nehmen und dabei mehrere Arbeiten zu erledigen. Ich antwortete, die meisten anderen Schulen dieser Größe würden mehrere Hausmeister brauchen, um die Arbeit zu erledigen, die er mit seinem System alleine schaffte (damit lieferte ich ihm eine Gelegenheit, sich selbst auf die Schulter zu klopfen).

Als wir uns so unterhielten, war klar, dass ich einen stabilen Kontakt zu dem Hausmeister hergestellt hatte. Er erklärte mir sehr detailliert, wie er seine Wartungsroutine organisiert habe, und fuhr fort, mir Geschichten über einige Lehrer und das Verwaltungspersonal zu erzählen. Die Geschichten waren interessant, für meine Untersuchung aber nutzlos. Ich hörte trotzdem zu und gewann dabei einen Freund. Ich gab ihm meine Visitenkarte und bat ihn, mich anzurufen, falls er neue Informationen über den Vorfall mit dem Graffiti bekommen sollte.

Ein paar Wochen später rief mich der Hausmeister an und berichtete über ein Gerücht, das er von einem der Schüler gehört hatte. Das Gerücht stellte sich als wahr heraus und führte zur Ergreifung der Personen, die für das Graffiti verantwortlich waren.

Es ist fraglich, ob sich der Hausmeister auch die Zeit genommen hätte, mich wegen des Gerüchts anzurufen, wenn ich nicht während des einzigen Besuchs bei ihm einen guten Kontakt zu ihm aufgebaut hätte.

Strategie 3: Wenn Sie von jemandem Informationen erhalten möchten, ohne seinen Verdacht zu erregen oder ihn in die Defensive zu drängen, arbeiten Sie mit der Methode des *Entlockens*. Die Kunstgriffe des Entlockens nutzen Sie in einer Unterhaltung, um Informationen von einer Person zu erhalten, ohne dass diese sich Ihrer Absicht bewusst wird.

Häufig zögern Leute, auf direkte Fragen zu antworten, insbesondere wenn diese sich auf heikle Themen beziehen. Wenn Sie Menschen für sich gewinnen möchten, nutzen Sie anstelle von Fragen eher die Methode des Entlockens, um heikle Informationen zu erhalten. Durch die Methoden des Entlockens werden die Leute animiert, heikle Informationen preiszugeben, ohne dass Sie direkt danach fragen müssen.

Fragen drängen die Leute in die Defensive. Niemand mag neugierige Personen, insbesondere bei einer ersten Begegnung. Paradoxerweise ist dies jedoch der Zeitpunkt, an dem Sie die meisten Informationen über eine interessante Person benötigen. Je mehr Sie über eine Person wissen, desto besser werden Sie Strategien entwickeln können, um erfolgreiche persönliche und geschäftliche Beziehungen zu pflegen.

Entlocken ist die Fähigkeit, heikle Informationen von Leuten zu bekommen, ohne dass diese realisieren, dass sie Ihnen diese Angaben liefern. Während meiner Karriere beim Geheimdienst trainierte ich Agenten darin, wie sie heikle Informationen von der Gegenseite erhalten und gleichzeitig einen guten Kontakt zu diesen haben. Die Merkmale des Entlockens sind:

1. Es werden wenige oder gar keine Fragen gestellt, sodass eine Abwehrreaktion der Person von Interesse vermieden wird.

2. Der Vorgang ist schmerzfrei, da die betroffene Person sich nicht bewusst ist, dass sie heikle persönliche Informationen preisgibt.

3. Die Leute werden Sie mögen, weil Sie sie in den Mittelpunkt Ihres ungeteilten Interesses stellen.

4. Die Personen werden Ihnen für Ihre Freundlichkeit danken und Sie künftig wahrscheinlich kontaktieren, was eine weitere Gelegenheit liefert, zusätzliche Informationen von ihnen zu erhalten.

Das Entlocken funktioniert, weil es sich auf die Bedürfnisse der Menschen stützt.

Das Bedürfnis des Menschen, etwas zu korrigieren

Der Mensch hat das Bedürfnis, recht zu haben, aber er hat ein noch stärkeres Bedürfnis, andere zu korrigieren. *Mutmaßungen zu äußern* ist eine Methode des Entlockens, bei der etwas behauptet wird, was entweder richtig oder falsch sein kann. Ist die Mutmaßung korrekt, werden die Leute diese Tatsache bestätigen und oft noch weitere Informationen dazu liefern. Ist die Mutmaßung falsch, werden die Leute die richtige Antwort liefern, in der Regel mit einer genauen Erklärung, *warum* sie richtig ist.

Kürzlich wollte ich ein Schmuckstück kaufen, hoffte jedoch, nicht den vollen Preis zahlen zu müssen. Um den besten Preis auszuhandeln, musste ich wissen, wie hoch in diesem Laden die Verdienstspanne für das Schmuckstück war und wie hoch die Verkäuferprovision, falls es eine gab. Aus einleuchtenden Gründen wird diese Information unter Verschluss gehalten. Ich wusste, dass ich bei direkten Fragen nicht die benötigten Antworten erhalten würde, um den besten Preis auszuhandeln, daher nutzte ich die Methode des Entlockens, um die gewünschte Information zu erhalten.

Angestellte: *Kann ich Ihnen helfen?*

Ich: *Ja, ich suche einen Brillant-Anhänger für meine Frau.*

Angestellte: *Wir haben eine große Auswahl. Ich zeige sie Ihnen.*

Die Angestellte reichte mir eine Samtschatulle mit mehreren Anhängern. Ich schaute einen davon genau an.

Ich: *Was kostet dieser?*

Angestellte: *190 Dollar.*

Ich: *Wow, da muss ja die Gewinnspanne bei mindestens 150 Prozent liegen.* (Mutmaßung)

Angestellte: *Nein. Sie liegt nur bei 50 Prozent.*

Ich: *Und dazu kommt Ihre Provision von 10 Prozent.* (Mutmaßung)

Angestellte: *So viel ist das nicht. Ich bekomme nur 5 Prozent.*

Ich: *Vermutlich dürfen Sie nicht über einen Rabatt entscheiden.* (Mutmaßung)

Angestellte: *Ich darf einen Rabatt von 10 Prozent geben. Alles, was darüber hinausgeht, muss der Geschäftsführer genehmigen.*

An diesem Punkt konnte ich entweder die 10 Prozent Rabatt nehmen oder weiter Druck machen. Aufgrund der schlechten wirtschaftlichen Bedingungen zu der Zeit, als ich das Juweliergeschäft aufsuchte, vermutete ich, der Geschäftsführer würde mir einen weiteren Rabatt einräumen, wenn er noch Gewinn dabei machte.

Ich: *Fragen Sie doch den Geschäftsführer, ob er dieses Stück mit 40 Prozent Rabatt verkauft.* (Ich wartete geduldig, während die Angestellte ins Hinterzimmer ging. Sie kam wenige Minuten später wieder.)

Angestellte: *Er sagt, das Maximum, das er gewähren kann, sind 30 Prozent bei Barzahlung.*

Ich: *Es ist ein Geschenk für meine Frau.*

Angestellte: *Kein Problem. Ich packe es Ihnen als Geschenk ein.* (Ich sparte nicht nur 57 Dollar, sondern auch noch das Geschenkpapier!)

In diesem Fall brachte mir das Entlocken anstelle direkter Fragen wertvolle Informationen ein. Ich konnte die Gewinnspanne für dieses Schmuckstück (50 Prozent) und die Höhe der Verkäuferprovision (5 Prozent) in Erfahrung bringen, sodass ich selbstbewusst verhandeln konnte. Hätte ich nicht handeln wollen, hätte ich die 10 Prozent nehmen und 19 Dollar sparen können. Hätte die Angestellte diese Information nicht preisgegeben, hätte ich den vollen Preis bezahlt. Das Verhalten der Angestellten zeigte, dass sie nicht realisierte, dass sie interne Informationen ausplauderte.

Empathisches Entlocken

Empathische Bemerkungen sind vielseitig, da sie mit den Methoden des Entlockens kombinierbar sind. Wir besprechen hier zwei empathische Entlockungsmethoden, die *empathische Mutmaßung* und die *empathische Bedingung*. Verkaufspersonal nutzt routinemäßig das empathische Entlocken. Es ist unwahrscheinlicher, dass Kunden bei jemandem, den sie nicht mögen, etwas kaufen. Verkaufspersonal verwendet das empathische Entlocken, um zwei Ziele zu erreichen. Erstens baut eine empathische Bemerkung schnell einen guten Kontakt auf, und zweitens fördert das empathische Entlocken Informationen der Kunden zutage, die diese bei direktem Befragen normalerweise nicht preisgeben würden.

Empathische Mutmaßung

Die empathische Mutmaßung hält den Fokus des Gesprächs auf dem Kunden und stellt eine Tatsache als Wahrheit hin. Die Mutmaßung kann entweder wahr oder eine Annahme sein, unabhängig von ihrem Wahrheitsgehalt. Ist die Mutmaßung richtig, wird der Kunde in der Regel im Gespräch neue Informationen geben. Der Verkäufer kann auf der Basis der Kundenantwort eine weitere empathische Mutmaßung konstruieren, die weitere Informationen ergeben wird. Ist die Mutmaßung falsch, wird sie typischerweise vom Kunden korrigiert. Schauen Sie sich das folgende Beispiel an:

> **Verkäufer:** *Kann ich Ihnen helfen?*
>
> **Kunde:** *Ja, ich brauche eine neue Waschmaschine und einen Trockner.*
>
> **Verkäufer:** *Ach, dann pfeifen Ihre alte Waschmaschine und der Trockner wohl auf dem letzten Loch?* (empathische Mutmaßung)
>
> **Kunde:** *Nein, ich ziehe in eine kleine Wohnung um.*
>
> **Verkäufer:** *Oh, dann werden Sie ein Kombigerät brauchen. Ich zeige Ihnen ein beliebtes Kombigerät, das wir sehr viel verkaufen.*
>
> **Kunde:** *Okay.*

Der Verkäufer hat dem, was der Kunde sagte, zugehört. »Ich brauche eine neue Waschmaschine und einen Trockner« legt nahe, dass die derzeitige Waschmaschine und der Trockner des Kunden nicht mehr gut funktionieren. Der Verkäufer arbeitete mit einer empathischen Mutmaßung, um den Fokus auf dem Kunden zu lassen und diesen zu ermuntern, die Mutmaßung zu bestätigen oder zu verneinen: »Ach, dann pfeifen Ihre alte Waschmaschine und der Trockner wohl auf dem letzten Loch?« Der Kunde korrigierte den Verkäufer durch seine Antwort: »Ich ziehe in eine kleine Wohnung um.« Diese zusätzliche Information zeigt, zu welcher Art von Gerät der Verkäufer den Kunden dirigieren sollte. Die Worte »ich brauche« zeigen, dass der Kunde ernsthaft eine Waschmaschine und einen Trockner kaufen möchte und sich nicht nur umschaut. Der Verkäufer erfuhr bei diesem ersten Informationsaustausch wichtige Fakten. Erstens ist der Kunde ernsthaft an einem Kauf interessiert, und zweitens weiß der Verkäufer genau, welche Art von Waschmaschine und Trockner der Kunde wahrscheinlich kaufen wird. Diese Information spart dem Kunden und dem Verkäufer Zeit. Der Käufer geht mit dem benötigten Produkt nach Hause, und der Verkäufer hat mehr Zeit, andere Kunden zu bedienen.

Empathische Bedingung

Die empathische Bedingung hält den Fokus des Gesprächs auf dem Kunden und stellt eine Reihe von Umständen vor, unter denen der Kunde ein Produkt oder eine Dienstleistung kaufen würde.

Verkäufer: *Kann ich Ihnen helfen?*

Kunde: *Nein danke, ich schaue mich nur um.*

Verkäufer: *Sie haben sich also noch nicht entschieden, welches Modell Sie kaufen möchten.* (empathische Bemerkung)

Kunde: *Ich brauche ein neues Auto, bin aber nicht sicher, ob ich mir das leisten kann.*

Verkäufer: *Sie würden also ein Auto kaufen, wenn der Preis stimmt?* (empathische Bedingung)

Kunde: *Bestimmt.*

Verkäufer: *Bevorzugen Sie ein rotes oder ein blaues Auto?*

Kunde: *Blau.*

Verkäufer: *Dann schauen wir uns einmal ein paar günstige blaue Modelle an.*

Als Reaktion auf das empathische Entlocken einer Antwort erkannte der Kunde den Grund, der ihn vom Kauf eines Autos abhielt. Anschließend ging der Verkäufer nach dem Ansatz der empathischen Bedingung vor.

Die empathische Bedingung hält den Fokus auf dem Kunden und stellt zugleich die Wenn/Dann-Bedingung auf: »Wenn der Preis stimmt, würden Sie also ein Auto kaufen?« Dem liegt die Vermutung zugrunde, dass der Kunde ein Auto kauft, wenn bestimmte Bedingungen erfüllt sind. In diesem Fall ist die Bedingung der Preis. Durch die empathische Bedingung konnte der Verkäufer ein Kaufziel ermitteln. Mit dieser neuen Information kann er den Kunden zu einer Reihe von Autos in dieser Preisklasse führen.

Das Bedürfnis, sich zu revanchieren nach dem Prinzip der Gegenleistung

Wenn jemand physisch oder emotional etwas bekommt, empfindet er das Bedürfnis, sich zu revanchieren, indem er etwas Gleich- oder Höherwertiges zurückgibt (Gesetz der Gegenseitigkeit). Dabei geht es um eine Methode des Herauslockens, die Leute dazu ermuntert, ähnliche Informationen zu liefern, wie ihnen gegenüber preisgegeben werden. Beispiel: Sie begegnen einer Person zum ersten Mal und möchten wissen, wo sie arbeitet. Anstatt direkt zu fragen: »Wo arbeiten Sie?«, erzählen Sie zuerst, wo Sie arbeiten. Die andere Person wird sich vermutlich revanchieren, indem sie Ihnen erzählt, wo sie arbeitet. Mit dieser Methode des Entlockens können Informationen über andere gewonnen werden, ohne dass man zu aufdringlich oder neugierig wirkt.

Wenn Sie nicht möchten, dass die andere Person weiß, wo Sie arbeiten, aber dennoch neugierig darauf sind, wo diese Person angestellt ist, können Sie diese Information erhalten und es umgehen, sich zu revanchieren, indem Sie die Frage anders formulieren: »Wo mühen Sie sich ab?« Diese Frage verlangt eine zusätzliche kognitive Verarbeitung, die das Bedürfnis unterbricht, die Gegenfrage zu stellen: »Und wo arbeiten Sie?«

Ich nutzte das Bedürfnis, sich zu revanchieren, bei Gesprächen mit Tatverdächtigen. Ich bot ihnen zu Beginn des Gesprächs (im Fernsehen wird dies als Verhör bezeichnet) immer etwas zu trinken an wie Kaffee,

Tee, Wasser oder Limonade. Damit wollte ich ihr Bedürfnis wecken, sich zu revanchieren. Ich hoffte, im Gegenzug für das Getränk etwas wie eine geheimdienstliche Information oder ein Geständnis zu bekommen.

Sie sollten bei Gesprächen immer nach Gemeinsamkeiten (Gesetz der Ähnlichkeit) mit der anderen Person suchen. Zudem sollten Sie empathische Bemerkungen machen, um den Fokus auf Ihrem Gesprächspartner zu lassen. Kurz gesagt sollten Sie dafür sorgen, dass die andere Person sich gut fühlt (goldene Regel der Freundschaft), und wenn Sie damit Erfolg haben, wird diese Person Sie mögen und künftig weitere Gelegenheiten suchen, sich in Ihrer Gesellschaft aufzuhalten.

Eine dritte Person nutzen, um zu erfahren, wie sich jemand tatsächlich fühlt

Im Allgemeinen sind die Leute zurückhaltend, über sich selbst zu sprechen und mitzuteilen, wie sie sich in Bezug auf jemanden oder etwas wirklich fühlen. Über andere Menschen sprechen die Leute jedoch weniger zögerlich, vielleicht, weil sie damit verhindern, zu viele Informationen über sich selbst preiszugeben. Diese menschliche Eigenschaft können Sie nutzen, um eine sehr vertraulich gehaltene Information über eine Person, die Sie interessiert, zu erfahren. Erreicht wird dies mit der Erhebungsmethode, die als *interner/externer Fokus* bekannt ist.

Nachfolgend ein Beispiel, wie diese Methode funktioniert. Die meisten Paare, die in einer monogamen Beziehung leben, würden gerne wissen, ob ihr Partner bereit wäre, sie zu betrügen. Wenn sie ihren Partner direkt fragen, werden sie selten hören »Ja, damit habe ich kein Problem«. Der Partner wird dies vielleicht *denken*, aber sicher nicht aussprechen.

Um herauszufinden, was Ihr Partner wirklich über das Fremdgehen denkt, müssen Sie das Thema aus dem *Blickwinkel einer dritten Person* angehen. Anstatt direkt zu fragen: »Wie denkst du über Fremdgehen?«, könnten Sie sagen: »Meine Freundin Susan hat ihren Mann beim Fremdgehen erwischt. Wie findest du denn das?« Ist jemand mit einer Beobachtung bei einer dritten Person konfrontiert, ist er eher bereit, in sich zu hineinzuhorchen, um die Antwort zu finden und zu sagen, wie er tatsächlich darüber denkt.

Natürlich möchten Sie als Antwort hören: »Fremdgehen ist nicht in Ordnung. Das würde ich nie machen.« Seien Sie jedoch auch auf Antworten gefasst wie: »Heute betrügt doch jeder«, »Wenn eine Frau die Bedürfnisse ihres Mannes nicht erfüllt, was bleibt ihm dann anderes übrig?«, »Wenn meine Frau mich so behandeln würde, würde ich sie auch betrügen« oder »Kein Wunder, da hat es in letzter Zeit schon gekriselt«.

Solche Antworten spiegeln eher wider, was jemand *wirklich über* das Fremdgehen denkt. In diesem Fall denkt die befragte Person, dass außereheliche Affären unter bestimmten Bedingungen akzeptabel sind, und ist daher unter den entsprechenden Bedingungen selbst auch eher dazu bereit. Diese Antworten zu einer »dritten Person« sind nicht zu 100 Prozent genau, liefern jedoch Einblicke in die Neigungen Ihres Partners/Ihrer Partnerin und spiegeln dessen/deren wahre Gefühle sehr viel echter wider als jede Antwort, die Sie durch direkte Fragen zum Thema erhalten würden.

Er ist das Gewicht nicht wert

Eine meiner Studentinnen, Linda, lebte in einer ernsthaften Beziehung und zog eine Heirat in Betracht. Sie hatte mit Gewichtsproblemen zu kämpfen und trainierte regelmäßig, um in Form zu bleiben. Sie wusste jedoch, dass sie mit zunehmendem Alter oder im Fall einer Schwangerschaft wieder zunehmen würde, und wollte wissen, wie ihr Freund dazu stände, wenn sie ein paar Pfund mehr auf den Rippen hätte. Sie sorgte sich, er könnte damit ein Problem haben.

Eines Abends schlug Linda ihrem Freund vor, gemeinsam die TV-Show *The Biggest Loser* anzuschauen. Die Show zeigt krankhaft adipöse Menschen, die ein Programm mit Sport, Diät und einer Veränderung des

Lebensstils befolgen, um ihre überflüssigen Pfunde loszuwerden. Die Person, die am Ende der Show am meisten abgenommen hat, gewinnt eine beträchtliche Summe. Nach der Hälfte der Show platzte ihr Freund heraus: »Wenn meine Frau je so fett wird, würde ich sie in die Wüste schicken.«

Lindas Bedenken schienen berechtigt. Ihr Freund kommentierte den Fall einer dritten Person, enthüllte also seine wahren Gefühle. Sie testete ihn mit der direkten Frage: »Wenn ich jemals Übergewicht hätte, würdest du mich dann auch in die Wüste schicken?« Wie vorhersehbar antwortete ihr Freund: »Nein, Liebling, ich würde dich lieben, egal, wie viel du wiegst.«

Durch die Methode der internen/externen Fokus-Erhebung fand sie jedoch heraus, wie er wirklich fühlte. Letztlich machte sie mit ihm Schluss.

Wenn Sie Kinder haben, können Sie die interne/externe Erhebungsmethode verwenden, um deren Ansichten zu heiklen Themen zu sondieren. Nehmen wir einmal an, Sie möchten wissen, ob Ihre Kinder Drogen nehmen. Würden Sie direkt fragen: »Nehmt ihr Drogen?«, würden Ihre Kinder ihre Antwort im Rahmen der sozialen Normen verpacken und antworten: »Nein, natürlich nicht, Drogen sind schlecht.«

Die beste Möglichkeit herauszufinden, was Ihre Kinder wirklich über Drogen denken, geht auch über den Umweg einer dritten Person. Beispiel: »Der Sohn von meinem Freund wurde in der Schule mit Marihuana erwischt. Wie denkst du darüber?« Sie möchten gerne hören: »Marihuana ist schlecht, das würde ich nie nehmen.« Rechnen Sie jedoch auch mit Antworten wie: »So ein Idiot. Das hätte er nie in die Schule mitnehmen dürfen«, »Ist doch nur Gras« oder »Das ist doch keine große Sache. Ich kenne eine Menge Jugendliche, die Marihuana rauchen«. Diese Antworten weisen darauf hin, dass Ihr Kind möglicherweise Marihuana raucht oder nicht abgeneigt ist, es auszuprobieren. Auch hier gilt wieder, dass diese Antworten kein sicherer Hinweis auf Drogenkonsum Ihres Kindes sind, aber sie liefern Einblicke in dessen Neigung.

Regel 4 – Einfühlen: Nutzen Sie empathische Bemerkungen und andere verbale Beobachtungen, die Ihren Zuhörern zeigen, dass Sie sich in sie einfühlen können.

Der Mensch entwickelt anderen Menschen gegenüber positive Gefühle, die sich in seine Haut hineinversetzen können und verstehen, was er empfindet. Ihre empathischen und/oder nachfühlenden Bemerkungen senden dem Zuhörer die Botschaft, dass Sie seine Lage verstehen und realisieren, dass das, was er zu sagen hat, bedeutsam ist. Damit befriedigen Sie das Bedürfnis dieser anderen Person, anerkannt und geschätzt zu werden. Dadurch fühlt sie sich gut und hegt auch Ihnen gegenüber positive Gefühle, was die Entwicklung einer Freundschaft fördert.

Sie werden erstaunt sein, wie oft Sie die Gelegenheit bekommen, ein Gespräch durch empathische Bemerkungen zu beginnen und damit Starthilfe dafür zu leisten, dass andere Sie mögen. Dazu reicht es aus, die Leute ein paar Augenblicke zu beobachten, bevor Sie sie ansprechen. Was Sie dabei wahrscheinlich unerwartet oft sehen werden, ist, dass die beobachtete Person etwas sagt oder tut, was darauf hinweist, dass sie mit ihrer aktuellen Situation unzufrieden ist. Das trifft besonders zu, wenn Sie mit Menschen zu tun haben, denen Sie vielleicht nur einmal oder in unregelmäßigen Abständen im Leben begegnen, wie Verkaufspersonal, Angestellten, Servicepersonal usw.

Beispielsweise können Sie so gut wie sicher sein, dass der Ober in einem Restaurant, das Sie zur Hauptessenszeit aufsuchen, gestresst ist. Es wird gewöhnlich reichen, einfach nur zu sagen: »Mann, Sie haben aber gut zu tun!«, um eine Bestätigung und infolgedessen einen besseren Service zu erhalten. Die Person, die Sie angesprochen haben, weiß es zu schätzen, dass Sie sie wahrgenommen und ihre Arbeitsbelastung bemerkt haben. Dadurch fühlt sich diese Person besser und empfindet, entsprechend der goldenen Regel der Freundschaft, deshalb Sympathie für Sie. Wenn Sie noch empathischer sein möchten, fügen Sie der ursprünglichen Äußerung noch ein

Kompliment hinzu, das der Person schmeichelt. »Mann, Sie haben aber gut zu tun. *Ich weiß gar nicht, wie Sie das schaffen.*« Oder: »Mann, Sie haben aber gut zu tun. *Ich könnte mir diese vielen Bestellungen unmöglich alle merken.*«

In manchen Situationen ist es gar nicht nötig, das Unbehagen oder Leiden einer Person zu beobachten, um wirksame empathische Äußerungen machen zu können. Dies ist der Fall, wenn Sie aus etwas *schließen* können, dass eine Person Probleme hat und es zu schätzen wüsste, dass ihre Bemühungen anerkannt werden. Beispiel: Es ist schon recht spät am Nachmittag, und Sie sehen in einem Kaufhaus eine Verkäuferin in High Heels. Sie könnten eine Bemerkung machen wie »Oh je, Ihre Füße müssen ganz schön müde sein, wenn Sie hier den ganzen Tag stehen müssen«. Die Chancen stehen gut, dass Sie recht haben und die Verkäuferin auf Ihr empathisches Verhalten positiv reagieren wird.

Eltern können empathische Äußerungen wirksam einsetzen, wenn sie ihre Kinder zum Reden ermuntern möchten, speziell im Teenageralter. Die meisten Teenager sind aus vielerlei Gründen zurückhaltend darin, Informationen und Erlebnisse mit ihren Eltern zu besprechen. Fordern, drohen oder gut zureden endet normalerweise mit einer Abwehrreaktion, die den Teenie veranlasst, noch entschiedener darin zu sein, nicht mit ihnen zu reden.

Um diese unproduktive Reaktion zu vermeiden, probieren Sie es einmal mit einer empathischen Bemerkung wie »Du scheinst über etwas recht Ernstes nachzudenken«, »Sieht aus, als würde dich irgendetwas schwer beschäftigen« oder »Sieht aus, als würdest du dir Sorgen über irgendetwas machen«. Ihr Teenager kann auf mehrere Arten reagieren. Erstens kann er Ihre Bemerkung bejahen und erzählen, was ihn bedrückt. Zweitens kann er teilweise antworten. In diesem Fall formulieren Sie eine weitere empathische Äußerung, um noch ein paar Details herauszukitzeln. Die meisten Teenager wollen ihren Eltern eigentlich erzählen, was sie bedrückt. Sie brauchen nur etwas Ermunterung und den Glauben, dass es ihre eigene Entscheidung ist, Ihnen etwas zu erzählen. Die dritte Möglichkeit ist eine kurze Antwort, gefolgt von Schweigen. In diesem Fall könnte die geeignete empathische Bemerkung etwa lauten: »Irgendetwas bedrückt dich, du willst aber jetzt gerade nicht darüber sprechen. Lass mich wissen, wann für dich der richtige Zeitpunkt ist, dann können wir darüber reden.«

Einer anderen Person gegenüber Empathie zu zeigen, ob nun durch empathische Bemerkungen oder in anderer verbaler Form, sorgt sehr effektiv dafür, dass diese Person sich gut fühlt und Sie sie gleichzeitig für sich gewinnen. Von dem Handwerkszeug zum Knüpfen von Freundschaften werden Sie die »Empathie« mit am häufigsten und wirksamsten nutzen, um erfolgreiche Beziehungen aufzubauen. Ob Freundschaften wachsen oder zerstört werden, hängt viel damit zusammen, was Sie sagen und wie Sie zuhören.

Fallstricke in Gesprächen meiden

Wie wir gesehen haben, kann man es sich erleichtern, Menschen für sich zu gewinnen, indem man sie ermuntert, über sich zu erzählen, während man dem, was sie sagen, gut zuhört und die Informationen anschließend nutzt, um mit diesen die Beziehung zu festigen. Das Letzte, was Sie daher möchten, ist, den Kommunikationsaustausch zwischen Ihnen und der Person, von der Sie gerne als Freund wahrgenommen werden möchten, (gewöhnlich unbeabsichtigt) zu *stören*. Um die Kommunikation ungehindert fließen zu lassen, sorgen Sie dafür, übliche Fallstricke in Gesprächen zu meiden, die den verbalen Austausch zwischen den Menschen hemmen.

1. Meiden Sie Themen, die beim Zuhörenden negative Gefühle erzeugen könnten. Durch negative Gefühle fühlen sich die Menschen schlecht und werden Sie folglich weniger gerne mögen.

2. Jammern Sie nicht ständig über Ihre Probleme, über die Schwierigkeiten innerhalb Ihrer Familie oder globale Missstände. Jeder hat selbst bereits genügend Probleme, ohne sich auch noch Ihre oder die anderer Leute anzuhören.

3. Vermeiden Sie es, übermäßig viel über sich selbst zu sprechen. Es langweilt andere, wenn jemand zu viel über sich selbst redet. Richten Sie den Fokus in einem Gespräch auf den Gesprächspartner.

4. Verlieren Sie sich nicht in sinnlosem Geplapper, sonst schaltet Ihr Gegenüber (und der Sympathie-Schalter) ab.

5. Vermeiden Sie es, zu wenige oder zu viele Emotionen zu äußern. Übermäßig emotionale Äußerungen können Sie in ein schlechtes Licht rücken.

Zusammenfassung

Das verbale Verhalten ist eine äußerst wichtige Komponente für die Aktivierung des Sympathie-Schalters und um diesen auch dauerhaft eingeschaltet zu lassen. Was Sie sagen, wie Sie zuhören und wie Sie auf das Gehörte reagieren spielt eine große Rolle dabei, wie erfolgreich Sie Freundschaften schließen und Informationen bekommen können, ohne aufdringlich zu wirken. Nutzen Sie das in diesem Kapitel vorgestellte Handwerkszeug, und Sie werden die Sprache der Freundschaft erfolgreich sprechen. Darauf gebe ich Ihnen mein Wort!

6

Nähe aufbauen

Die am höchsten aufragenden Gebäude brauchen die tiefsten Fundamente.

GEORGE SANTAYANA

Das Schließen von Freundschaften verlangt ein spezielles Bindemittel, um die Beziehung zusammenzuhalten: einen guten Kontakt. Wenn Sie sich mit jemandem »verbinden«, stehen Sie zu dieser Person in einem guten Kontakt. Dieser gute Kontakt bildet die Grundlage, von der aus die Beziehung wächst. Wie der bekannte Autor und Redner Kevin Hogan bemerkte: »Der Aufbau eines guten Kontakts beginnt bei Ihnen.« Wenn Sie Freunde gewinnen möchten, liegt es in Ihrer Verantwortung, einen guten Kontakt herzustellen und diesen anschließend zu stärken, wenn Sie möchten, dass daraus mehr als eine kurze Begegnung wird, dass sich die Beziehung zu einer festen, lange anhaltenden Bindung entwickelt.

In diesem Kapitel sind alle Hilfsmittel enthalten, die Sie brauchen, um einen guten Kontakt herzustellen und aufzubauen. Zuerst jedoch wollen wir für einen Augenblick zu dem Freund-Feind-Kontinuum zurückkehren.

Freund-Fremder-Feind

Das Freund-Feind-Kontinuum unterscheidet nicht zwischen den verschiedenen *Ebenen* einer Freundschaft, die zwischen dem Punkt, an dem man

jemanden überhaupt nicht kennt (Fremder), und dem Endpunkt »Freund«
auf dem Kontinuum möglich sind. Solche Unterschiede gibt es aber offensichtlich, und sie beeinflussen, wie der gute Kontakt bei unseren persönlichen Begegnungen entwickelt werden sollte. Diese unterschiedlichen
Ebenen von Freundschaft werden nachfolgend dargestellt:

Fremder-Zwanglose Begegnung-Bekanntschaft-Freund-Lebensgefährte

Bei einem Blick auf dieses »Freundschafts-Kontinuum« sehen Sie, dass
das Kontaktniveau an Bedeutung zunimmt, ausgehend von einer kurzen,
seltenen Interaktion bis zu einer potenziell lebenslangen Beziehung. Der
Aufbau eines guten Kontakts wird zunehmend wichtig, je weiter wir auf
dem Kontinuum von der »zwanglosen Begegnung« zum »Lebensgefähr-
ten« weiterkommen. Das ist so, weil die Interaktion immer intensiver und
bedeutungsvoller wird, je mehr zwei Menschen, die einmal Fremde waren,
ein Teil im Leben des anderen werden.

Dieses Kapitel soll Ihnen verstehen helfen, wie und ob Sie mit Menschen, für die Sie sich interessieren, erfolgreich Nähe aufbauen.

Einen guten Kontakt aufbauen

Der Mensch ist ein Gemeinschaftswesen. Wir streben von Natur aus danach, uns mit anderen Menschen zu verbinden. Der Kontakt baut psychologisch eine Brücke zwischen den Menschen und pflastert den Weg für
die verschiedenen Ebenen von Freundschaft, die sich daraus entwickeln
können. Wenn ich einen guten Kontakt zu Ihnen aufbaue, kann ich relativ
sicher sein, dass Sie mich mögen werden. So einfach ist das.

Bei meinen Vernehmungen von Zeugen und Tatverdächtigen bestand
meine erste Aufgabe immer darin, eine psychologische Verbindung zwischen
mir und der Person aufzubauen, die ich befragte. Menschen, insbesondere

Tatverdächtige, öffnen sich selten jemandem, den sie nicht mögen. Schließlich bitte ich im Fall von Tatverdächtigen diese Personen, mir Geheimnisse anzuvertrauen, die sie für lange Zeit ins Gefängnis bringen können. Bei einer Gelegenheit verhörte ich einen Mann, der wiederholt sexueller Übergriffe verdächtigt wurde. Wir stellten einen Kontakt über das Thema Sport her. Nachdem diese Kontaktbrücke errichtet war, konnte ich etwas tiefer in sein persönliches Leben eintauchen. Schließlich gestand der Tatverdächtige seine Verbrechen. Der Tatverdächtige hielt die Verbindung zu mir noch lange nach seinem Prozess, dem Schuldspruch und seiner Verurteilung in Form einer Reihe von Briefen aufrecht, die ich unbeantwortet ließ. In diesen Briefen bedankte er sich dafür, dass ich sein Freund geworden sei und ihn mit Respekt behandelt habe. Den Tatverdächtigen mit Respekt zu behandeln ist möglich, sein Freund zu sein ist eine Illusion. Gleichwohl bezeugen seine Briefe, welche Macht der gute Kontakt zu einem Menschen haben kann.

Testen, ob ein guter Kontakt besteht

Einen guten Kontakt zu testen ist in jeder persönlichen Interaktion wichtig, weil er uns zeigt, »wie wir etwas tun« und »wo wir stehen«, wenn es um die Entwicklung der Beziehung zu einem anderen Menschen geht. Selbst bei einer einmaligen Begegnung ist der Test des Kontakts wichtig, damit wir bestimmen können, wann und ob wir in der Beziehung einen Punkt erreicht haben, an dem wir versuchen können, unsere Ziele zu erreichen, insbesondere wenn wir von dieser Person etwas wollen. Am signifikantesten ist das Testen eines guten Kontakts, wenn wir daran interessiert sind, mit der Zeit eine engere, dauerhaftere Beziehung zu entwickeln.

Manchmal überschneiden sich die Verhaltensweisen, die wir nutzen, um einen guten Kontakt aufzubauen oder um einen Kontakt zu testen. In diesen Fällen variieren Grad und Intensität des Verhaltens, je nachdem, ob die persönliche Beziehung stärker oder schwächer wird. Damit erhalten wir ein objektives Maß für die Vertiefung oder das Ausklingen einer Beziehung. Augenkontakt ist beispielsweise eine Möglichkeit, Kontakt aufzunehmen.

Die Dauer des Augenkontakts wird als Test für den Kontakt genutzt und liefert ein Maß dafür, wie weit sich die Beziehung entwickelt oder verschlechtert hat. Nachfolgend einige wichtige Verhaltensweisen, um zu testen, wie fest die Basis einer Freundschaft zwischen zwei Menschen ist.

Berührung

Berührung ist ein zuverlässiges Maß für die Intensität einer Beziehung. Begegnen sich Fremde, berühren sie sich normalerweise am Arm unterhalb der Schulter oder an den Händen. Jegliche Berührung außerhalb dieser öffentlichen Berührungszone spricht für eine intensivere Beziehung.

Frauen, die sich mit der Person wohlfühlen, mit der sie sprechen, berühren diese Person oft leicht am Unterarm oder am Knie, falls beide sitzen. Diese leichte Berührung zeigt, dass ein guter Kontakt hergestellt wurde.

Männer werten diese leichte Berührung von Unterarm oder Knie oft fälschlicherweise als Aufforderung zum Sex. Das ist aber nur selten der Fall. Männer neigen stärker als Frauen dazu, nonverbale Gesten, die einen guten Kontakt signalisieren, als sexuelles Angebot zu interpretieren. Wenn eine Frau einen Mann leicht berührt, ist die einzige sichere Schlussfolgerung, die er daraus ziehen kann, dass er ihr sympathisch ist, mehr nicht. Diese Neigung der Männer, die Berührung einer Frau als sexuelle Einladung zu interpretieren, beschädigt aufkeimende Beziehungen oft, häufig sogar irreparabel.

Die intimste (nicht sexuelle) Stelle, an der ein Mann eine Frau in der Öffentlichkeit berühren darf, ist ihr unterer Rücken. Diese Stelle ist Männern vorbehalten, die sich das Recht erworben haben, ihre Zuneigung öffentlich auf vertraute Weise zu zeigen. Die Berührung einer Frau am unteren Rücken kann auch auf eine Beziehung hinweisen. Wenn Sie beispielsweise eine Frau, die Sie gerne kennenlernen würden, mit einem anderen Mann sprechen sehen, können Sie die Stärke ihrer Beziehung prüfen, indem Sie beim Näherkommen beobachten, wie sich der Mann verhält. Wenn er seinen Arm ausstreckt und über dem unteren Rücken der Frau schweben lässt, markiert er seine Ansprüche, hat aber noch nicht das Recht erworben, in die Distanzzone der Frau einzudringen. Diese Geste bedeutet, dass Sie noch die Chance haben, die Zuneigung dieser Frau zu gewinnen, ohne bei einer bereits eingegangenen Beziehung dazwischenzufunken.

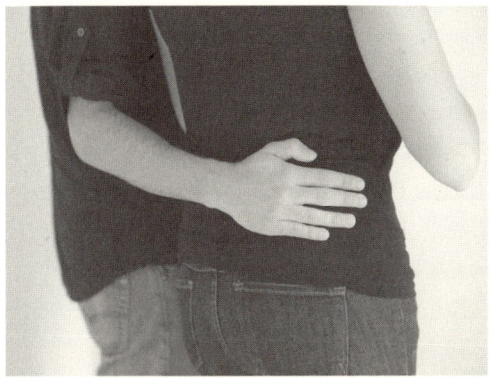

Vertrauliche Berührung.

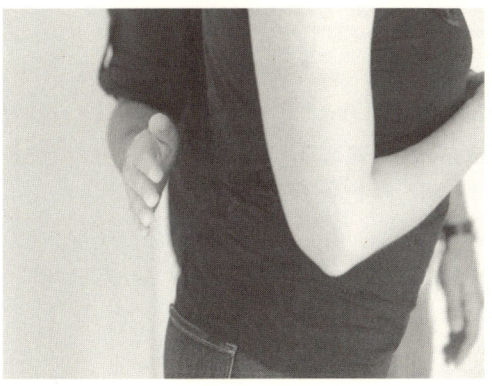

Anspruch angemeldet, aber keine sexuelle Berührung.

Versucht ein Mann zu früh, den unteren Rücken einer Frau zu berühren, wird sie häufig zusammenzucken und nonverbale Signale von Unbehagen zeigen oder beides. Berührt der Mann hingegen, während Sie sich nähern, den unteren Rücken oder die Hüfte mit festem Griff, können Sie davon ausgehen, dass die Beziehung bereits über das Anfangsstadium hinaus fortgeschritten ist, und sollten sich anderweitig nach einer Begleiterin umschauen.

Der verdutzte Spion

Die Berührung des unteren Rückens lieferte in einem Spionagefall einen entscheidenden Hinweis gegen einen FBI-Agenten, der, wie sich heraus-stellte, über 20 Jahre lang Geheiminformationen an eine ausländische Regierung geliefert hatte. Dieser Agent warb in einem den USA feindlich gesinnten Land eine Informationsquelle an. Im Laufe ihrer Beziehung überzeugte diese Gewährsfrau den Agenten, ihr Geheiminformationen zu liefern, die schließlich der feindlichen ausländischen Regierung weiterge-geben wurden.

Die Mitglieder des Verhaltensanalyse-Programms (Behavioral Analysis Program) erhielten eine Reihe von Videobändern, die den Agenten im Um-gang mit seiner Gewährsfrau zeigten. Auf einem Video war zu beobachten, wie er seine Kontaktperson am unteren Rücken berührte. Gestützt auf die-se Geste kam das BAP-Team zu der Feststellung, dass der FBI-Agent zu die-sem Zeitpunkt oder bereits früher Sex mit seiner Gewährsfrau gehabt hat-te. Damit war ein mögliches Motiv für den Agenten aufgedeckt, wissentlich Geheiminformationen an eine feindliche Regierung zu liefern. Dies führte zu Ermittlungen, die seine Mittäterschaft bei der illegalen Weitergabe von Geheimdokumenten an eine ausländische Regierung aufdeckten.

Putz-(»Striegel«-)Verhalten

Säubernde Gesten und gegenseitige »Gefiederpflege«, wie das Entfernen eines Fussels von der Kleidung des Partners oder das Geraderücken der Krawatte oder des Kragens, sind ebenfalls Zeichen für einen guten Kon-takt. Solche Tätigkeiten bei sich selbst ausgeführt sind andererseits häufig ein feindliches Signal oder ein Hinweis auf mangelndes Interesse an der Beziehung, insbesondere wenn es erfolgt, um den anderen nicht anschauen zu müssen, oder wenn es sich über einen längeren Zeitraum erstreckt.

Wenn der Partner »Gefiederpflege« betreibt, ist dies ein Zeichen
für einen guten Kontakt.

Forscher haben eine Reihe von Putz-Verhalten identifiziert, die zur Beurteilung der Intensität einer Romanze herangezogen werden können. Je mehr solcher Verhaltensweisen vorhanden sind, desto intensiver ist die Beziehung. Diese Checkliste bietet eine gute Möglichkeit, Ihre Liebesbeziehung zu bewerten. Holly Nelson und Glen Geher haben die folgende Teilliste positiver »Gefiederpflege« zusammengestellt.

1. Fahren Sie mit den Fingern durch das Haar Ihrer »besseren Hälfte«?

2. Waschen Sie Ihrer besseren Hälfte beim Duschen/Baden das Haar oder den Körper?

3. Rasieren Sie die Beine/das Gesicht Ihrer besseren Hälfte?

4. Wischen Sie Ihrer besseren Hälfte die Tränen ab, wenn er/sie weint?

5. Bürsten Sie Ihrer besseren Hälfte das Haar oder spielen damit?

6. Wischen Sie Ihrer besseren Hälfte Flüssigkeitsflecken weg oder trocknen diese?

7. Säubern und/oder schneiden Sie Ihrer besseren Hälfte die Finger- oder Fußnägel?

8. Bürsten Sie Schmutz, Laub, Fussel, Insekten etc. von Ihrer besseren Hälfte?

9. Kratzen Sie Ihrer besseren Hälfte den Rücken oder andere Körperteile?

10. Wischen Sie Ihrer besseren Hälfte Essen und/oder Krümel aus dem Gesicht oder vom Körper?

Isopraxismus (das Verhalten einer anderen Person spiegeln)

Über Spiegeln eines anderen Verhaltens zum Aufbau eines Kontakts haben wir bereits in Kapitel 2 gesprochen. Und wie können Sie Isopraxismus testen? Indem Sie anhand der Führen-und-Folgen-Methode prüfen, ob es mit der Zeit noch vorhanden ist.

Menschen, die eine seelische Verbindung zueinander haben, spiegeln die Körpergesten des anderen. Es fördert den guten Kontakt, die Körpersprache einer anderen Person absichtlich zu spiegeln. Wenn Sie einer Person das erste Mal begegnen, sollten Sie deren Gesten spiegeln, um einen Kontakt aufzubauen. Irgendwann während einer Unterhaltung können Sie den Kontakt zu der anderen Person testen, indem Sie die Führen-und-Folgen-Methode anwenden. Bisher haben Sie das Verhalten der anderen

Person gespiegelt. Nun möchten Sie sehen, ob die andere Person auch Ihr Verhalten spiegelt, was einen guten Kontakt signalisiert. Verändern Sie Ihre Körperhaltung. Wenn zwischen Ihnen beiden bereits ein guter Kontakt besteht, sollte die andere Person Ihr Verhalten innerhalb von 20 bis 30 Sekunden spiegeln.

Beispiele für einen guten Kontakt (beim oberen Foto ist das Spiegelverhalten deutlich sichtbar) und einen weniger guten Kontakt (unteres Foto, asynchrone Haltung und kein sichtbares Spiegelverhalten).

Bei der Führen-und-Folgen-Methode zum Testen eines guten Kontakts verändern Sie Ihre Körperhaltung, indem Sie die Arme und Beine verschränken oder voneinander lösen oder Ihre Körperhaltung auf andere Weise offensichtlich verändern. Spiegelt die andere Person Ihr Verhalten, besteht bereits ein guter Kontakt. Reagiert die andere Person jedoch nicht auf diese Weise, bleibt Ihnen die Option, mit dem Aufbau des Kontakts fortzufahren, gefolgt von einem erneuten Führen-und-Folgen-Test, um zu sehen, ob sich der Kontakt nach Ihren zusätzlichen Bemühungen verbessert hat.

Haarezwirbeln

Das Hochwerfen des Kopfes, begleitet von einem momentanen Zwirbeln der Haare, ist ein Anzeichen für einen guten Kontakt.

Das nonverbale Schlüsselzeichen beim Zwirbeln der Haare ist der Blickkontakt, ein starkes positives Anzeichen dafür, dass ein guter Kontakt geknüpft wurde. Die drei kleineren Fotos auf Seite 211 zeigen eine Sequenz des Haarezwirbelns, wie sie in Echtzeit vorkommen würde.

Beobachten Sie das Haarezwirbeln beim Testen des Kontakts sorgfältig. Ein Haarezwirbeln ohne Blickkontakt ist nämlich ein stark negatives Signal und zeigt das Fehlen eines guten Kontakts an.

Zwirbeln der Haare mit Blickkontakt (positives Signal).

Zwirbeln der Haare ohne Blickkontakt (negatives Signal).

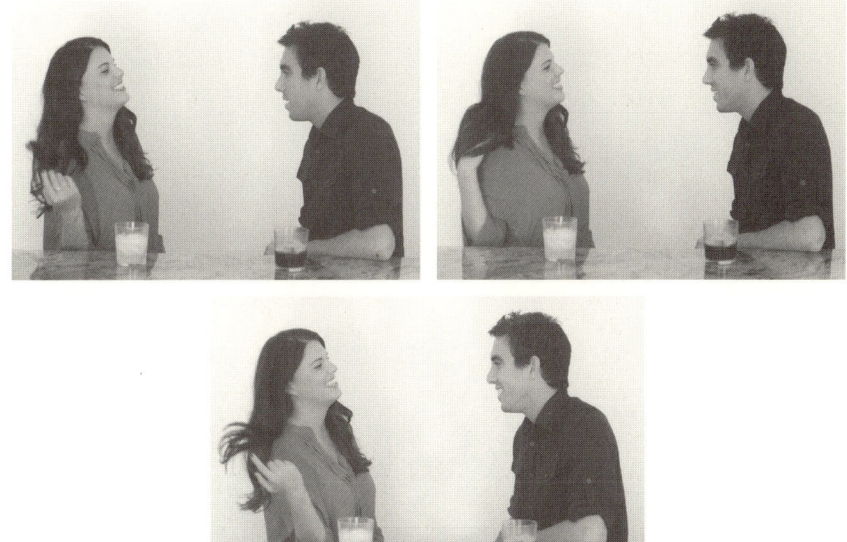

Sequenz des Haarezwirbelns.

Körperhaltung

Eine gute Testmöglichkeit für den Kontakt ist die Körperhaltung, in der zwei Menschen interagieren. Besonders aufschlussreich sind dabei zwei Verhaltensweisen.

Vorbeugen

Personen beugen sich zu Menschen oder Dingen, die sie mögen, und wenden sich von solchen ab, die sie nicht mögen. Menschen, die einen guten Kontakt haben, beugen sich zueinander. Während eines Trainings für Vernehmungsbeamte vor ihrem Einsatz im Irak bemerkte ich, dass sich die Mehrheit der Soldaten in der ersten Stunde meiner Präsentation zurücklehnte. Kurz vor der Pause äußerte ich mit einer empathischen Bemerkung, ich hätte nicht das Gefühl, eine gute Verbindung zu ihnen hergestellt zu haben. Die Soldaten nickten übereinstimmend. Sie erzählten mir, sie hätten bereits zwei Einsätze im Irak hinter sich, und mein Lehrstoff sei zu einfach. Ich sagte, wir würden eine Viertelstunde Pause machen, und ich würde aus meinem Büro das Trainingshandbuch für Fortgeschrittene holen. Hätte ich in der ersten Stunde den mangelnden Kontakt zwischen mir und der Klasse nicht bemerkt, wäre die gesamte Trainingseinheit verschwendet gewesen.

Offene Körperhaltung

Leute, die einen guten Kontakt haben, nehmen eine offene Körperhaltung an. Eine offene Körperhaltung signalisiert Anziehung und Offenheit für Kommunikation. Sie umfasst Gesten wie unverschränkte Arme und Beine, viele Handbewegungen beim Sprechen, nach oben zeigende Handflächen, leichtes Vorwärtsbeugen und das Zeigen freundschaftlicher Signale. Dies alles vermittelt Herzlichkeit, Vertrauen und Freundlichkeit. Um den Einfluss der offenen Körperhaltung noch zu verstärken, kann man mit dem Kopf nicken, den Kopf seitlich neigen und verbale Mutmacher äußern wie »Verstehe«, »Oha« oder »Sprechen Sie weiter«.

Eine Person, die zu einer anderen Person, mit der sie interagiert, einen guten Kontakt hat, fühlt sich von dieser nicht bedroht und daher mit einer offenen Körperhaltung wohl. Eine Person, die sich in derselben Situation bedroht fühlt, neigt zu einer geschlossenen Körperhaltung, um sich vor einer echten oder vermeintlichen Bedrohung zu schützen. Eine geschlossene Körperhaltung kann auch mangelndes Interesse anzeigen.

Zurschaustellungen einer geschlossenen Körperhaltung sind normalerweise das Gegenteil von Zurschaustellungen einer offenen Körperhaltung. Dazu gehören eng verschränkte Arme, wenige Handbewegungen und wenige freundschaftliche Signale. Wenn die Person, mit der Sie sprechen, Sie zwar anschaut, ihr Rumpf und ihre Füße jedoch in eine andere Richtung zeigen, ist sie nicht völlig bei der Sache. Die Füße einer Person zeigen häufig in eine andere Richtung, um unbewusst den Wunsch zu vermitteln, gehen zu wollen. Weitere Zeichen für Desinteresse sind ein Zurücklehnen von Körper oder Kopf, das Abstützen des Kopfes mit der Hand oder negatives Putzverhalten wie das Herumstochern in Zähnen oder Fingernägeln.

Neupositionierung des Rumpfes

Menschen, die einen guten Kontakt haben, richten sich zueinander aus. Das Vorbeugen oder Zurücklehnen ist eine Form der Rumpfverlagerung, die einen guten oder schlechten Kontakt anzeigt. Eine weitere Art der Rumpfverlagerung wird auf den beiden Fotos auf der folgenden Seite illustriert. Zu dieser Art der nonverbalen Rumpfbewegung gehört es, den Rumpf so zu drehen, dass er der Person von Interesse direkter zugewandt ist. Eine solche Rumpfbewegung ist ein guter Hinweis auf eine wachsende Beziehung zwischen den betreffenden Personen.

Werden die Rumpfbewegungen zum Test eines Kontakts herangezogen, lautet die Grundregel, dass Leute, die in einem guten Kontakt stehen, ihre Körper immer einander zuwenden. Die typische Sequenz für eine solche Ausrichtung sieht folgendermaßen aus: Zuerst wendet sich Ihnen der Kopf der anderen Person zu. Als Nächstes wendet die Person Ihnen ihre Schultern zu. Schließlich wird die Person ihren Rumpf so neu positionieren, dass er Ihnen direkt zugewandt ist. Wenn dies eintritt, können Sie darauf vertrauen, dass ein guter Kontakt hergestellt ist.

Sequenz der Neupositionierung des Rumpfes.

Barrieren

Eine gute Möglichkeit, einen Kontakt zu testen, ist, nach Barrieren Ausschau zu halten, die Personen zwischen sich und anderen aufbauen und/oder entfernen. Leute, die sich mit anderen nicht wohlfühlen, werden Barrieren errichten oder solche stehen lassen, die bereits vorhanden sind. Umgekehrt werden Leute, die sich mit jemandem wohlfühlen, mit dem sie interagieren, zwischen sich und dieser Person einen offenen Raum lassen, auch wenn dafür vorhandene Barrieren aus dem Weg geräumt werden müssen.

Versuche, Körper oder Brust zu versperren, sind ein feindliches Signal. Diese nonverbale Botschaft können Sie der Person, die Ihnen am Esstisch gegenübersitzt, schicken, indem Sie eine Tischdekoration zwischen Ihnen beiden aufstellen oder eine vorhandene stehen lassen.

Barrieren können durch die Position der Hände und Füße gebildet werden oder durch das Platzieren eines Gegenstands zwischen zwei Individuen. Einige nonverbale Verhaltensweisen und Gegenstände, die Barrieren bilden, sind weiter unten aufgeführt. Wenn Sie diese Art von Barrieren sehen, können Sie davon ausgehen, dass zwischen den betroffenen Personen kein guter Kontakt aufgebaut wurde.

Verschränkte Arme bilden eine Barriere. Das Zurücklehnen
demonstriert das Fehlen eines guten Kontakts.

Das Verschränken der Arme

Das Verschränken der Arme dient als psychologische Barriere, mit der sich Personen vor Themen schützen, die sie psychisch beunruhigen. Menschen, die einen guten Kontakt zueinander haben, fühlen sich nicht bedroht und auch nicht beunruhigt. Wenn die Person, mit der Sie sich unterhalten, plötzlich die Arme verschränkt, ist zwischen Ihnen noch kein guter Kontakt hergestellt oder es ist ein Signal für einen sich verschlechternden Kontakt. Menschen, die sich mit ihrem Gesprächspartner oder dem Gesprächsthema nicht wohlfühlen, verschränken häufig die Arme vor der Brust.

Barrieren aus Gegenständen errichten

Platziert jemand ein Getränk, ein Kissen, die Handtasche oder andere bewegliche Gegenstände zwischen sich und eine andere Person, signalisiert er damit ein gewisses Unbehagen und das Fehlen eines guten Kontakts. Eine Frau, die mit der Person, mit der sie spricht, keinen guten Kontakt hat, nimmt häufig ihre Handtasche als Barriere. Das bedeutet normalerweise, dass sie ihre Tasche vom Boden hebt und sich auf den Schoß legt. Damit wird signalisiert, dass noch kein guter Kontakt hergestellt wurde oder dieser sich verschlechtert.

Kissenbarriere

Ich erklärte einem neuen Ermittler, den ich ausbildete, die Funktion von Barrieren. Er war etwas skeptisch bezüglich der Wirksamkeit der Methode, bis er eine spezielle Zeugin vernahm. Wir vernahmen die Zeugin zu Hause. Sie saß auf der Couch, und wir saßen ihr in zwei Ohrensesseln gegenüber. Der neue Ermittler bat die Zeugin, den Tatverdächtigen zu beschreiben. Die Zeugin zögerte, griff nach einem Sofakissen und legte es sich auf den

Schoß. Der neue Ermittler warf mir einen Seitenblick zu, um mir mitzuteilen, er habe die nonverbale Botschaft bemerkt, dass die Zeugin sich bei
der Beschreibung des Tatverdächtigen unwohl fühlte. Der neue Ermittler
machte eine empathische Bemerkung: »Es scheint Ihnen unangenehm zu
sein, den Tatverdächtigen zu identifizieren.« »Natürlich«, gab sie zu. »Ich
will nicht, dass der Bursche zurückkommt und mir etwas antut.« Der Ermittler formulierte eine weitere empathische Bemerkung. »Sie machen
sich also Sorgen wegen einer möglichen Vergeltung.« »Ja«, seufzte sie. Die
Veränderung der nonverbalen Sprache der Zeugin hatte eine Veränderung
ihrer psychischen Bereitschaft signalisiert. Durch das Achten auf feine Veränderungen in der nonverbalen Sprache erfährt man häufig mehr als durch
alles, was diese Person ausspricht.

Der Ermittler nahm sich die Zeit, mit der Frau über ihre Angst zu sprechen, und lieferte ihr Argumente, warum diese Angst unbegründet war.
Nachdem er die Angst der Zeugin vor Vergeltung hatte ausräumen können,
legte sie das Kissen wieder in die Ecke der Couch. Der gute Kontakt zwischen dem neuen Ermittler und der Zeugin war wiederhergestellt.

Längeres Schließen der Augen

Ängstliche Menschen deuten ihr Unbehagen durch längeres Schließen der
Augen an. Ihre Augenlider dienen als Barriere, um zu verhindern, dass sie
die Person oder den Gegenstand sehen, der ihnen Angst macht oder für ihr
Unbehagen sorgt. Bei mehreren Gelegenheiten sah ich beim Betreten des
Büros von meinem Chef, dass er ein oder zwei Sekunden lang die Augen
schloss. Dies zeigte mir, dass er beschäftigt war und in diesem Moment
nicht mit mir sprechen wollte. In der Regel hatten mein Chef und ich
ein gutes Verhältnis, aber an solchen Tagen, wenn er seine Augen länger
schloss, entschuldigte ich mich rasch wieder. Mein Boss würde meine Bitten, Kommentare oder Vorschläge nicht begrüßen, wenn sein nonverbales
Verhalten zeigte, dass er alleine sein wollte.

Augenblinzelfrequenz

Menschen, die Angst empfinden, neigen dazu, öfter mit den Augen zu blinzeln. Die übliche Frequenz der meisten Menschen liegt bei 15 Mal blinzeln pro Minute. Wird jemand ängstlicher, nimmt die Frequenz bezogen auf seine persönliche Grundhäufigkeit zu oder ab. Jeder Mensch hat eine etwas andere »normale« Augenblinzelfrequenz, daher muss die persönliche Frequenz zu Beginn einer Interaktion bestimmt werden.

Wo steht die Tasse?

Wie Sie sich vielleicht erinnern, werden 70 Prozent aller Informationen beim Essen und Trinken zwischen den Menschen ausgetauscht. Leute, die zusammen essen oder trinken, sind darauf eingestellt, sich zu unterhalten. Wo eine Person ihre Tasse abstellt, kann ein Hinweis sein, ob bereits ein guter Kontakt hergestellt ist. Stellt die Person, die Ihnen gegenübersitzt, ihre Tasse zwischen Sie und sich, bildet die Tasse eine Barriere und signalisiert, dass noch kein guter Kontakt hergestellt ist. Stellt die Person die Tasse an der Seite ab, sodass zwischen Ihnen beiden der Platz offen bleibt, signalisiert dies, dass es bereits einen guten Kontakt zwischen Ihnen gibt. Die drei folgenden Fotos zeigen ein Paar, bei dem sich ein guter Kontakt entwickelt.

Achten Sie auf dem ersten Foto darauf, wie die beiden Tassen eine Barriere zwischen dem Paar am Tisch bilden. Auf dem zweiten Foto ist die junge Frau dabei, ihre Tasse zu heben, während der junge Mann bereits an seiner Tasse genippt hat. Auf dem dritten Foto hat die junge Frau getrunken und die Tasse zur Seite gestellt, sodass ein offener Raum zwischen ihr und dem jungen Mann bleibt, der seine Tasse noch in der Hand hält, aber eindeutig dabei ist, sie auf der anderen Tischseite abzustellen, um den Raum zwischen ihnen von jeder Barriere frei zu machen.

Die Tassenposition hilft zu erkennen, ob bereits ein guter
Kontakt hergestellt wurde.

Der allmähliche Aufbau eines guten Kontakts.

Das Entfernen von Barrieren zwischen Ihnen und der Person, mit der Sie sprechen, signalisiert einen guten Kontakt. Bei Gesprächen können Sie kontrollieren, wie gut der Kontakt ist, indem Sie beobachten, wo die Leute ihre Tassen oder sonstige Gegenstände auf dem Tisch abstellen. Wenn die Person, mit der Sie sprechen, ihre Tasse unerwartet vor Sie hinstellt, könnte diese Geste ein Erlahmen des Kontakts anzeigen. Mit anderen Worten kann die Positionierung einer Tasse oder eines anderen Gegenstands als Beziehungsbarometer dienen und anzeigen, ob dieser Kontakt nachlässt oder intensiver wird. Dies illustriert eine Reihe von Fotos auf Seite 220.

Auf dem ersten Foto sehen wir ein Paar, das an einem Tisch sitzt, zwischen beiden steht eine Blumenvase. Auf den beiden nächsten Fotos sehen wir, wie der junge Mann die Barriere (Blumen) zwischen sich und der jungen Dame entfernt, indem er die Vase nimmt und seitlich auf den Tisch stellt. Das vierte Foto zeigt die Entwicklung des guten Kontakts ohne Barriere und wie sich das junge Paar zueinander beugt, den Kopf zur Seite neigt und lächelt. Das fünfte Foto zeigt einen noch stärkeren Kontakt, denn Mann und Frau halten sich nun an den Händen. Das sechste Bild fängt von allen den intensivsten Kontakt ein, denn hier flüstert der junge Mann seiner Gefährtin etwas zu. Flüstern ist ein weiteres starkes Anzeichen für einen guten Kontakt.

Verhaltensweisen, die das Vorhandensein oder das Fehlen eines guten Kontakts anzeigen

Nachfolgend einige verräterische Hinweise, auf die Sie achten sollten, um festzustellen, wo Sie beim Aufbau eines guten Kontakts stehen.

Freundschaftliche Signale, die für einen guten Kontakt sprechen	Feindliche Signale, die für das Fehlen eines guten Kontakts sprechen
Heben der Augenbrauen	Gerunzelte Augenbrauen
Kopfneigung	Augenverdrehen
Häufiges Lächeln	Kaltes Starren

Freundschaftliche Signale, die für einen guten Kontakt sprechen	Feindliche Signale, die für das Fehlen eines guten Kontakts sprechen
Blickkontakt	Längeres Schließen der Augen und/oder abgewendeter Blick
Vertrauliche Berührung	Keine (oder sehr begrenzte) Berührung
Isopraxismus (spiegelndes Verhalten)	Asynchrone Körperhaltung
Vorbeugen (zu der anderen Person hin)	Zurücklehnen (von der anderen Person fort)
Flüstern	Haarzwirbeln (solange es keine Angewohnheit ist)
Ausdrucksstarke Gestik	Aggressive Haltung und/oder Angriffshaltung
Offene Körperhaltung	Geschlossene Körperhaltung
Entfernen von Barrieren/Hindernissen	Schaffen oder Nutzen von Barrieren/Hindernissen
Weit geöffnete Augen	Zusammengekniffene Augen
Zusammenziehen oder Lecken der Lippen (Frauen)	Künstliches Gähnen
Häufiges Kopfnicken	Verneinendes Kopfschütteln
Vom Teller des anderen mitessen (etwas »stibitzen«)	Naserümpfen
»Gefiederpflege« beim Partner	»Gefiederpflege« bei sich selbst
Zurückwerfen der Haare (mit Blickkontakt)	Zurückwerfen der Haare (ohne Blickkontakt)

Was haben Sie bisher gelernt?

Auf den folgenden Seiten sehen Sie eine Reihe von Fotos, zu jedem gibt es eine Frage. Beantworten Sie diese Fragen anhand der Informationen, die Sie bisher in diesem Buch gelernt haben, so gut Sie können. Vergleichen Sie anschließend Ihre Antworten mit unseren Antworten im Anhang.

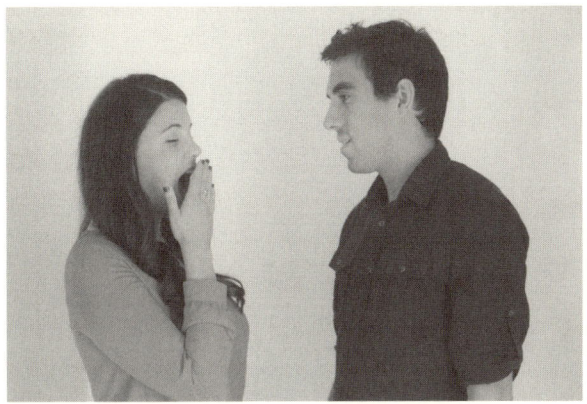

Foto 1: Identifizieren Sie die freundschaftlichen oder feindlichen
Signale, die auf diesem Foto zu sehen sind.

Foto 2: Identifizieren Sie drei freundschaftliche Signale,
die auf diesem Foto zu sehen sind.

Foto 3 (schwierige Frage): Benennen Sie ein zusätzliches freundschaftliches Signal, das auf Foto #2 nicht zu sehen ist.

Foto 4: Wie gut ist der Kontakt zwischen den beiden Personen auf diesem Foto? Begründen Sie Ihre Antwort anhand der nonverbalen Hinweise im Verhalten.

Foto 5: Beschreiben Sie, wie sich diese beiden Personen in Bezug
zueinander fühlen. Nennen Sie zur Begründung Ihrer Antwort
nonverbale Hinweise.

Foto 6: Beschreiben Sie, wie sich diese beiden Personen in Bezug
zueinander fühlen. Nennen Sie zur Begründung Ihrer Antwort
nonverbale Hinweise.

Foto 7: Erkennen Sie das freundschaftliche Signal, das auf keinem der anderen Fotos zu sehen war und das auf einen guten Kontakt zwischen diesen beiden Personen hinweist?

Foto 8: Beschreiben Sie, wie sich diese beiden Personen in Bezug zueinander fühlen. Nennen Sie zur Begründung Ihrer Antwort nonverbale Hinweise.

Foto 9: Beschreiben Sie die Beziehungsebene zwischen den beiden Personen auf dem Foto. Nennen Sie zur Begründung Ihrer Antwort nonverbale Hinweise.

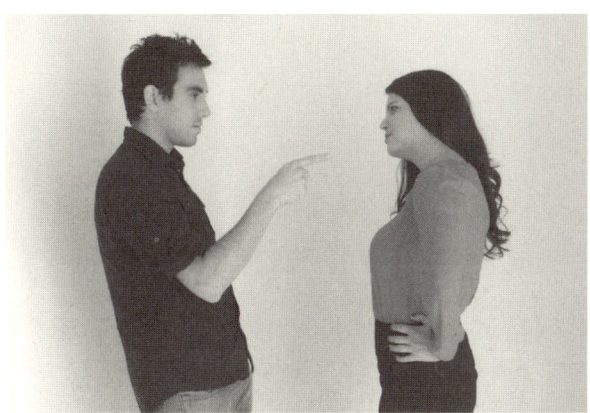

Foto 10 (schwierige Frage): Wer hat hier die Oberhand, der junge Mann oder die junge Frau? Erklären und begründen Sie Ihre Antwort anhand nonverbaler Hinweise.

7

Dauerhafte Beziehungen pflegen und aufrechterhalten

Den Leuten ist es egal, was Sie alles wissen, bis sie erstmals erfahren,
wie wichtig sie Ihnen sind.

———

ZIG ZIGLAR

Alle dauerhaften Beziehungen beginnen als kurzfristige Beziehung und entwickeln sich wie jede Freundschaft durch das Wissen um alle Hilfsmittel und deren Nutzung beim Aufbau und Erhalt einer guten Beziehung. Mit der Zeit entwickeln sich einige Beziehungen von Freundschaften zu einer Liebesbeziehung. Ist eine Beziehung zu einer Liebesbeziehung gereift, muss sich das Verhalten neu fokussieren, damit Leidenschaft und Partnerschaft intakt und intensiv bleiben.

Dieses Verhalten, das einfach zu verstehen, aber schwierig durchzuhalten ist, ist die *Fürsorge* (englisch: care). Denken Sie einen Moment lang an jeden Menschen, den Sie mehr als nur beiläufig kennen, wie Familienangehörige, Freunde, Kollegen und Mentoren. Fragen Sie sich dann: »Welchen dieser Menschen schätze ich am meisten und würde seine Wünsche am bereitwilligsten erfüllen?« Es bestehen gute Aussichten, dass es jemand sein wird, von dem Sie *glauben*, dass Sie ihm wichtig sind. Sie spüren das am Handeln dieses Menschen und an seinem allgemeinen Verhalten.

Mit dem Versuch, den Begriff Fürsorge zu definieren, ist es ähnlich wie mit dem Begriff *Pornografie*. Als ein Richter des Obersten Gerichtshofs gebeten wurde, den Begriff zu definieren, antwortete er: »Ich kann es nicht definieren, aber ich erkenne es, wenn ich es sehe.« So ist es auch mit der Fürsorge. Versuchen wir, das Wesentliche der Fürsorge in Worte zu fassen, kämpfen wir damit, die emotionale, zutiefst leidenschaftliche Komponente all dessen zu erkennen, was Fürsorge umfasst, auch wenn wir sie ohne Weiteres erkennen, wenn wir sie erfahren. Fürsorge hat mehr mit dem *Herzen* als mit dem *Kopf* zu tun. Dabei geht es um eine Beziehung, die über roboterhafte, intellektuelle, oberflächliche Interaktionen hinausgeht und das Wesentliche dessen berührt, was uns nach unserem innersten Gefühl ausmacht.

Fürsorge erlaubt es uns, die höheren Gefilde des Beziehungswachstums zu erreichen. Die einzelnen Buchstaben des englischen Begriffs »care« sagen uns, was zu tun ist, um *mit Erfolg* fürsorglich zu sein.

- C = Compassion/concern (= Mitgefühl/Sorge)

- A = Aktives Zuhören

- R = Reinforcement (= Verstärkung)

- E = Empathie

Wir wollen uns jedes einzelne Wort anschauen, um zu definieren, was getan werden muss, um eine dauerhafte Beziehung mit einem Lebenspartner gesund und glücklich zu erhalten.

Mitgefühl bzw. Sorge

Menschen, die andere Menschen pflegen, zeigen ehrliche *Sorge* für andere. Keine flüchtige Bemerkung oder gedankenlose Reaktion auf jemanden, der leidet, sondern ein aufrichtiges Gespür dafür, was diese Person erleidet, und die Hingabe, zu einer Verbesserung der Lage beizutragen. In langfristigen Beziehungen wird es viele Zeiten geben, in denen einer oder beide Partner eine Krise durchleben. Bei solchen Gelegenheiten wird wahre Sorge oder deren Fehlen offensichtlich. Es ist relativ einfach, eine langfristige Beziehung aufrechtzuerhalten, solange alles gut läuft; in der Feuerprobe einer Krise zeigt sich der wahre Charakter eines Menschen als wunderbar oder krisenuntauglich.

In gewisser Weise kann man sich wenig vorstellen, was schöner wäre, als zwei Menschen, die voneinander abhängig geworden sind, um füreinander da zu sein, wenn es nötig wird, und diese Notwendigkeit wird mit ziemlicher Sicherheit eintreten. Zu der vielleicht anhaltendsten Form der Fürsorge kommt es, wenn einer von beiden zur Pflegekraft des kranken oder verletzten Partners wird. Diese Art der selbstlosen Aufopferung Tag für Tag, vielleicht Jahr für Jahr zu beweisen ist die Verkörperung der Fürsorge in ihrer reinsten Form.

Sie werden hoffentlich nie in die Lage kommen, einen Lebenspartner bei dauerhafter Krankheit pflegen zu müssen, um Ihre Fürsorge zu zeigen. Zum Glück können Sie tagtäglich kleine Dinge tun, die Ihrem Partner zeigen, dass er Ihnen wichtig ist: die Arbeitsbelastung teilen, ohne Grund etwas Besonderes für den anderen tun, sich die Zeit für ein Kompliment für Ihre »Hauptperson« nehmen, bestärken, wenn der andere zögert, da sein, wenn man Sie braucht, ein freundliches Wort und eine helfende Hand anbieten: Dies sind alles Akte der Fürsorge, die einen mitfühlenden Menschen auszeichnen. Diese Art der Fürsorge heißt, »jemanden von innen heraus lieben«, und wenn Sie von Herzen geben, wird es mit herzlicher Dankbarkeit angenommen werden.

Einmal saß ich in einem überfüllten Einkaufszentrum in Washington, D.C., beim Mittagessen in einem Food Court, und als ich zur Geschirrablage ging, hörte ich meinen Namen. Ich blickte prüfend umher, sah aber niemanden, der versuchte, mich auf sich aufmerksam zu machen, daher ging ich weiter. Da hörte ich, dass mein vollständiger Name gerufen wurde. Ich drehte mich um und sah eine junge Dame auf mich zukommen. Sie blieb stehen und stellte sich vor, aber ich erkannte sie nicht. Da erzählte sie mir, dass sie sich bei mir bedanken wolle, weil ich ihr Leben gerettet habe. Ich warf ihr einen fragenden Blick zu. Sie fuhr fort: »Ich war eines von den Mädchen, die vor etwa zehn Jahren entführt wurden.« Sofort sah ich in einer Art Rückblende den Tag, an dem sie und ihre Freundin von zwei Polizeibeamten in einem Kugelhagel gerettet worden waren. Ich erinnerte sie, dass es die beiden Polizisten waren, die sie gerettet hatten. Sie bestätigte, dass die Beamten sie aus der Hand der Entführer befreit hätten, ich jedoch hätte ihr Leben gerettet. »Wie das?« fragte ich.

»Ich war ein emotionales Wrack«, antwortete sie. »Ihre Freundlichkeit und Ihr Mitgefühl haben in mir den Heilungsprozess in Gang gesetzt.« Ich erinnerte mich, dass mir der Fall übertragen worden war. Mein Vorgesetzter hatte mich beauftragt, sie nach ihrer Befreiung zu befragen. Es dauerte etwa einen Monat, bis ich sie so weit beruhigt hatte, dass sie erzählen konnte, was vorgefallen war, ohne zusammenzubrechen. Ich verbrachte täglich etwa eine Stunde damit, sie einfach nur erzählen zu lassen.

Empathische Bemerkungen waren dabei entscheidend wichtig. Wir sprachen selten über die eigentliche Entführung, aber schließlich konnte ich eine genauere Befragung des damals 14-jährigen Opfers durchführen. Nachdem ich meinen Job erledigt hatte, sah ich die junge Frau nie wieder, dachte auch nicht mehr an sie, aber sie erinnerte sich. »Sie werden mich vielleicht vergessen haben«, sagte sie, »aber ich werde mich immer an Ihre Freundlichkeit erinnern. Ich glaube nicht, dass ich mich ohne Ihre Hilfe erholt hätte.« Ich dankte ihr und erklärte ihr, ich hätte nur meine Arbeit getan. Ich stellte mein Tablett auf die Theke, und jeder ging seiner Wege. Dabei wurde mir klar, dass man selbst seine gesprochenen Worte häufig längst vergessen hat, während sie beim Empfänger weiterhin stark nachwirken können.

Aktives Zuhören

Aktives Zuhören bedeutet, dass Sie neben empathischen Bemerkungen verbale und nonverbale Hinweise geben, während die andere Person spricht.

Einige der Vorschläge in Kapitel 5, die das aktive Zuhören betreffen, erhalten in dauerhaften Beziehungen zusätzliche Bedeutung, in denen Jahre der interaktiven Kommunikation mit demselben Menschen dafür sorgen, dass wir besser verstehen, wie sich persönliche Bindungen stärken oder schwächen lassen.

In dauerhaften Beziehungen ist die Kommunikation ein Schlüsselelement, um die Gefühle, die wir für den anderen Menschen empfinden, zu erhalten oder versiegen zu lassen. Ein offener, ehrlicher Austausch zwischen langjährigen Partnern baut Vertrauen auf, demonstriert eine fürsorgliche Haltung und liefert wichtige Informationen über den aktuellen Status der Beziehung.

Wenn Sie von Beginn der Beziehung an das aktive Zuhören befürwortet und praktiziert haben, werden Sie einen großen Vorteil genießen, je länger die Beziehung andauert, weil Sie ein deutlich besseres Verständnis für die besonderen Bedürfnisse, persönlichen »Eigenheiten«, Interessen, für die Persönlichkeit, die Wünsche und Ängste Ihres Partners haben und wissen, welche Gesprächsthemen besprochen oder besser gemieden werden.

Ohne aktives Zuhören ist es bei einigen Paaren, die jahrzehntelang zusammen sind, durchaus möglich, dass die beiden Partner keine Vorstellung von den wahren Gefühlen und Wünschen des anderen haben. Der Grund dafür ist, dass die Partner nicht darauf geachtet haben, was der andere gesagt hat! Es ist zwar schwer zu glauben, aber es kommt tatsächlich vor, und zwar traurigerweise öfter, als die meisten Menschen gerne zugeben möchten. Aktives Zuhören erlaubt eine offene, wechselseitige Kommunikation, bei der das Geben und Nehmen von Informationen durch aktives Sprechen und Zuhören erleichtert wird.

Einer der größten Vorteile des aktiven Zuhörens in einer dauerhaften Beziehung ist die Fähigkeit, besser unterscheiden zu lernen, wie Sie am besten für Ihren Partner sorgen können. Während im Anfangs- oder Frühstadium einer Beziehung die klare Möglichkeit besteht, »das Falsche« zu sagen, sollten derartige Gesprächsfehler deutlich nachlassen (oder sogar völlig entfallen), wenn die Beziehung reift und sich die Beteiligten durch aktives Zuhören besser kennengelernt haben.

Jeder Mensch, der seinem dauerhaften Lebenspartner aktiv zugehört hat, weiß sehr gut, welche Wort-Minen zu vermeiden sind und an welche heißen Eisen besser nicht gerührt wird. Andererseits kann dieses Wissen auch verwendet werden, um Beziehungen zu schwächen oder sogar zu vernichten. Dies geschieht am häufigsten im Streit, wenn eine Partei absichtlich das Reizthema des anderen anspricht, sodass der Konflikt eskaliert und gleichzeitig psychischen Schmerz bereitet. Dies ist eine schlechte Strategie, auch wenn eine Person sehr verärgert ist oder man auf diese Weise einen Streit gewinnen kann. Das Problem dabei ist, dass noch lange, nachdem der Streit beendet und der Auslöser vergessen ist, die emotionale Nachwirkung durch die verbale Verletzung fortbesteht.

Auch wenn es verlockend sein mag, zum Gewinnen eines Streits oder um »schlagkräftig« zu sein eine Information zu verwenden, die Ihnen aus einer früheren Diskussion bekannt ist, sollten Sie darauf verzichten, wenn Ihr Partner eine solche Information als »tabu« betrachtet. Widerstehen Sie der Versuchung, mit Worten um sich zu schlagen!

Mit der Zeit kann eine Beziehung durchaus scheitern, wenn einer der Partner immer wieder absichtlich auf Wort-Minen tritt, heiße Eisen anpackt oder Themen anschneidet, die in einem Streit als tabu gelten.

Vermeiden Sie heiße Eisen!

Seien Sie ein erfolgreicher aktiver Zuhörer. So wird man Sie nicht nur als fürsorglich empfinden, sondern Sie werden Ihren Partner auch besser verstehen und dadurch die Beziehung stärken. Nachfolgend einige zusätzliche Hinweise, die das aktive Zuhören noch erfolgreicher machen:

- Lassen Sie Ihren Partner immer ausreden, bevor Sie zu sprechen beginnen.

- Wichtige Diskussionen verdienen eine angemessene Umgebung, in der Sie problemlos hören können, was Ihr Partner sagt (sprechen

Sie über finanzielle Dinge oder lebensverändernde Ereignisse nicht in einem lauten, überfüllten Restaurant!).

• Denken Sie nicht darüber nach, was Sie als Nächstes sagen werden, während Ihr Partner spricht. Konzentrieren Sie sich auf die Worte des anderen, nicht auf Ihre eigenen Gedanken.

• Falls Ihr Partner introvertiert ist und es unangenehm findet zu sprechen, ermutigen Sie ihn durch Kopfnicken und verbale Anstöße (siehe Kapitel 5).

• Beobachten Sie Ihren Partner, während er spricht. Kommunikation findet nonverbal ebenso statt wie verbal. Indem Sie Ihrem Partner Aufmerksamkeit schenken, sieht dieser zudem, dass Sie aufrichtig an dem interessiert sind, was er sagt.

• Seien Sie bereit, Ihren Partner zu loben, wenn er auf etwas Wichtiges hinweist oder einen guten Vorschlag macht.

• Wenn Sie etwas hören, was Ihnen nicht gefällt oder womit Sie nicht einverstanden sind, tun Sie es nicht automatisch ab oder gehen gleich in die Offensive. Denken Sie erst darüber nach und prüfen Sie, ob an dem Gesagten vielleicht etwas Wahres ist oder zumindest ein Spielraum, um einen für beide Partner befriedigenden Kompromiss zu finden.

• Falls Ihr Partner in einer bestimmten Situation eindeutig falsch liegt, versuchen Sie, eine taktvolle Möglichkeit zu finden, dass er seinen Irrtum eingestehen kann, ohne das Gesicht zu verlieren.

• Sie können sogar eine Gesprächsunterbrechung vorschlagen, wenn Sie das Gefühl haben, dass die Unterhaltung auf eine Konfrontation zusteuert.

Verstärkung

Verstärkung ist der Einsatz von Belohnung und Strafe durch einen Partner in einer Beziehung gegenüber dem anderen Partner. Nachfolgend einige Fehler, die Sie im Umgang mit Ihrem Lebenspartner vermeiden sollten.

1. **Mangelndes Bewusstsein dafür, dass Ihr Umgangsstil im Alltag zur unangemessenen Verteilung von Belohnungen und/oder Strafen führt.**

Einige Leute legen in einer Langzeitbeziehung gleichbleibende Verstärkungsmuster gegenüber ihrem Partner an den Tag, die der Maximierung der Zufriedenheit mit der Partnerschaft nicht zuträglich sind. Es gibt drei Typen von Individuen, die die Verstärkung unangemessen nutzen.

Der negativistische Partner

- Sein Motto: »Das Negative betonen, das Positive ignorieren.«

- Sein Credo: »Welche Anerkennung verdienst du dafür, dass du etwas richtig machst? Das ist schließlich deine Aufgabe!«

- Sein Verhaltensansatz gegenüber dem Partner: Negativität und Strafe.

Negativistische Partner scheinen die »Siehst du, das habe ich dir doch gesagt«-Routine zu beherrschen, wenn Sie etwas falsch machen, und die »Ich sehe dich nicht«-Routine, wenn Sie etwas richtig machen. Jemand, der mit einem negativistischen Partner zusammenlebt, äußert gewöhnlich diese oft gehörte Klage: »Die einzige Gelegenheit, wo ich von meinem Partner etwas zu hören bekomme, ist, wenn ich etwas falsch gemacht habe.« Ist es verwunderlich, dass ein solches Verhalten Bitterkeit und Frustration hervorbringt? Niemandem gefällt es, das Gefühl haben zu müssen, dass alles, was er oder sie gut macht, ignoriert wird, während jeder Fehler maximale Aufmerksamkeit bekommt. Wie eine Frau sehr treffend ihrem Mann gegenüber äußerte: »Wenn du schon immer meine Fehler kritisieren musst, widme wenigstens meinen Erfolgen ebenso viel Zeit.« Negativistische Partner müssen erkennen, dass es zwar angemessen ist, den Partner zu kritisieren, wenn er etwas falsch macht, das korrigiert werden muss, dass es jedoch ebenso angemessen ist, den anderen zu loben, wenn er etwas gut macht.

Der perfektionistische Partner

- Sein Motto: »Es bleibt immer noch Raum für Verbesserung.«

- Sein Credo: »Was nicht perfekt ist, lohnt nicht.«

- Sein Verhaltensansatz gegenüber dem Partner: Unzumutbare Standards setzen.

Der perfektionistische Partner verlangt ein hohes Maß an Anstrengung, um Perfektion zu erreichen, wo Kompetenz mit weit weniger Anstrengung ausreichen würde. Perfektionistische Menschen sind nur bereit, ihre Partner für eine gut erledigte Aufgabe oder Arbeit zu loben, wenn sie *perfekt* erfüllt wurde. Und genau darin liegt das Problem. Da perfektionistische Partner die Standards so hoch setzen, kann kaum jemand die nötige Leistung erreichen, um ein freundliches Wort zu ernten. Insofern spielt der perfektionistische Partner die Rolle des negativistischen Partners noch um eine Stufe verstärkt, indem eine so hohe Leistung verlangt wird, dass diese von vornherein unmöglich zu befriedigen ist! Am erfolgreichsten können perfektionistische Partner ihre überzogenen Ansprüche in einer Beziehung verändern, indem sie ihre Standards auf ein vernünftiges Maß herunterfahren, auf ein Maß, das Kompetenz wertschätzt und keine Leistung im Verhalten verlangt, die unerreichbar ist. Perfektionistische Partner sollten einsehen, dass die Menge an Zeit und Anstrengung, die nötig ist, um eine gute Leistung in eine perfekte Leistung zu verwandeln, selten die Mühe lohnt.

Der sadistische Partner

- Sein Motto: »Ein einziger Fehler löscht eine gute Leistung aus.«

- Sein Credo: »Irren ist menschlich, dafür zu bezahlen ist göttlich.«

- Sein Verhaltensansatz gegenüber dem Partner: Völlige Unausge-
  wogenheit zwischen der Belohnung einer guten Leistung und der
  Strafe für Irrtümer oder Fehler.

Sadistische Partner erwerben sich ihren Titel, weil sie uns an ungezogene
Kinder erinnern, die Schmetterlingen die Flügel ausreißen. An der Oberfläche wirken sie recht freundlich. Sie äußern ihren Partnern gegenüber
regelmäßig Lob und Anerkennung. Aber aufgepasst! Diese Menschen
haben im Umgang mit ihren Partnern eine einzigartige und unrealistische
Art, ihr Lob gegen ihre Kritik aufzurechnen. Dabei gehen sie folgendermaßen vor: Ihre Partner können noch so viel Lob angesammelt haben, wie ihr
Verhalten rechtfertigt, wenn sie irgendwann etwas falsch machen, löscht
dieser *eine* Fehler alles Lob aus, das sie bisher verdient haben. Der sadistische Partner, der sich bessern möchte, sollte lernen, eine gewisse »Ausge-
wogenheit« zwischen gutem und nicht so gutem Verhalten des Lebenspart-
ners anzuerkennen und auch zu erkennen, dass angesammelte Ereignisse
positiven Verhaltens durch ein einziges negatives Ereignis nicht wertlos
gemacht werden dürfen.

**2.   Dem Partner nicht genügend »positive Aufmerksamkeit«
schenken.**

Zu den bedauernswerten Realitäten von Langzeitbeziehungen gehört die
natürliche Tendenz der Partner, etwas von der Leidenschaft zu verlieren,
die sie dazu getrieben hat, im Frühstadium ihrer Interaktion den anderen
mit Aufmerksamkeit, Komplimenten und »kleinen Liebesbeweisen« zu
überschütten. Das ist bedauernswert, weil der Mensch das Bedürfnis nach

positiver Aufmerksamkeit nie verliert. Das Gefühl, dass eine nahestehende Person einen schätzt und gewillt ist, dies regelmäßig durch kleine Liebesdienste und Komplimente zu zeigen, ist für die Gesundheit und Stabilität von Langzeitbeziehungen entscheidend wichtig.

Nachfolgend einige Beispiele, wie Sie Ihrem Partner dieses besondere Gefühl vermitteln können, dass Sie ihn lieben und schätzen:

- Loben Sie Ihren Partner ruhig, wenn er etwas gut macht. Das kann ein Problem am Arbeitsplatz sein, das er löst. Es kann eine staatsbürgerliche oder soziale Ehrung sein, die er erhält. Es kann auch einfach nur die Tatsache sein, dass er sich auf dem Heimweg die Zeit genommen hat, Ihnen Ihr Lieblingsdessert aus der Bäckerei mitzubringen. Lassen Sie Ihren Partner wissen, dass Sie ihn schätzen, indem Sie ihn loben. Das Lob sollte nie ausgesprochen werden, um bei der gelobten Person etwas zu erreichen. Es sollte ehrlich gemeint sein. Die gute Nachricht ist, dass Lob kein Geld kostet, sondern lediglich die Bereitschaft, dem Partner positive Aufmerksamkeit zukommen zu lassen, und diese ab und zu in Worte zu fassen.

- Selbstverständlich sollte sein, dass Sie signifikante Daten Ihres Partners nicht vergessen, so wie Geburtstag, Jahrestage, besondere Ereignisse usw. Mit einer kleinen Aufmerksamkeit und einer persönlichen Karte können Sie viel ausrichten, damit sich Ihr Partner wirklich gut fühlt und auch Ihnen gegenüber positive Gefühle zeigt.

- Eigentlich ist es selbstverständlich, dass Sie Ihren Partner an wichtigen Entscheidungen beteiligen, die Sie beide betreffen. Beispielsweise wenn es um Entscheidungen zur Finanzplanung, bei größeren Kaufentscheidungen, bei anstehenden Jobwechseln oder jobbedingten Umzügen und gesundheitlichen Fragen geht. Die Menschen tragen jegliche Entscheidung bereitwilliger mit, wenn sie das Gefühl haben, bei der Entscheidung ein Wörtchen mitgeredet zu haben. Wenn sie zu ihrer Meinung befragt wurden, werden

240 Der Sympathie-Schalter

sie nicht nur eher zustimmen und die Entscheidung mittragen,
sondern werden dies unter Umständen auch mit mehr Motivation
und Begeisterung tun.

- Wenn es passend ist, geben Sie Ihrem Partner »öffentliche Anerkennung«, indem Sie anderen erzählen, was für eine besondere
  Leistung er oder sie vollbracht hat. Auch wenn es Ihrem Partner
  unangenehm ist oder er seine Leistung herunterspielen wird,
  sollten Sie sich in den meisten Fällen nicht davon abhalten lassen,
  sofern das keine Krise heraufbeschwört. Selbst Introvertierte
  sind für öffentliche Anerkennung empfänglich, solange diese
  geschmackvoll und nicht übertrieben erfolgt.

3. **Den Partner falsch belohnen oder beschenken, weil keine Über-
einstimmung besteht zwischen dem, wovon Sie glauben, dass
Ihr Partner es sich wünscht, und dem, was er sich tatsächlich
wünscht.**

Denken Sie zurück an Ihre Kinderzeit, als Sie zu einem Festtag oder zum
Geburtstag etwas geschenkt bekamen, was Sie überhaupt nicht mochten.
Noch schlimmer war es sogar, wenn das Geschenk von einem Verwandten
oder Freund kam, der am meisten Geld zur Verfügung hatte und von dem
Sie abhängig waren, um dieses neue Fahrrad oder das dafür benötigte Geld
zu bekommen, und Sie stattdessen mit einem unschönen Kleidungsstück
oder einem mehrbändigen Lexikon dastanden.

Machen Sie diese Art von Fehler bei Ihrem Partner nicht. Selbst wenn
Sie die besten Absichten haben und viele Gedanken und Mühe darauf verwandt haben, für Ihr Herzblatt dieses besondere Geschenk zu bekommen,
wird es nicht wirklich geschätzt werden, wenn es nichts ist, was er oder
sie sich an erster Stelle gewünscht hat. Man würde erwarten, dass Partner
nach 10, 20, 30 oder noch mehr Jahren eine gute Vorstellung davon haben,
was der andere gerne mag. Erstaunlicherweise ist dies jedoch nicht immer
der Fall. Der Ehemann, der seiner Frau zum Valentinstag einen Staubsau-

ger kauft, existiert nicht nur in der Werbung oder in irgendwelchen Geschichten, es gibt ihn tatsächlich.

Wie können Sie sichergehen, dass Sie Ihrem Partner das schenken, was er sich wünscht? Indem Sie fragen! Oder, noch besser, indem Sie dem anderen wirklich zuhören, denn dann werden Sie wahrscheinlich in der Lage sein herauszufinden, was der andere sich wünscht. Seien Sie ein guter Beobachter. Ein offener Katalog auf dem Küchentisch, wo ein Artikel rot umrandet ist, kann beispielsweise einen Hinweis liefern.

Wenn Sie den anderen fragen, was er sich wünscht, ist es keine Überraschung mehr. Vor allem, wenn es um Geschenke zu Festtagen geht, kann man dies umgehen, indem man dem Partner vorschlägt, Bilder von Dingen, die er sich wünscht, in eine spezielle Schachtel zu legen. Das kann beispielsweise eine Werbung für ein Urlaubsziel sein, ein bestimmter Haushaltsartikel oder vielleicht die Speisekarte eines speziellen Restaurants. Auf diese Weise kann der Partner etwas aus dieser Schachtel wählen und kaufen, ohne dass der Empfänger des Geschenks weiß, welches davon es sein wird.

Empathie

Empathie ist der letzte Bestandteil des Wortes CARE (Fürsorge) und für eine erfolgreiche Langzeitbeziehung entscheidend wichtig. Nachempfinden zu können, wie der Partner sich fühlt, und sich dafür zu *interessieren* ist für den Erhalt einer guten Beziehung wesentlich. Menschen, die schon lange zusammen sind, haben einen natürlichen Vorteil, wenn es darum geht, sich in den anderen einzufühlen. Sie hatten jahrelang Zeit, die feinsten Stimmungsnuancen, einmaligen Bedürfnisse und persönlichen Eigenheiten im Verhalten dieses Menschen kennenzulernen.

Es ist erstaunlich, was ein freundliches Wort bewirken kann, wenn Sie spüren, dass Ihr Partner schlecht drauf ist. Eine empathische Bemerkung wie: »Sicher leidest du darunter«, wenn Sie erfahren, dass der Ihnen nahestehende Mensch eine Niederlage einstecken musste, sendet die starke

Botschaft, dass Sie so fürsorglich sind, das Problem aufzugreifen und sich die Zeit zu nehmen, Ihr Interesse dafür zu bekunden. Für einen Partner »da zu sein«, der physisch oder psychisch leidet, bringt diesem großen Trost, und er wird sich an dieses Mitgefühl erinnern und es wertschätzen.

Empathie ist ein so wichtiger Teil von Beziehungen, dass sie bereits jahrzehntelang als entscheidendes Hilfsmittel für den Aufbau von Beziehungen jeglicher Art anerkannt und gepriesen wird: für kurzfristige, langfristige, persönliche und berufliche Beziehungen. Henry Ford fasste dies in folgender Beobachtung zusammen: »Wenn es nur ein einziges Erfolgsgeheimnis gibt, so liegt es in der Fähigkeit, sich in die Sichtweise einer anderen Person hineinzuversetzen und die Dinge unter deren und dem eigenen Blickwinkel zu betrachten.«

Sorge/Mitgefühl, Aktives Zuhören, Verstärkung und Empathie sind die Bestandteile von CARE (Fürsorge), die kurzfristige Freundschaften in Langzeitbeziehungen verwandeln kann und Langzeitbeziehungen in alles, was daraus werden kann.

Wut-Management: Der Umgang mit wütenden Leuten

Die Hilfsmittel, die Sie an die Hand bekommen haben, um befriedigende kurz- und langfristige Beziehungen aufzubauen, sind so konzipiert, dass Sie für den Umgang mit praktisch jedem geeignet sind (stimmt nicht ganz, Psychopathen sind ausgeschlossen!). Das bedeutet natürlich nicht, dass jede Beziehung dadurch völlig befriedigend und konfliktfrei wird. Selbst zwischen den besten Freunden und Lebenspartnern kann es Unstimmigkeiten geben, auch wütende Unstimmigkeiten, wenn die Betroffenen schlecht gelaunt oder gegensätzlicher Meinung sind. Wie Sie am besten mit Wut umgehen, die in jeder Beziehung unvermeidlich ist, ist eine wichtige Fertigkeit, die Sie entwickeln sollten, um die Klippen in jeder zwischenmenschlichen Interaktion zu umschiffen.

Erfolgreicher Umgang mit Wut in einer persönlichen Interaktion

Wütende Freunde, Mitarbeiter oder Familienmitglieder erzeugen Stress. Sie können das Leben am Arbeitsplatz oder zu Hause äußerst unerfreulich gestalten. Die Entwicklung wirksamer Strategien für das Wut-Management bildet den Eckpfeiler des Wohlwollens und eine deutlich angenehmere Umgebung, ob zu Hause oder am Arbeitsplatz.

Zu einer wirksamen Strategie für das Wut-Management gehört es, den Fokus der Unterhaltung auf der wütenden Partei zu halten, was es dieser erlaubt, dem Ärger Luft zu machen, sowie einen zielgerichteten Ablauf für den Umgang mit dem Problem liefert, das die Wut in erster Linie ausgelöst hat. So wird der Wut-Zyklus unterbrochen und eine Lösung der Krisensituation ohne Schaden für die persönlichen Beziehungen möglich. Gehen Sie mit einer Krisensituation geschickt um, werden Sie bei den anderen beliebter sein, weil Sie letztlich dafür sorgen, dass sich die wütende Partei besser fühlt, da ihr Stress und auch Ihr eigener Stress nachlassen. Nachfolgend einige Richtlinien für den bestmöglichen Umgang mit Wut.

Diskutieren Sie mit einem wütenden Menschen nicht, denn er kann nicht logisch denken.

Wut löst die Kampf-oder-Flucht-Reaktion aus, die den Körper mental und physisch auf das Überleben vorbereitet. Während der Kampf-oder-Flucht-Reaktion reagiert der Körper auf eine Bedrohung automatisch, ohne bewusstes Nachdenken. Nimmt die Bedrohung weiter zu, nimmt die Fähigkeit des Menschen zum logischen Denken ab. Wütende Menschen erleben dasselbe Phänomen, weil Wut eine Reaktion auf eine echte oder als echt wahrgenommene Bedrohung ist. Wütende Leute reden und agieren, ohne nachzudenken. Das Ausmaß ihrer kognitiven Verschlechterung hängt von der Intensität ihrer Wut ab. Je wütender jemand wird, desto weniger kann er Informationen logisch verarbeiten. Wütende Menschen sind für Lösungen nicht offen, weil ihr logisches Denkvermögen eingeschränkt ist.

Der Körper braucht etwa 20 Minuten, um nach einer ausgeprägten Kampf-oder-Flucht-Reaktion in den Normalzustand zurückzukehren. Wütende Menschen brauchen Zeit, um sich zu beruhigen, bevor sie wieder anfangen können, klar zu denken. Deswegen werden sie irgendwelche Erklärungen, Lösungen oder Optionen der Problemlösung erst vollständig verstehen, wenn sie wieder logisch denken können. Diese renitente Phase zuzulassen ist ein entscheidender Teil jeder Strategie im Wut-Management. Die erste Strategie, um den Wut-Zyklus zu durchbrechen, lautet: »Niemals versuchen, mit wütenden Leuten rational zu diskutieren.« Die Wut muss erst herausgelassen werden, bevor Problemlösungen angeboten werden können.

Sieht man sich einem wütenden Menschen gegenüber, ist es zwingend, eine »Abkühlzeit« zu gewähren. Ein Autor schlägt im Umgang mit einem wütenden Freund, Kollegen oder Partner vor, »auf den Balkon zu gehen«. Dies ist eine andere Art zu zeigen, dass Sie erst vom Feuer zurücktreten und alles etwas abkühlen lassen müssen, bevor Sie sich der Feuerstelle wieder zuwenden.

In vielen Fällen kann eine einfache Erklärung die Wut besänftigen. Die Leute möchten das Gefühl haben, die Kontrolle zu haben. Wütende Menschen suchen in einer Welt nach Ordnung, die ihnen nicht mehr sinnvoll erscheint. Die Unfähigkeit, in eine ungeordnete Welt wieder einen Sinn zu bringen, ruft Frustration hervor. Diese Frustration äußert sich in Wut. Liefert man eine Erklärung für ein bestimmtes Verhalten oder Problem, kommt die in Unordnung geratene Welt häufig wieder in Ordnung, und dabei werden auch die Gefühle der wütenden Person besänftigt. Der folgende Austausch zwischen einem Vorgesetzten und einem Untergebenen demonstriert diese Methode:

Vorgesetzter: *Ich hatte Ihren Bericht bis heute Morgen erwartet. Ihr Verhalten ist inakzeptabel.* (Wut)

Angestellter: *Ich konnte den Bericht nicht fertigstellen, weil ich die Daten von der Vertriebsabteilung noch nicht erhalten habe. Sie wollen mir die Daten innerhalb der nächsten Stunde schicken.* (liefert eine Erklärung)

Vorgesetzter: *In Ordnung. Stellen Sie den Bericht so schnell wie möglich fertig.* (Auflösung der Wut)

Akzeptiert eine wütende Person die einfache Erklärung für ein Problem nicht, steigt das Risiko für eine verbale Eskalation signifikant. Wut braucht einen Treibstoff. Die größer gewordene Wut provoziert zu einer heftigeren Reaktion, die der Wut des Vorgesetzten wiederum Treibstoff liefert. Wird dieser Wut-Zyklus fortgesetzt, wird irgendwann die Schwelle zur Kampf- oder-Flucht-Reaktion überschritten, was die Fähigkeit zum logischen Denken reduziert. Eine Problemlösung wird unmöglich, wenn beide Personen in dem Zyklus gefangen sind.

Versuchen Sie, den Wut-Zyklus mit einem Drei-Faktoren-Modell zu durchbrechen: empathische Bemerkungen, Dampfablassen und Vorwegnahmen.

Empathische Bemerkungen fangen die verbale Botschaft, den körperlichen Zustand oder die Emotionen eines Menschen ein und reflektieren sie in einer Sprache, die den gehörten oder wahrgenommenen Hinweisen entspricht. Das Dampfablassen reduziert die Frustration. Sobald wütende Menschen die Chance erhalten, ihren Frustrationen Luft zu machen, werden sie für Lösungen offener, weil sie klarer denken können, wenn sie nicht mehr wütend sind. Vorwegnahmen leiten wütende Menschen zu einer Vorgehensweise, die zur Lösung des Konflikts führt, der sie ursprünglich wütend gemacht hat. Vorwegnahmen werden so formuliert, dass es für wütende Menschen schwierig wird, der Vorgehensweise nicht zu folgen, zu der sie gelenkt werden (die ihnen empfohlen wird). Der folgende Dialog demonstriert, wie der Wut-Zyklus mithilfe des Drei-Faktoren-Modells durchbrochen werden könnte.

Vorgesetzter: *Ich hatte Ihren Bericht bis heute Morgen erwartet. Ihr Verhalten ist inakzeptabel.* (Wut)

Angestellter: *Ich konnte den Bericht nicht fertigstellen, weil ich die Daten von der Vertriebsabteilung noch nicht erhalten habe. Sie wollen mir die Daten innerhalb der nächsten Stunde schicken.* (liefert eine Erklärung)

Vorgesetzter: *Das ist keine Entschuldigung. Sie hätten in die Vertriebsabteilung gehen müssen, um diese Daten zu holen. Sie wissen doch, wie wichtig es gewesen wäre, den Bericht heute Morgen fertigzuhaben. Ich habe heute Nachmittag einen Termin mit dem Kunden. Ich weiß nicht, was ich jetzt tun werde.* (Zurückweisung der Erklärung)

Angestellter: *Sie sind aufgebracht, weil der Kunde den Bericht heute Nachmittag erwartet.* (empathische Bemerkung)

Vorgesetzter: *Ja. Wegen Ihnen werde ich jetzt schlecht dastehen.* (dem Ärger wird Luft gemacht)

Angestellter: *Sie sind enttäuscht, weil Sie erwartet hatten, dass ich den Bericht heute Morgen fertighabe.* (empathische Bemerkung)

Vorgesetzter: *Genau. Das ist sogar untertrieben.* (die Schultern sinken, begleitet von einem tiefen Ausatmen; Dampfablassen beendet)

Angestellter: *Ich gehe sofort die Verkaufszahlen holen, und Sie bekommen den Bericht noch vor Ihrem Termin heute Nachmittag.* (Vorwegnahme)

Vorgesetzter: *Okay. Sehen Sie zu, was Sie tun können.* (Wut aufgelöst)

Wie funktioniert das Drei-Faktoren-Modell?

Empathische Bemerkungen

Empathische Bemerkungen sind von unschätzbarem Wert, um den Wut-Zyklus zu durchbrechen. Hört eine wütende Person die erste empathische Bemerkung, kann sie das als überraschend und verwirrend empfinden. Kommt diese Bemerkung unerwartet, wird sie anfangs möglicherweise Misstrauen wecken, wird sie jedoch aufrechterhalten, ist es schwierig, das dadurch ausgedrückte Interesse nicht zu schätzen. So führt Empathie schnell zum Aufbau von Vertrauen.

Je besser Sie sich einfühlen können, desto mehr direktes Feedback bekommen Sie zu dem, was Ihr Gesprächspartner über das von Ihnen Gesagte denkt. Daraufhin können Sie verändern, was Sie sagen und tun, falls Sie merken, dass Ihr anfänglicher Ansatz nicht funktioniert.

Die Frage ist: Wie machen Sie das? Wie können Sie sich wirksam einfühlen? Wie finden Sie heraus, was andere Menschen fühlen? Hierzu müssen Sie lediglich beobachten: 1) was andere sagen, 2) wie sie es sagen und 3) was sie tun.

Möchten Sie einen wütenden Menschen zu einer Lösung bewegen, besteht der erste Schritt darin, dessen emotionalen Zustand festzustellen. Wenn Sie seine Emotion spüren können, nutzen Sie diese dazu, ihn in die gewünschte Richtung zu lenken.

Um die Gefühle einer anderen Person herauszufinden, achten Sie sehr genau auf verbale und nonverbale Veränderungen in deren Reaktion auf äußere Ereignisse. Wenn Sie fragen: »Wie geht es Ihnen?«, und die Mundwinkel des Befragten nach unten gehen und die Stimme tonlos wird, können Sie davon ausgehen, dass es nicht zum Besten steht.

Je besser Sie darin werden, Veränderungen bei verbalen und nonverbalen Hinweisen wahrzunehmen, desto größer wird Ihr Einfühlungsvermögen. Achten Sie auf geringfügige Veränderungen im Gesicht. Achten Sie auf eine Anspannung in der Stimme und die Betonung und die Emotionalität bestimmter Wörter.

Um von den Emotionen eines anderen Menschen nicht überschwemmt zu werden, sollten Sie lernen, in dessen Gefühle nur kurz einzutauchen, um sie nachfühlen zu können. Lassen Sie sie kurz auf sich wirken und lösen Sie sich anschließend davon, um rationaler denken können.

Wenn Sie sich nicht völlig sicher sind, kann es eine gute Idee sein, das, was Sie zu fühlen glauben, der anderen Person gegenüber zu äußern, um zu prüfen, ob Sie richtig damit liegen. Schließlich ist der einzige Mensch, der die Empathie bestätigen kann, die Person, deren Gefühle nachempfunden werden. Das Reflektieren ist nicht ohne Wirkung und führt normalerweise dazu, dass die andere Person es schätzt, dass Sie sich wirklich für sie interessieren, wodurch ihr Vertrauen in Sie wächst.

Auf Menschen, die *nicht* wütend sind, können empathische Bemerkungen gönnerhaft wirken, bei wütenden Menschen ist dies jedoch aus zwei

Gründen nicht der Fall. Erstens kommt die Kampf-oder-Flucht-Reaktion ins Spiel, und wütende Leute können Informationen nicht logisch verarbeiten; in diesem Fall sind empathische Bemerkungen Teil der üblichen menschlichen Verhaltensweise und werden, wenn sie richtig formuliert sind, von der wütenden Person nicht als solche erkannt. Zweitens denkt der Mensch von Natur aus, dass andere ihm zuhören und mitfühlend sein sollten, insbesondere wenn er wütend ist.

Entscheidend für die Formulierung erfolgreicher empathischer Bemerkungen ist, den ursprünglichen Grund für die Wut zu identifizieren. Einfach nur zu sagen: »Sie sind also wütend« ist zwar eine empathische Bemerkung, stellt jedoch nur das Offensichtliche fest und könnte gönnerhaft klingen, was Öl ins Feuer schüttet. Ich erinnere mich an die erste Zeit meiner FBI-Laufbahn, als ich sehr viel reisen musste. Wir hatten damals drei Kinder, ein Baby und zwei Kleinkinder. Bei einer Reise war ich zwei Wochen lang unterwegs. Als ich die Haustür öffnete und verkündete, ich sei wieder da, erwartete ich von meiner Frau eine herzliche Umarmung und einen Kuss. Das geschah jedoch nicht. Stattdessen begrüßte sie mich mit den Worten: »Wird auch Zeit, dass du heimkommst. Ich bin hier fast durchgedreht, weil du nicht da warst, um mir bei den Kindern zu helfen.« Ich hätte die einfache empathische Bemerkung äußern können: »Du bist also wütend«, aber das wäre nicht sonderlich gut angekommen. Stattdessen verwendete ich eine durchdachtere empathische Bemerkung, die die Wurzel ihrer Wut ansprach. Ich sagte: »Du fühlst dich überfordert, weil ich nicht zu Hause war, um dir mit den Kindern zu helfen.« Damit schlug ich eine empfindliche Seite an. Sie machte ihrem Ärger Luft. »Normalerweise gehe ich jeden Mittwochabend mit Freunden aus, um eine Pause von den Kindern zu haben und zur Abwechslung mal mit ein paar Erwachsenen zu sprechen.« Ich hätte eine einfache empathische Bemerkung machen können wie: »Verstehe, du hast es vermisst, mit deinen Freunden ausgehen zu können«, aber auch dies wäre nicht sehr gut angekommen. Stattdessen formulierte ich wieder eine durchdachtere empathische Bemerkung, die die Wurzel ihrer Wut ansprach. Ich sagte: »Du schätzt die Zeit, die du mit deinen Freunden verbringst, weil sie dir die Gelegenheit gibt, eine Pause von den Kindern zu bekommen.« Mit dieser Äußerung gelang es mir, meine Frau etwas zu besänftigen.

Wut ist nur das Symptom eines zugrunde liegenden Problems. Empathische Bemerkungen sollten immer auf dieses offensichtliche Problem abzielen. Wird der tatsächliche Grund für die Wut dargelegt, hilft dies, dem Ärger Luft zu machen, was durch die Formulierung erfolgreicher empathischer Bemerkungen kontrollierbar ist.

Dampf ablassen

Seinem Ärger Luft zu machen ist eine entscheidende Komponente beim Durchbrechen des Wut-Zyklus, weil es die Frustration verringert. Empathische Bemerkungen definieren den Grund des Ärgers als nicht bedrohlich, wodurch sich der Effekt der Kampf-oder-Flucht-Reaktion der wütenden Person reduziert. Sobald wütende Menschen ihren Frustrationen Luft machen können, werden sie für Lösungen offener, weil sie klarer denken können, wenn sie weniger wütend sind.

Das Dampfablassen ist kein einzelnes Ereignis, sondern eher eine Reihe von Geschehnissen. Der erste Wutausbruch ist normalerweise der stärkste. Dabei können wütende Leute den Großteil ihrer Wut verpulvern, bevor der Austausch beginnt. Nachfolgendes Dampfablassen verliert immer weiter an Intensität, es sei denn, die Wut wird durch zusätzliches »Öl ins Feuer« neu entfacht.

Nach jedem Dampfablassen tritt eine natürliche Pause ein. Während dieser Pause sollten Sie eine empathische Bemerkung machen. Da empathische Bemerkungen zum Dampfablassen ermuntern, wird die wütende Person wahrscheinlich weiter ihrem Ärger Luft machen, wenn auch mit geringerer Intensität. Nach der nächsten natürlichen Pause sollten Sie eine weitere empathische Bemerkung folgen lassen. So fahren Sie mit einfühlsamen Bemerkungen fort, bis die Wut der anderen Person aufgebracht ist. Seufzer, langes Ausatmen, sinkende Schultern und nach unten gerichteter Blick signalisieren, dass die Wut verraucht ist. Dieser kritische Augenblick ist für eine Vorwegnahme gut geeignet.

Vorwegnahmen (versöhnliche Angebote)

Vorwegnahmen leiten eine wütende Person auf einen Weg, der zur Konfliktlösung führt. Vorwegnahmen werden so formuliert, dass es für einen wütenden Menschen schwierig ist, diesem aufgezeigten Weg *nicht* zu folgen. Die Formulierung von Vorwegnahmen verlangt Erfahrung in der wichtigen Fähigkeit, zuzuhören. Die Vorwegnahme richtet die Kraft der Wut auf eine Lösung, die für beide Seiten annehmbar ist.

Kehren wir noch einmal zu meiner weiter oben bereits erwähnten misslichen Heimkehr zurück. Nach einer Reihe empathischer Bemerkungen war die Wut meiner Frau verraucht. Sie stieß einen tiefen Seufzer aus, und ihre Schultern sanken. Ihre Wut war verraucht. Dies war der richtige Zeitpunkt, um ihr eine Vorwegnahme zu präsentieren, die zu einer Lösung führen konnte. Ich formulierte folgende Vorwegnahme: »Wie wäre es, wenn ich die Kinder nehme und zu meiner Mutter bringe, und wir beide gehen schön essen? Das hast du wirklich verdient.« Meine Frau hätte Probleme gehabt, den von mir vorgeschlagenen Weg nicht zu gehen. Wenn sie meinen Vorschlag abgelehnt hätte, hätte sie zugeben müssen, dass sie es nicht verdiente, in ein schönes Restaurant ausgeführt zu werden, dass sie sich nicht überfordert fühlte und keine Pause von den Kindern brauchte, also genau die Dinge, die sie geäußert hatte, als sie ihrer Wut Luft gemacht hatte. Mit dieser Methode löste ich eine Situation, die leicht zu einem größeren Ehekrach hätte eskalieren können, der bei uns beiden für Wut und Frustration gesorgt hätte.

Wenn eine wütende Person die Vorwegnahme zurückweist, sollten Sie den Wut-Zyklus erneut durch eine weitere empathische Bemerkung zu durchbrechen versuchen. Hätte meine Frau meinen Vorschlag abgelehnt, wäre unser Gespräch vielleicht folgendermaßen weitergegangen:

Ich: *Wie wäre es, wenn ich die Kinder zusammenpacke und zu meiner Mutter bringe, und wir beide gehen schön essen? Das hast du wirklich verdient.* (Vorwegnahme)

Meine Frau: *So einfach kommst du nicht davon, mein Lieber.*
(Ablehnung der Vorwegnahme)

Ich: *Du findest also, es reicht nicht, dich als Ausgleich für die Arbeit, die du während meiner Abwesenheit hattest, einmal auszuführen.*
(empathische Bemerkung; erneutes Durchbrechen des Wut-Zyklus)

Die Ablehnung einer Vorwegnahme zeigt normalerweise, dass die Person ihrer Wut noch nicht völlig Luft gemacht hat. Der Wiedereinstieg in das Durchbrechen des Wut-Zyklus erlaubt es der Person, auch noch ihrer Restwut Luft zu machen. Manche Menschen haben tief verankerte Wutprobleme, die vielleicht nie zu lösen sind. In solchen Fällen könnten Sie als beste Vorgehensweise anbieten, dass sie beide darin übereinstimmen, unterschiedlicher Meinung zu sein, oder sich darauf einigen, das heikle Thema nicht mehr anzuschneiden. Diese Lösungsmöglichkeiten setzen Ihrer Beziehung zwar Grenzen, beenden sie aber nicht abrupt.

Der Wut-Zyklus kann in praktisch allen Situationen genutzt werden, wo Sie mit wütenden Leuten konfrontiert sind. Der folgende Austausch zwischen einem Zollbeamten und einer ausländischen Besucherin illustriert, wie man einen Streit lösen kann.

Zollbeamter: *Gute Frau, Sie dürfen keine Erde aus dem Ausland einführen.*

Besucherin: *Das ist geweihte Erde von einem heiligen Ort. Die gebe ich nicht her!*

Zollbeamter: *Sie wollen die Erde also nicht hergeben, weil sie etwas Besonderes für Sie ist?* (empathische Bemerkung)

Besucherin: *Natürlich, sie ist etwas Besonderes. Es ist geweihte Erde. Sie hält böse Geister fern. Sie schützt mich vor Krankheit. Ich gebe sie nicht her, Sie können mich nicht dazu zwingen!* (Dampf wird abgelassen)

Zollbeamter: *Diese Erde hält also böse Geister fern und hält Sie gesund.* (empathische Bemerkung)

Besucherin: *Seit ich diese Erde habe, war ich kein einziges Mal krank. Ich brauche sie wirklich.* (Dampf wird abgelassen)

Zollbeamter: *Es ist wohl sehr wichtig für Sie, gesund zu bleiben.* (empathische Bemerkung)

Besucherin: *Ja, das ist es.* (ein Seufzer, gefolgt von einem Sinken der Schultern)

Zollbeamter: *Lassen Sie uns gemeinsam eine Lösung für dieses Problem finden* (Vorwegnahme). *In Ordnung?* (Die Besucherin kann nicht Nein sagen, ohne unvernünftig zu wirken.)

Besucherin: *Natürlich.*

Zollbeamter: *Die Vorschriften besagen, dass keine Erde ins Land eingeführt werden darf, weil die Mikroben in der Erde die Saat befallen könnten* (eine Erklärung wird geliefert). *Sie wollen doch sicher nicht dafür verantwortlich sein, Millionen von Menschen krank zu machen, oder* (Vorwegnahme)? (Die Besucherin kann nicht »doch« sagen, ohne unvernünftig zu wirken.)

Zollbeamter: *Geben Sie mir die Erde, dann können Sie Ihren Besuch der Vereinigten Staaten beginnen.*

Besucherin: *Wenn es denn sein muss, okay.* (freiwillige Zustimmung)

Wiedereinstieg in den Wut-Zyklus

Für den Fall, dass die Besucherin wütend geblieben wäre und nicht freiwillig auf die Erde verzichtet hätte, würde der Zollbeamte wieder in den Zyklus einsteigen und versuchen, ihn zu durchbrechen. So, wie es im folgenden Austausch demonstriert wird:

Zollbeamter: *Geben Sie mir die Erde, dann können Sie Ihren Besuch der Vereinigten Staaten beginnen.*

Besucherin: *Nein, meine Erde ist nicht verunreinigt, ich muss sie unbedingt behalten.*

Zollbeamter: *Sie sind ja ganz schön leidenschaftlich dahinter her, Ihre Erde zu behalten.* (empathische Bemerkung)

Besucherin: *Ich brauche meine Erde! Kann ich wenigstens einen Teelöffel voll behalten?* (bewegt sich auf eine freiwillige Zustimmung zu)

Zollbeamter: *Sie versuchen, eine Möglichkeit zu finden, wenigstens etwas von Ihrer Erde ins Land mitzunehmen.* (empathische Bemerkung)

Besucherin: *Ja, natürlich. Kann ich wenigstens einen Teelöffel voll behalten? Das schadet doch sicher niemandem.* (bewegt sich auf eine freiwillige Zustimmung zu)

Zollbeamter: *Schon die kleinste Menge Erde kann großen Schaden bei der Saat anrichten* (liefert eine Erklärung). *Geben Sie mir die Erde, dann können Sie Ihren Besuch der Vereinigten Staaten beginnen.* (Vorwegnahme)

Besucherin: *Also gut, wenn es sein muss, gebe ich sie Ihnen. Auch wenn ich das wirklich nicht möchte.* (freiwillige Zustimmung)

Für den Fall, dass der Wiedereinstieg in den Zyklus zu keiner freiwilligen Zustimmung geführt hätte, könnte der Zollbeamte zwei Optionen vorschlagen und dann die wütende Person eine davon wählen lassen. Bietet man wütenden Leuten zwei Optionen zur Wahl an, verschafft ihnen das die Illusion, die Kontrolle zu haben. Der folgende Austausch illustriert die »Sie können wählen«-Methode.

Besucherin: *Ich weigere mich, meine Erde abzugeben.*

Zollbeamter: *Sie scheinen ja ganz schön hartnäckig an Ihrer Erde festzuhalten* (empathische Bemerkung). *Die Vorschriften besagen, dass Sie keine Erde ins Land einführen dürfen. Sie müssen eine Entscheidung treffen. Die erste Option ist, dass Sie die Erde abgeben und ins Land ein-*

reisen. Die zweite Option ist, dass Sie die Erde behalten und nicht ins Land einreisen dürfen (präsentiert zwei Optionen). *Es ist Ihre Entscheidung. Sie haben es in der Hand, wie es weitergeht. Wählen Sie die Option, die Sie bevorzugen.* (schafft die Illusion, dass die Besucherin die Kontrolle hat)

Besucherin: *Ich habe keine echte Wahl, weil ich ins Land einreisen möchte. Sie können die Erde haben.* (freiwillige Zustimmung)

Zollbeamter: *Das war eine gute Entscheidung. Willkommen in Amerika.*

In jedem dieser Szenarien hielt der Beamte die Illusion aufrecht, die Besucherin habe die Kontrolle über die Situation, tatsächlich jedoch leitete der Beamte sie Schritt für Schritt zu ihrer freiwilligen Zustimmung.

Manche Leute haben das Gefühl, ihre Autorität aufzugeben, wenn sie die Zustimmungsmethode verwenden, die geschickt beeinflusst, anstatt einzuschüchtern. Wenn Sie jedoch durch ein Durchbrechen des Wut-Zyklus die freiwillige Zustimmung gewinnen, verbessert dies nicht nur Ihre Autorität, sondern verringert auch die Wahrscheinlichkeit, dass der Kontakt misslingt und die wütende Person noch wütender und weniger kooperativ wird. Indem Sie den Wut-Zyklus unterbrechen, besteht eine gute Chance, dass die wütende Person die Entscheidung mitträgt, die sie treffen sollte, und sich gleichzeitig von Ihnen respektvoll behandelt fühlt. Ein besseres Ende einer wütenden Konfrontation hätte es nicht geben können.

Wenn Beziehungen »den Bach runtergehen«

Wenn Sie die Hilfsmittel nutzen, die in diesem Buch beschrieben werden, um gesunde, glückliche Beziehungen aufzubauen und zu erhalten, werden Sie fast immer erfolgreich sein. Was jedoch ist, wenn eine kurz- oder langfristige Beziehung selbst nach größter Anstrengung schlecht läuft? Besonders bei Langzeitbeziehungen, in die bereits eine signifikante Menge an Zeit und Engagement investiert wurde, hofft man, dass sie nicht bei den ersten Anzeichen einer Krise beiläufig beendet werden. Und das geschieht normalerweise auch nicht. Die meisten Menschen gehen eine Ehe oder sonstige Form einer Langzeitbeziehung mit der Absicht ein, daran festzuhalten.

Zuweilen jedoch finden es selbst verantwortungsvolle Menschen mit den besten Absichten schwierig, wenn nicht unmöglich, in einer bereits lange bestehenden Beziehung zu bleiben. Dafür gibt es viele Gründe, zu den häufigsten zählen:

- **Ein Auseinanderdriften der Interessen**: Menschen, die im Alter zwischen 20 und 30 Jahren vielleicht dieselben Anschauungen und beruflichen Wege geteilt haben, können 30 Jahre später unterschiedliche Sichtweisen haben. Ein neuer Fokus in Beruf oder Lebensstil kann eine Langzeitbeziehung schwer belasten, wenn nicht beide Partner die damit verbundenen Veränderungen übereinstimmend sehen.

- **Das Syndrom des »leeren Nests«**: Wenn Kinder ihr Nest verlassen, folgen manchmal ein oder beide Elternteile diesem Beispiel.

- **Das Bedürfnis nach mehr Freiheit**: Paare, die lange Zeit zusammen sind, besonders, wenn sie sehr jung geheiratet haben, fühlen sich manchmal wie »in der Falle« und sehnen sich nach der Freiheit, die ihre ungebundenen Freunde genießen. Das ist ein klassischer Fall des Sprichworts »Die Kirschen in Nachbars Garten schmecken süßer«. Verheiratete sehnen sich nach der Freiheit der Singles, und Singles sehnen sich nach der Bindung, die Verheiratete genießen.

- **Das Bedürfnis nach Veränderung**: Haben Sie sich je gewundert, warum sich Leute Ende 60 oder in den Siebzigern dafür entscheiden, eine Langzeitbeziehung zu beenden? Manchmal liegt dies einfach an der Erkenntnis, dass wir nicht das ewige Leben haben und dass es, wenn man einen anderen Lebensstil ausprobieren möchte, nicht mehr lange die Gelegenheit dazu gibt.

- **Persönlichkeitsveränderungen bei einem oder beiden Partnern**: Unsere Persönlichkeit ist nichts Statisches und wird auch nicht in unserer Jugend in Stein gemeißelt. Wir verändern uns mit der Zeit, und wenn zwei Menschen durch diese Veränderungen auseinanderdriften, endet dies gewöhnlich in einer Trennung.

- **Störung durch eine dritte Person**: Verhaltensforscher debattieren seit Langem über die Frage, ob der Mensch »von Natur aus« monogam ist. Während sie weiterstreiten, zerbrechen weiterhin Langzeitbeziehungen wegen Untreue und dem Ersatz eines Partners durch eine neue Liebe.

- **Langeweile:** Immer derselbe Trott kann Langeweile entstehen lassen, die den Niedergang einer Beziehung beschleunigt. Interaktionen, die früher aufregend waren, werden dadurch möglicherweise banal und unbefriedigend.

- **Auftauchende Unvereinbarkeiten**: Mit der Entwicklung einer Beziehung entwickeln sich auch die Partner. Das kann zu Problemen führen, falls sich einer der beiden Partner Verhaltensweisen zulegt, die für den anderen inakzeptabel sind. Beispielsweise kann einer der Partner anfangen, zu viel zu trinken, sich dem Glücksspiel zuwenden, oder sich nicht mehr so für Sex interessieren oder sich stärker zurückziehen.

Die gute Nachricht lautet, dass viele, wenn nicht sogar alle diese Probleme durch gegenseitiges Bemühen oder durch eine Beratung überwunden werden können, solange die Betroffenen entschlossen sind zusammenzubleiben und auch bereit sind, das Nötige zu tun, um die Beziehung zu reparieren und wieder zu einem Ganzen zu machen.

Selbst die besten Freunde können die schlimmsten Auseinandersetzungen haben!

Gute Beziehungen, ob kurz- oder langfristig, verlangen gewisse Anstrengungen, um zu blühen. So wie der Gärtner, müssen Sie auch Ihre Beziehungen mit Fürsorge, Geduld und liebevollem Verständnis pflegen, wenn sie blühen sollen. Beziehungen dürfen nicht beim ersten Anzeichen einer Krise dem Untergang überlassen werden. Erst wenn Sie davon überzeugt sind, alles getan zu haben, was in Ihrer Macht stand, um eine Beziehung zu retten, sollten Sie daran denken, sie zu beenden.

Im Fall einer drohenden Scheidung

Ich erhielt einmal einen wunderbaren Rat, den ich an junge Paare weitergebe, wann immer ich kann: Wenn eine Beziehung noch neu, prickelnd und voller Liebe ist, schreibt einander Briefe. Schüttet euer Herz aus und beschreibt sehr genau, was ihr an dem anderen liebt und bewundert. Gebt euch diese Briefe aber nicht, sondern steckt sie in verschlossene Umschläge mit dem Namen des Partners auf der Vorderseite. Dann legt ihr die Briefe in eine Schachtel, die an einem sicheren Platz aufbewahrt wird.

Falls in der Beziehung etwas schiefläuft, könnt ihr einander die Briefe geben und sie lesen. Die emotionale Erinnerung kann bereits ausreichen, um die Gefühle von Liebe neu aufzuladen und den Schwung für eine neue Phase der Zusammengehörigkeit zu liefern. Die Briefe können auch als emotionaler Eisbrecher verwendet werden, um euch zu motivieren, alle großen Probleme zu lösen, bei denen ihr in einer Sackgasse steckt und »irgendetwas« braucht, das euch und euren Partner wieder auf den Weg bringt, der zur Lösung des Problems führt.

Ein Mann, dem gegenüber ich diese Idee erwähnte, fertigte sogar eine Holzbox mit einer Glasfront an, ähnlich einem Feuermelder, wie er in vielen Gebäuden zu sehen ist. Anschließend befestigte er mit einer Metallkette einen kleinen Metallhammer an der Box. Auf der Box stand zu lesen: »Im Fall einer drohenden Scheidung Scheibe einschlagen.« Die Briefe in der Box dienten dem Paar als ständige Erinnerung an die Gründe, warum sie einander lieben und bewundern. Bei einem Streit oder einer eskalierenden Unstimmigkeit fragte irgendwann einer von beiden: »Ist es Zeit, die Scheibe einzuschlagen?« Diese klare Mahnung führte schnell zu einer Deeskalation des Streits oder der Unstimmigkeit und half dem Paar, Konflikte erfolgreich zu lösen.

8

Die Gefahren und Verheißungen von Beziehungen in einer digitalen Welt

Online kann jeder so sein, wie er gerne sein möchte. Heikel wird es erst, wenn man sich in der realen Welt begegnet.

TOKII.COM

Dies ist eine wahre Geschichte. Eine Art Liebesgeschichte, die nur in unserem digitalen Zeitalter so passieren kann. Beteiligt sind ein damals 68 Jahre alter Professor und ein tschechisches Bikini-Model. Dem Akademiker mangelte es nicht an Intelligenz: Er arbeitete im Bereich Theoretische Teilchenphysik an der Universität Chapel Hill in North Carolina, wo er seit drei Jahrzehnten angestellt war.

Der Professor, der sich nach seiner kürzlich erfolgten Scheidung einsam fühlte, besuchte eine Online-Dating-Seite, wo er die tschechische Schönheit kontaktierte. Nach einer Flut von E-Mails, Chatroom-Sitzungen und SMS war es für den Professor offensichtlich, dass das atemberaubend schöne Model die Karriere aufgeben und ihn heiraten wollte. Es schien ihm nie der Gedanke zu kommen, die Frau im Internet könne eine Betrügerin sein, ebenso wenig wie die Frage, warum ein junges, attraktives Model ihn als Ehemann auswählen sollte.

Den Grund dafür fand er leider auf die harte Tour heraus. Nach vielen erfolglosen Versuchen des Professors, mit der jungen Frau zu telefonieren, willigte sie ein, von der virtuellen Realität ins reale Leben zu wechseln. Der Professor sollte lediglich nach Bolivien fliegen, wo sie aktuell arbeitete, und sie treffen. Bereitwillig sagte er zu. Der Rest der Geschichte ist so schmerzlich, dass man es fast nicht erzählen kann.

Nachdem der Professor wegen eines Buchungsproblems mit Verspätung in Bolivien eingetroffen war, entdeckte er, dass seine »Freundin« bereits abgereist war. Sie sagte ihm jedoch, er solle sich keine Sorgen machen, sie würde ihm ein Ticket in die belgische Hauptstadt Brüssel schicken, wo er sie während eines Fotoshootings treffen könne. Ihre einzige Bitte war, er möge eine Tasche mitbringen, die sie in Bolivien zurückgelassen habe. Am Flughafen von Buenos Aires wurde die Tasche durchsucht. Darin versteckt waren 1980 Gramm Kokain. Er wurde letztlich wegen Drogenschmuggels verurteilt, kam zum Glück jedoch mit einer sehr leichten Strafe davon.

Und wie reagierte das echte tschechische Bikini-Model auf die Geschichte? Mit Angst, ihr Name könne mit Drogenschmuggel in Verbindung gebracht werden, und »Sympathie« für ihren akademischen Verehrer, den sie, natürlich, niemals im Internet oder irgendwo anders getroffen hatte. Der Reporterin Maxine Swann zufolge, die einen sorgfältig recherchierten Artikel über den Vorfall für die *New York Times* verfasste, »berichtete der Professor, dass seine Mitgefangenen ihn erst nach einem Monat Gefängnisaufenthalt davon überzeugen konnten, dass die Frau, mit der er die ganze Zeit über Kontakt zu haben glaubte, wahrscheinlich ein Mann war, der sich für das Model ausgegeben hatte«.

Aufgrund dieser Geschichte werden Sie vielleicht glauben, dass ich empfehle, Abstand davon zu nehmen, die digitale Welt zu nutzen, um Leute zu treffen und Freundschaften zu schließen. Weit gefehlt! Solange Sie wissen, wie Sie Freunde von Betrügern unterscheiden können (was Sie in diesem Kapitel erfahren werden), bietet die Online-Landschaft einige entschiedene Vorteile.

Das Internet kommt Introvertierten entgegen

Introvertierte geben in sozialen Netzwerken mehr Informationen preis als bei Begegnungen von Angesicht zu Angesicht. Der Grund dafür ist, dass ihnen das Internetformat ausreichend Zeit lässt, aussagekräftige Antworten zu formulieren. Introvertierte haben zudem Probleme damit, eine Unterhaltung anzufangen, vor allem mit Fremden. Soziale Netzwerke schalten diesen zusätzlichen sozialen Druck aus. Soziale Netzwerke ermöglichen es Introvertierten zudem, sich zu äußern, ohne ständig von Extrovertierten unterbrochen zu werden. Schließlich sind Introvertierte hier eher gewillt zu sagen, was sie wirklich meinen, da sie nicht wie bei einer persönlichen Kommunikation befürchten müssen, einem negativen Feedback direkt ausgesetzt zu sein.

Mit Leichtigkeit Gemeinsamkeiten finden

Wenn es eine Chance gibt, dass das Sprichwort »Gleich zu Gleich gesellt sich gern« (Kapitel 4) funktioniert, dann im Internet. Geht es darum, mit Menschen, die ähnliche Interessen haben, Gemeinsamkeiten zu finden, liefert die digitale Welt die perfekten Bedingungen für entsprechende Abgleiche. Sie möchten andere Briefmarkensammler kennenlernen? Dafür gibt es eine Gruppe im Internet. Sie haben Interesse an Leuten, die Oldtimer ausstellen? Dafür gibt es eine Gruppe im Internet. Sind Sie auf der Suche nach einer speziellen Gruppe von Sportfanatikern, die zudem ehrenamtlich im Tierheim arbeiten und gerne Bio-Äpfel aus dem Bundesstaat Washington essen? Dafür gibt es eine Gruppe im Internet. Na ja, vielleicht.

Der springende Punkt ist, dass bei Millionen Menschen im Internet und Tausenden von Chatrooms und speziellen Interessengruppen, die sich so gut wie jeder tatsächlichen oder denkbaren Aktivität widmen, die Chance, Freundschaften mit Leuten aufzubauen, die ähnliche Interessen teilen, nie weiter als einen Mausklick entfernt ist.

Ein paar Zahlen

Wenn Sie auf der Suche nach einem Freund mit spezifischen Qualifikationen und Interessen sind, wo würden Sie eher suchen: in einer Kneipe
an einem anderen öffentlichen Ort mit vielleicht 100 Menschen oder im
Internet, wo Zehntausende darauf warten, angeklickt zu werden? Alleine
schon die hohe Anzahl von Leuten, die online kontaktiert werden können,
verbessert Ihre Chancen, interessante Menschen zu finden, die zu Ihren
besonderen Interessen passen.

Weniger Gefahr, in peinliche Situationen gebracht zu werden

Die Anonymität und die Möglichkeit, Beziehungen mit einem Mausklick
zu beginnen und zu beenden, sorgen dafür, dass Online-Nutzer sehr viel
weniger Gefahr laufen, mit den Demütigungen und Peinlichkeiten konfrontiert zu werden, denen sie bei einer persönlichen Abfuhr oder offenen
Ablehnung ausgesetzt sind. Sollte natürlich ein Online-Nutzer Informationen und Bilder fraglicher Natur posten, ist die Gefahr von Peinlichkeiten
sicherlich noch größer.

Die Möglichkeit, potenzielle Freunde vorzuqualifizieren

Besonders auf Dating-Seiten haben Leute, die auf der Suche nach einem
Partner sind, die Gelegenheit, genau zu beschreiben, was sie sich bei einem
möglichen Kandidaten wünschen. Natürlich halten sich nicht alle daran,
die diese Qualifikationen lesen. Viele Leute werden Sie im Internet kontaktieren, auch wenn sie die von Ihnen gesuchten Qualifikationen nicht
haben. Aussiebverfahren einiger Online-Seiten können dabei vorteilhaft
sein, denn sie begrenzen die Anzahl von Leuten, von denen Sie kontaktiert
werden möchten.

»Menschen unter die Lupe zu nehmen«

Das Internet ist reich an Informationen. Es liefert Menschen, die wissen, wie sie an diese Informationen kommen, oder die mehr über etwas oder jemanden erfahren möchten, eine Fülle davon. Das Internet sollte als Werkzeug gesehen werden, um mehr über Menschen zu erfahren, mit denen Sie die Entwicklung einer Beziehung in Betracht ziehen, ob dies nun jemand ist, den Sie persönlich oder online treffen. Diese Informationen sind für potenzielle Online-Freunde eindeutig wichtiger, da Sie nicht den Vorteil haben, über verbale und nonverbale Hinweise, die bei Interaktionen im echten Leben verfügbar sind, Informationen zu sammeln.

Es lässt sich einfach nicht leugnen, dass sich durch die Einführung der Online-Kommunikation zwischen zwei Personen die Landschaft für die Suche nach Freunden und den Aufbau von Beziehungen grundlegend verändert hat. Nachdem diese Form der digitalen Interaktion weiter an Beliebtheit zunimmt, wird sie in den kommenden Jahren sogar noch größeren Einfluss darauf haben, wie die Menschen Beziehungen entwickeln.

Was bedeutet das alles für Sie? Um Charles Dickens zu zitieren: »Es kann die beste Zeit werden, es kann aber auch die schlimmste Zeit werden.« Bei korrekter Nutzung und mit angemessenen Schutzmaßnahmen kann der Aufbau von Freundschaften in der digitalen Welt eine lohnende und fruchtbare Erfahrung werden; sich kopfüber und ohne Beachtung potenzieller Risiken in Internetbeziehungen zu stürzen ist hingegen ein todsicheres Rezept für ein Desaster. Bevor Sie Ihren Laptop anschalten oder nach dem Smartphone greifen, hier einige wichtige Dinge, an die Sie denken sollten.

Achtung: Für immer und ewig

Facebook, Twitter, Instagram, Chatrooms, spezielle Interessengruppen, per E-Mail, Blogs, Internet-Suchmaschinen, Dating-Seiten und vieles mehr. Es gibt ein sprichwörtliches Füllhorn an Gelegenheiten, um nach Leuten zu suchen und Leute zu treffen, die schließlich Freunde oder gar Lebenspartner werden könnten.

Aber machen Sie sich den potenziellen Preis bewusst, den Sie jedes Mal bezahlen, wenn Sie ins Internet gehen. Alles, was Sie sagen, jede Seite, die Sie besuchen, jedes Bild, das Sie posten, sogar Ihre E-Mails und SMS können im Internet sofort unvergänglich werden. Sie hinterlassen einen Fußabdruck im Netz, der sich im Gegensatz zu einem Fußabdruck im Sand nicht so einfach auslöschen lässt!

Zunehmend nutzen potenzielle Arbeitgeber, potenzielle Liebhaber, Möchtegern-Stalker, Firmen und sogar Behörden Ihre Internetaktivitäten, um mehr über Sie zu erfahren und um zu entscheiden, wie Sie sie behandeln werden, selbst wenn die Information jahrzehntealt ist!

Bitte vergessen Sie nicht, dass alles, was Sie posten, etwas darüber aussagt, wer Sie sind, und zwar für immer. Jedes Mal, wenn Sie sich an Ihren Computer setzen und im Internet etwas unterschreiben, sollten Sie sich fragen: »Wäre es mir peinlich, wenn das, was ich gerade tun will, morgen, in einem Monat oder in zehn Jahren plötzlich auf der Titelseite meiner Lokalzeitung auftauchen würde?« Falls die Antwort »ja« oder »vielleicht« lautet, hören Sie auf und überlegen Sie noch einmal, bevor Sie auf Senden oder Enter klicken. Es könnte Ihnen morgen oder später einmal Kummer und Enttäuschung ersparen.

Lernen und berücksichtigen Sie die angemessenen digitalen Anstandsregeln

Die Technologie entwickelt sich so schnell, dass die sozialen Normen für die Nutzung von Geräten wie Computer und Smartphone nicht immer Schritt halten können. Dennoch gibt es einige allgemeine Richtlinien, die, wenn sie befolgt werden, Online-Erfahrungen sicher und erfreulicher für Sie und Ihre Umgebung gestalten sollten. Sie erhöhen auch Ihre Aussichten, eher Freunde als Feinde zu finden, und zwar sowohl online als auch in der direkten Nachbarschaft, wenn Sie SMS schreiben, sich unterhalten oder nach etwas suchen.

Smartphones

In einem Kino in Florida wurde ein Mann erschossen, weil er sein Smartphone benutzt hatte, nachdem es im Zuschauerraum dunkel geworden war. Die Gefahr, dass Sie ein ähnliches Schicksal erleben, wenn Sie auf unangemessene Weise oder an einem unpassenden Ort SMS schreiben oder telefonieren, ist nicht sehr groß, dennoch sollten Sie ein paar einfache Richtlinien befolgen, um sich und Ihre Informationen vor Schaden zu bewahren.

1. Alle mobilen Kommunikationsgeräte sollten an öffentlichen Orten, wo das Klingeln stören würde und/oder unpassend wäre, stumm geschaltet werden.

2. Alle Nutzer von mobilen Kommunikationsgeräten sollten es unterlassen, an öffentlichen oder privaten Orten zu telefonieren, wo dies störend und/oder unpassend wäre

3. Smartphones können gehackt werden. Bilder und sonstige Informationen, die Sie nicht in Ihrer Lokalzeitung abgedruckt sehen möchten, sollten Sie löschen.

4. Die meisten Handyrechnungen geben eine genaue Aufstellung aller Anrufe, die von und auf Ihr Gerät erfolgt sind. Das sollten Sie bedenken, wenn Sie es vorziehen, andere nicht wissen zu lassen, wen Sie angerufen haben und wer Sie angerufen hat.

5. Aufzeichnungen von einem selbst, die von anderen als unangebracht eingeschätzt werden könnten, sind wahrscheinlich keine gute Idee. Einschlägiger Fall: Eine Frau aus Großbritannien griff nach dem Smartphone ihres Freundes und fand dort Fotos, die ihn dabei zeigten, wie er Sex mit einem Hund hatte. Um die Situation noch schlimmer zu machen: Es war ihr Hund! Wie die Frau auf diese Ereignisse reagierte, kann man sich vorstellen!

6. »Sexting« – besonders wenn Fotos dabei sind – ist absolut keine gute Idee, auch nicht zwischen Ehepartnern. Solche Fotos tauchen

gerne in sozialen Medien auf, insbesondere nach einer Scheidung, wenn einer der Partner rachsüchtig ist.

7. Lassen Sie es nicht zu, dass Beziehungen in der virtuellen Realität solche in der realen Welt übertrumpfen. Die Toleranz der einzelnen Menschen für Handygespräche (und ständiges Checken der sozialen Medien) eines anderen, in dessen Gesellschaft sie sind, variiert. Selbst wenn Ihre Begleitung technikbegeisterter und toleranter ist als die meisten anderen, gilt es noch immer als unangebracht, Anrufe anzunehmen, Mitteilungen zu lesen und häufig einen Blick auf das Handy zu werfen, während Sie mit einem anderen Menschen zusammen sind. Wenn Sie darauf beharren, Ihr Handy in Gegenwart anderer als Nabelschnur zu betrachten, dürfen Sie nicht die Entstehung einer guten Beziehung erwarten.

8. Da Mobiltelefone ihre anfängliche Vorwahl behalten (unabhängig davon, wo sie benützt werden) und da außerdem die Verständlichkeit von Mobiltelefongesprächen nicht immer sehr klar ist, ist es wichtig, dass Sie bei einem gewünschten Rückruf zuerst die Vorwahl nennen und die gesamte Nummer zweimal wiederholen. So erhöhen Sie die Aussichten, dass der Empfänger der Nachricht die nötige Information hat, um Sie auch wirklich zurückrufen zu können.

Elektronische Post (E-Mail)

1. E-Mails liegen irgendwo zwischen SMS und Briefen, was den offiziellen oder inoffiziellen Charakter der Kommunikation angeht. Es ist klar, dass E-Mails an potenzielle Arbeitgeber oder wichtige Geschäftskontakte eher einem traditionellen Brief entsprechen sollten, also gut durchdacht und grammatikalisch einwandfrei. Nichtsdestoweniger ist es ratsam, alle E-Mails frei von Abkürzungen zu halten, die bei SMS normalerweise verwendet werden, und vor dem Absenden Tippfehler zu korrigieren.

2. Überlegen Sie sich den Namen Ihrer E-Mail-Adresse sehr genau. Ein Name, der für die Kommunikation unter Freunden akzeptabel sein mag, könnte äußerst unangebracht sein, wenn er für Kontakte mit potenziellen Arbeitgebern oder der Schule Ihrer Kinder genutzt wird. Eine Kollegin, die Personalmanagement in einer Wirtschaftsschule unterrichtet, zeigte mir ihre ›Hall of Fame‹-Liste für unangemessene E-Mail-Adressen, die auch Namen enthielt, die ihre Studenten bei Bewerbungen verwendeten. Es war unglaublich.

3. Schreiben Sie E-Mails nicht in Großbuchstaben, denn das gilt als das Äquivalent zum Anschreien eines anderen Menschen bei einem verbalen Austausch und wird als unhöflich angesehen.

4. Schreiben Sie niemals eine E-Mail, wenn Sie sehr wütend oder verzweifelt sind. In einem früheren Kapitel habe ich darauf hingewiesen, dass wütende Menschen Probleme damit haben, rational zu denken. Eine E-Mail, die in einer solchen Phase geschrieben wird, spiegelt diesen beschädigten Denkprozess häufig wider. Wenn Sie eine solche Nachricht schreiben müssen, senden Sie sie nicht sofort. Behalten Sie sie ein paar Stunden als Entwurf und lesen Sie sie erneut, nachdem Sie sich beruhigt haben und wieder rationaler denken können. Erst dann sollten Sie überlegen, ob Sie sie auch abschicken ... wahrscheinlich mit signifikanten Änderungen. Ein weiterer guter Grund, wütende E-Mails nicht sofort abzusenden, ist deren Potenzial, die Situation weiter eskalieren zu lassen. Vielleicht löst sich das Problem »ganz von alleine« innerhalb von ein paar Stunden.

5. Wenn Sie bereit sind, eine E-Mail abzusenden, prüfen Sie, an wen sie gesendet wird. Viele peinliche Zwischenfälle hätten vermieden werden können, wenn der E-Mail-Absender überprüft hätte, dass seine Mitteilung tatsächlich an eine spezifische Person gesendet wird und nicht unter die Option »allen antworten« fällt.

6. Eine E-Mail kann »für die Ewigkeit« sein (oder zumindest monatelang oder jahrelang irgendwo im Netz hängen). Ist eine E-Mail erst einmal »draußen«, kann sie ein Eigenleben annehmen: Sie kann kopiert, weitergeleitet, archiviert werden. Jedes Mal, wenn Sie eine E-Mail schreiben, sollten Sie sich fragen: »Würde ich sie auch senden, wenn sie veröffentlicht würde und über einen längeren Zeitraum öffentlich bliebe?«

7. Gelöschte E-Mails lassen sich noch Monate, nachdem sie gelöscht wurden, wiederherstellen. Das liegt daran, dass viele Internet-Server gelöschte E-Mails auf ihren Computern »speichern«. Die Wiederherstellung von angeblich »gelöschten« E-Mails hat sensible Informationen über (oder von) Personen enthüllt, die sie für sicher vernichtet hielten. Oftmals entdeckten diese Leute die beunruhigenden Neuigkeiten in aller Öffentlichkeit.

8. Öffnen Sie niemals einen E-Mail-Anhang, wenn Sie nicht sicher sind, wer ihn geschickt hat und ob das auch wirklich stimmt. (Auf E-Mail-Adressen wird durchaus illegal zugegriffen, und sie werden anschließend genutzt, um Mitteilungen, die Viren enthalten, an alle Leute auf der Kontaktliste zu senden. Die Nachricht scheint in diesem Fall seriös zu sein, da sie unter der bekannten Adresse gesendet wird.) Es ist in der Regel am besten, überhaupt keine E-Mail-Anlagen zu öffnen, solange es nicht unbedingt nötig ist. Ratsam ist es, dass Sie Ihren Computer mit Sicherheitsprogrammen schützen, die die Anlagen scannen (z.B. Norton, Kaspersky, McAfee usw.).

Soziale Netzwerke (Facebook, Twitter, Tumblr etc.)

1. Soziale Netzwerke nutzen unterschiedliche Filtermechanismen, wer Ihre Postings lesen kann und wer nicht. Sorgen Sie dafür, mit diesen Filtern vertraut zu sein und sie angemessen zu nutzen.

2. Setzen Sie voraus, dass alles, was Sie in einem sozialen Netzwerk posten, zugänglich ist und so kopiert werden kann, dass auch andere es sehen können. Bedenken Sie außerdem, dass Fotos von der Studentenparty, wo sie trinkend und feiernd zu sehen sind, eines Tages vielleicht einem potenziellen Arbeitgeber, potenziellen (oder aktuellen) Ehepartner oder gar Ihren Eltern und Schwiegereltern zugänglich sein könnten!

3. Als allgemeine Regel gilt: Es ist klug, Ihren digitalen Fußabdruck online möglichst klein zu halten. Die übermäßige Nutzung sozialer Netzwerke vergrößert diesen Fußabdruck und könnte später für Probleme sorgen.

4. Wählen Sie sorgsam aus, wen Sie als »Freund« akzeptieren!

Digitale Detektive

Wie Sie inzwischen wissen, bin ich Vielflieger. Einmal ging ich zum Flugsteig am Flughafen Nashville, um zu sehen, ob ich auf einen früheren Flug umbuchen könnte, das ist hier aber nicht die Geschichte mit dem Upgrade. Die Angestellten am Schalter, ein Mann und eine Frau, untersuchten aufmerksam eine sehr teure Digitalkamera. Ich hörte, wie sie sagten: »Es ist kein Name an der Kamera, auch keine andere Information, anhand derer man den Besitzer identifizieren könnte. Wir müssen herausfinden, wem die Kamera gehört, und sie zurückgeben.« Ich fragte sie, was sie da machten. Sie antworteten wie aus einem Mund: »Wir sind die FBI-Agenten von American Airlines.« Ich sagte ihnen, dass ich ein echter FBI-Agent bin, wenn auch im Ruhestand. Ich fragte sie, wie sie den Eigentümer der Kamera ohne irgendwelche Hinweise finden wollten. Der Mann erklärte, sie würden die Kamera anschalten und bei den Fotos nach Hinweisen suchen. Fasziniert schaute ich zu, wie sie begannen, das digitale

Puzzle zu lösen. Beim Durchsehen der mit Datum versehenen Fotos sammelten sie digitale Hinweise. Der Eigentümer war ein Mann lateinamerikanischer Herkunft. Wie es schien, hatte er drei Tage in Las Vegas verbracht, wahrscheinlich auf Geschäftsreise, da keine Familienfotos vorhanden waren. Er hatte im Bellagio Hotel gewohnt. Sie scrollten weiter durch die Fotos. Mit einer High-Five-Geste zu ihrem Kollegen rief die Frau: »Ich hab es!« Sie zeigte mir ein Foto auf dem Display, das in der Vorwoche aufgenommen worden war. Das Foto zeigte ein neueres, blau verkleidetes Holzrahmenhaus. Ich sah zwar das Bild, aber ich sah nicht, was ihre Aufregung auslöste. Sie deutete auf das Haus und sagte: »Diese Art von Häusern wird normalerweise an der Ostküste der Mittelatlantikstaaten gebaut.« »Okay«, dachte ich, »und weiter?« Nun lenkte sie meine Aufmerksamkeit auf ein kaum sichtbares Schild »Zu verkaufen« im Vorgarten. »Okay«, sagte ich, wobei mir die Bedeutung des Schildes nicht klar war. Sie nutzte die Zoomfunktion der Kamera, um Adresse und Telefonnummer des Maklerbüros deutlich sichtbar zu machen. Das Maklerbüro befand sich in Columbia, South Carolina. Endlich hatte ich es verstanden. Laut platzte ich heraus: »Der Besitzer der Kamera stammte wahrscheinlich aus Columbia, South Carolina, weil man normalerweise keine Häuser fotografiert, die zum Verkauf stehen, wenn man nicht selber einen Kauf beabsichtigt.« Die Frau fügte hinzu: »Einer unserer vorherigen Flüge ging nach Columbia, South Carolina.« Sie holte die Passagierliste heraus, auf der zum Glück nur wenige lateinamerikanische Namen standen.

Ich musste an Bord meines Fliegers gehen, war aber zuversichtlich, dass die FBI-Agenten von American Airlines den Eigentümer ausfindig machen und ihm die Kamera zurückgeben würden. Ich war erstaunt, wie einfach es war, die Bewegungen des Eigentümers der verlorenen Kamera mit einigen wenigen digitalen Hinweisen zu verfolgen. Noch erstaunter war ich, dass sie keine Mühe scheuten, um die verlorene Kamera zurückzugeben. Wie sie erzählten, gaben sie viele verlorene oder vergessene elektronische Geräte zurück, wobei sie ähnlich vorgingen. Die Moral von der Geschichte ist, dass es in der digitalen Welt schwierig ist, anonym zu bleiben. Bedenken Sie dies, wenn Sie das nächste Mal im Internet etwas posten oder etwas so Harmloses machen wie ein Foto mit einer Digitalkamera.

Catphish oder Kaviar bei Online-Beziehungen

Das Internet bietet entstehenden Freundschaften und sogar lebenslangen Beziehungen ein fruchtbares Terrain. Dies führte zur Entwicklung von Webseiten, die das Online-Dating unterstützen und es Menschen, die auf der Suche nach einem Partner sind, erleichtern »anzubeißen«. Die Inhaber dieser Webseiten beabsichtigen damit, »Seelenverwandte« zusammenzubringen: Sie liefern die Plattform, auf der sich Leute online treffen und schließlich in der realen Welt dauerhafte Beziehungen aufbauen können.

Das Internet zu nutzen, um »den Richtigen« oder »die Richtige« zu finden, kann eine lohnende Erfahrung sein, aber auch ganz schön nervig werden. Welche Erfahrung *Sie* dabei machen, hängt von vielen Faktoren ab, von denen wir die meisten hier besprechen werden. Auch wenn niemand garantieren kann, dass Ihre im Internet geknüpfte Beziehung eine lebenslange Verbindung wird, können Sie doch einiges tun, um bei der Online-Wahl von Freunden und potenziellen Partnern Ihre Chancen für ein positives Ergebnis zu verbessern – und negative Erfahrungen zu reduzieren.

Liebe auf das erste Byte

Der junge Mann war ein Star-Footballspieler des Teams der Uni Notre Dame, der sich in eine Frau verliebte, die er online kennengelernt hatte.

272 Der Sympathie-Schalter

Dann kam es zur Tragödie: Seine Liebste starb an Leukämie. Um die Sache noch schlimmer zu machen, starb sie am selben Tag wie die Großmutter des Fußballers.

Die Doppeltragödie des Fußballers wurde Thema der nationalen Nachrichten. Bald jedoch wurde die Geschichte von einer noch größeren Geschichte getoppt: Es wurde bekannt, dass die Frau, die er liebte, gar nicht gestorben war, weil es sie niemals gegeben hatte! Wie sich herausstellte, hatte jemand mit einem kranken Sinn für Humor diese Person im Netz erfunden.

Und dann gibt es die Geschichte von Sana und Adnan Klaric. Wie es scheint, verlief das Eheleben des Paares nicht sonderlich gut, daher legte sich jeder der beiden Klarics, ohne dass der andere davon wusste, einen gefälschten Namen zu, Sweetie und Prince of Joy, und war sehr aktiv in Chatrooms unterwegs, um sich über die trostlose Ehe zu beklagen und nach »dem neuen Richtigen«, »der neuen Richtigen« zu suchen. Es dauerte einige Zeit, bis die beiden entfremdeten Partner online jeweils eine Person fanden, die auf ihre Probleme einging und die Worte fand, die in der Ehe so sehr fehlten.

Sana und Adnan wussten, dass sie nun die wahre Liebe ihres Lebens gefunden hatten. Sie willigten ein, ihre neuen Partner zu einer bestimmten Zeit an einem bestimmten Ort zu treffen. Als der große Tag gekommen war, entschuldigten sich Sana und Adnan beim jeweils anderen, sie müssten zu einem Termin, wobei jeder dafür sorgte, dass sein Fehltritt nicht entdeckt würde. Dann machten sie sich auf, um ihre Online-Liebhaber zu treffen, den vermeintlich perfekten Ersatz für das, was sie zu Hause hatten.

Als sie am vereinbarten Treffpunkt eintrafen, begegneten Sana und Adnan ihren Online-Liebschaften das erste Mal. Es war nicht Liebe auf den ersten Blick. Es stellte sich nämlich heraus, dass Sana und Adnan unwissentlich ihre Online-Affäre miteinander geführt hatten.

Die Entscheidung, ob Sana und Adnan untreu waren, sollte am besten Ethikern und Rechtsanwälten überlassen werden, da es schwierig ist, sich einen Ehebruch mit dem eigenen Ehepartner vorzustellen. »Sweetie« und »Prince of Joy« waren jedenfalls nicht erfreut, beschuldigten sich gegenseitig der Untreue und reichten die Scheidung ein.

Was veranschaulichen diese Geschichten?

1. Beziehungen, die über das Internet entstehen, können ebenso stark sein wie solche, die durch persönliche Begegnungen entstehen, manchmal sogar stärker.

2. Im Internet ist nicht immer alles so, wie es zu sein scheint.

3. Wenn ein Weltklasse-Physiker im Internet hereingelegt werden kann, kann Ihnen dies wahrscheinlich auch passieren.

4. Es gibt in der Online-Welt ebenso viele unheimliche, gemeine und kranke Menschen wie in der realen Welt.

5. Betrügereien bei Internetbeziehungen kommen häufiger vor, als die meisten von uns sich vorstellen können. Sie sind inzwischen tatsächlich so verbreitet, dass Dokumentarfilme, MTV Reality-Serien und Spielfilme dieses Problem zum Thema machten. Sogar ein Wort wurde dafür geprägt, Catfish. Wie der Internetanwalt Parry Aftab sagt, bezeichnet es »jeden, der in sozialen Medien vorgibt, jemand zu sein, der er gar nicht ist. Und das passiert ständig.« Ich habe den Ausdruck weiter oben als «Catphish« wiedergegeben, um auch die Hacker einzubeziehen, die Ihre Identität stehlen wollen.

6. Dank des »Deckmantels der Verborgenheit«, den das Internet liefert, sagen die Leute im Netz Dinge, die sie im persönlichen Umgang niemals sagen würden.

7. Im Internet wie im wirklichen Leben gilt, wenn es zu schön ist, um wahr zu sein, trifft genau das wahrscheinlich zu! Soziale Netzwerke können gefährlich sein. Für nichts, was im Internet gepostet wird, gibt es eine Garantie, dass es privat bleibt. Sie müssen immer davon ausgehen, dass Ihre Posts dauerhaft und öffentlich sind.

8. Wenn Sie vorgeben, jemand zu sein, der Sie nicht sind, hat das, genau wie in der persönlichen Kommunikation, häufig unangenehme Folgen.

9. Sie können einiges tun, um im Internet sicherer und erfolgreicher zu surfen. Einige Vorschläge finden Sie auf den folgenden Seiten. Sie sind nicht nur für Personen relevant, die im Internet die Liebe des Lebens suchen, sondern auch hilfreich für alle, die im Netz nach Freunden suchen.

Online und offline Aufrichtigkeit prüfen

Es war für meine Frau und mich eine unheimliche Vorstellung, unsere Teenager ungehindert im Internet surfen zu lassen, insbesondere unsere Tochter. Daher brachte ich ihnen einige Methoden bei, die ich bei Tatverdächtigen nutzte, um ihre Aufrichtigkeit zu ermitteln. Das tat ich, um sie vor Kriminellen im Netz und in der realen Welt zu schützen. Aus demselben Grund stelle ich Ihnen diese Methoden vor. Ich möchte dazu beitragen, Sie vor Enttäuschungen in der Online- und Offline-Kommunikation zu bewahren. Die Ergebnisse dieses scheinbar unverfänglichen Aufrichtigkeitstests sind nicht absolut täuschungssicher, liefern Ihnen jedoch starke Hinweise darauf, dass jemand möglicherweise lügt oder zumindest die Wahrheit über annehmbare Grenzen hinaus verfälscht.

Die »Na ja«-Methode

Wenn Sie jemandem eine direkte Ja-oder-nein-Frage stellen und der Befragte seine Antwort mit »Na ja« beginnt, besteht eine hohe Wahrscheinlichkeit dafür, dass Sie in die Irre geführt werden. Es zeigt, dass die befragte Person dabei ist, eine Antwort zu geben, von der sie weiß, dass Sie sie nicht erwarten. Der folgende Austausch erläutert diese »Na ja«-Methode.

Vater: *Hast du die Hausaufgaben fertig?*

Tochter: *Na ja ...*

Vater: *Geh in dein Zimmer und mache die Hausaufgaben fertig.*

Tochter: *Woher weißt du, dass ich noch nicht fertig bin?*

Vater: *Ich bin dein Vater. Ich weiß so etwas.*

Der Vater musste die weitere Antwort seiner Tochter gar nicht abwarten, weil er durch ihr »Na ja« als Antwort wusste, dass sie anders antworten würde, als er erwartete. Der Tochter war klar, dass ihr Vater ein »ja« als Antwort auf die Frage »Hast du deine Hausaufgaben fertig?« erwartet hatte.

In einem anderen Beispiel vernahm ich jemanden, den ich für den Zeugen in einem Mordfall hielt. Dieser Mann war in der Nähe des Tatorts gewesen, leugnete jedoch, die Erschießung gesehen zu haben. Nachdem er mir einige ausweichende Antworten gegeben hatte, beschloss ich, seine Aufrichtigkeit durch eine direkte Ja-oder-nein-Frage zu testen.

Ich: *Haben Sie gesehen, was passiert ist?*

Zeuge: *Na ja . . . von meinem Standort aus war nicht viel zu sehen. Es war dunkel, und alles ging sehr schnell.*

Ich stellte dem Zeugen eine direkte Frage, und er wusste, dass ich darauf die Antwort »ja« erwartete. Da er seine Antwort mit »Na ja« begann, wusste ich, dass er nicht mit »ja« antworten würde. Ich ließ den Zeugen jedoch fertig antworten, um ihn nicht auf meine Methode aufmerksam zu machen.

Die »Na ja«-Methode funktioniert nur mit direkten Ja-oder-nein-Fragen. Beginnt die Antwort auf eine offene Frage wie »Wer wird nächstes Jahr den Super Bowl gewinnen?« mit »Na ja«, zeigt dies, dass der Befragte überlegt, wie diese Frage zu beantworten ist. Sie sollten andere ihre Antwort immer beenden lassen, bevor Sie weitersprechen, um sie nicht auf diese Methode aufmerksam zu machen. Jemand, der die Methode erkennt, würde bei seinen Antworten sonst das »Na ja« bewusst meiden. Gewöhnen

Sie es sich an, Leuten eine direkte Ja-oder-nein-Frage zu stellen, und hören Sie sich ihre Antwort an. Eine direkte Frage mit »Na ja« oder nicht direkt zu beantworten ist ein deutlicher Hinweis auf eine Irreführung, die weiteres Testen erfordert.

Land of Is (Das »Ist-Land«)

Wenn sich jemand entscheidet, nicht mit »ja« oder »nein« zu antworten, begibt er sich ins *Land of Is*, das den Raum zwischen Wahrheit und Betrug einnimmt. Dieser undurchsichtige Bereich umfasst ein Labyrinth aus Halbwahrheiten, Entschuldigungen und Hypothesen. Präsident Clintons inzwischen berühmte Erklärung vor dem Großen Geschworenengericht gab die Inspiration zu dem Begriff *Land of Is*. Clintons Erklärung ließe sich folgendermaßen umformulieren: »Es hängt davon ab, was die Bedeutung des Wortes *ist* ist. Wenn *ist* ist bedeutet und nicht *gewesen sein*, ist das eine Sache, wenn es bedeutet, *da ist keiner*, war das eine vollkommen wahre Aussage.« Clinton nahm den Staatsanwalt sehr clever mit in das *Land of Is*, um eine direkte Antwort auf dessen direkte Ja-oder-nein-Frage zu umgehen.

Der folgende Austausch zwischen einer Mutter und ihrer Tochter demonstriert die *Land of Is*-Methode.

Mutter: *Deine Lehrerin hat heute Nachmittag angerufen und erzählt, sie habe den Verdacht, dass du bei einer Prüfung gespickt hast. Hast du in der Prüfung gespickt?*

Tochter: *Ich lerne jeden Abend zwei Stunden. Ich lerne mehr als irgendjemand sonst, den ich kenne. Leute, die nicht lernen, müssen in Prüfungen spicken. Ich lerne viel. Beschuldige mich nicht, gespickt zu haben!*

Mutter: *Ich beschuldige dich nicht, gespickt zu haben.*

Tochter: *Doch, das tust du!*

Die Mutter stellte ihrer Tochter eine direkte Ja-oder-nein-Frage. Die Tochter entschied sich dafür, nicht einfach mit »ja« oder »nein« zu antworten, sondern nahm ihre Mutter stattdessen in das *Land of Is* mit, um eine direkte Antwort zu umgehen. Die Tochter beendete ihre Antwort mit einer Anschuldigung, die ihre Mutter in die Defensive drängte. Das Thema war nicht mehr das Spicken in der Schule, sondern die Mutter, die ungerechtfertigte Anschuldigungen machte.

Die Mutter hätte verhindern können, dass ihre Tochter ins *Land of Is* ausweicht, wenn sie erkannt hätte, dass diese Methode zum Einsatz kam, und dann das Gespräch wieder auf das ursprüngliche Fragethema zurückgelenkt hätte. Zum Beispiel so:

Mutter: *Deine Lehrerin hat heute Nachmittag angerufen und erzählt, sie habe den Verdacht, dass du bei einer Prüfung gespickt hast. Hast du in der Prüfung gespickt?*

Tochter: *Ich lerne jeden Abend zwei Stunden. Ich lerne mehr als irgendjemand sonst, den ich kenne. Leute, die nicht lernen, müssen in Prüfungen spicken. Ich lerne viel. Beschuldige mich nicht, gespickt zu haben!*

Mutter: *Ich weiß, dass du fleißig lernst und gute Noten hast. Das war aber nicht meine Frage. Ich habe dich gefragt, ob du in der Prüfung gespickt hast. Hast du in der Prüfung gespickt?*

Hätte die Mutter das Gespräch wieder auf die ursprüngliche Frage zurückgelenkt, hätte sie ihre Tochter zu einer Antwort gezwungen. »Hast du in der Prüfung gespickt?« Die Tochter hätte mit »ja« oder »nein« antworten oder ihre Mutter erneut ins *Land of Is* entführen müssen. Wird eine Ja-oder-nein-Frage nicht mit einer Ja-oder-nein-Antwort beantwortet, ist dies kein schlüssiger Betrugsbeweis, aber die Wahrscheinlichkeit für einen Betrug steigt signifikant. Hätte die Tochter in der Prüfung nicht gespickt, hätte sie problemlos mit »nein« antworten können. Die Wahrheit ist einfach, direkt und unkompliziert.

Warum sollte ich dir glauben?

Wenn jemand eine Frage von Ihnen beantwortet, fragen Sie einfach einmal: »Warum sollte ich dir/Ihnen glauben?« Ehrliche Menschen antworten normalerweise »Weil ich die Wahrheit sage« oder etwas in der Art. Aufrichtige Menschen teilen einfach eine Information mit. Sie konzentrieren sich darauf, Tatsachen genau darzulegen. Lügner hingegen versuchen, die Leute davon zu überzeugen, dass das, was sie sagen, die Wahrheit ist. Ihr Fokus ist nicht darauf gerichtet, Tatsachen akkurat darzulegen, sondern eher, die Zuhörer davon zu überzeugen, dass die dargelegten Fakten die Wahrheit darstellen. Da Lügner sich nicht auf Tatsachen stützen können, um ihre Glaubwürdigkeit zu untermauern, neigen sie dazu, ihre Glaubwürdigkeit besonders herauszustellen, um ihre Version der Tatsachen glaubwürdig erscheinen zu lassen.

Wenn jemand etwas anderes antwortet als »Weil ich die Wahrheit sage« oder etwas in der Art, antworten Sie, dass diese Antwort Ihre Frage nicht beantwortet, und wiederholen Sie diese: »Warum sollte ich dir/Ihnen glauben?« Wenn die Person wieder anders antwortet als »Weil ich die Wahrheit sage« oder etwas in der Art, steigt die Wahrscheinlichkeit für einen Schwindel. Der folgende Austausch zwischen einem Vater und seinem Sohn demonstriert die Warum-sollte-ich-dir-glauben-Methode.

> **Vater:** *Heute Morgen lagen zehn Dollar auf meiner Kommode. Die sind nicht mehr da. Hast du sie aus irgendeinem Grund von der Kommode genommen?*
>
> **Sohn:** *Nein.*
>
> **Vater:** *Mein Sohn, ich möchte dir gerne glauben. Aber es fällt mir schwer. Sag, warum sollte ich dir glauben?*
>
> **Sohn:** *Ich bin doch kein Dieb.*
>
> **Vater:** *Ich habe dich nicht gefragt, ob du ein Dieb bist oder nicht. Ich habe gefragt, warum ich dir glauben sollte. Also, warum sollte ich dir glauben?*

Sohn: *Weil ich das Geld nicht gestohlen habe. Ich sage die Wahrheit.*

Vater: *Das weiß ich, und ich glaube dir.*

Bei diesem Austausch antwortete der Sohn, er sei kein Dieb. Diese Antwort beantwortete die Frage »Warum sollte ich dir glauben?« nicht. Der Vater gab seinem Sohn eine zweite Chance, indem er ihm sagte, die Frage habe nicht gelautet, ob er ein Dieb sei oder nicht, sondern: »Warum sollte ich dir glauben?« Dieses Mal antwortete der Sohn: »Weil ich das Geld nicht gestohlen habe. Ich sage die Wahrheit«, was zeigt, dass der Sohn wahrscheinlich die Wahrheit sagt. Die Tatsache, dass der Sohn die Frage: »Warum sollte ich dir glauben?« korrekt beantwortet hat, bedeutet nicht, dass er wirklich die Wahrheit sagt, es reduziert jedoch die Wahrscheinlichkeit, dass er schwindelt.

Wenn Sie mit Leuten kommunizieren, insbesondere im Internet über Sofortnachrichten oder per SMS mit einem Smartphone, nutzen Sie diese einfachen, nichtinvasiven Methoden, um die Aufrichtigkeit des anderen zu testen. Die Methoden sind so subtil, dass Leute, mit denen Sie kommunizieren, nicht einmal erkennen werden, dass ihre Aufrichtigkeit geprüft wird. Auch wenn die Methoden nur Hinweise auf einen Betrug sind und kein Beweis, liefern sie Ihnen doch eine starke Verteidigung gegen Internetbetrüger.

Täuschungen in Online-Profilen aufspüren

Die meisten Leute beschreiben sich in Online-Profilen nicht genau, das gilt besonders für Dating-Profile. Die Wissenschaftler Toma, Hancock und Ellison befragten 80 Leute, die auf verschiedenen Dating-Seiten ihr Profil eingestellt hatten. Erstaunliche 81 Prozent von ihnen logen bei einem oder mehreren ihrer körperlichen Merkmale wie Größe, Gewicht und Alter. Frauen neigten dazu, bei ihrem Gewicht zu lügen, und Männer bei ihrer Größe. Frauen, deren Gewicht stärker vom Mittelwert abwich, beschönigten ihr Übergewicht mehr. Ähnlich machten sich Männer, deren Größe stärker vom Mittelwert abwich, größer. Die Befragten berichteten, dass sie eher bei den Fotos schummelten als bei Informationen wie Familienstand und Anzahl der Kinder.

In einer Follow-up-Studie stellten Hancock und Toma fest, dass etwa ein Drittel der untersuchten Online-Fotos nicht korrekt waren. Die Fotos der Frauen wurden als weniger korrekt beurteilt als die Fotos der Männer. Die Frauen waren eher älter, als auf den Fotos zu sehen. Ihre Fotos waren eher mit Photoshop bearbeitet oder von Profifotografen aufgenommen. Zudem besserten weniger attraktive Menschen ihr Profil eher auf. Die interessanteste Feststellung war, dass die Leute, obwohl sie in ihren Online-Profilen häufig logen, doch versuchten, ihre Abänderungen innerhalb glaubwürdiger Parameter zu halten für den Fall, dass sie ihre Korrespondenzpartner später persönlich treffen würden.

Das Ausmaß an Täuschung in Online-Profilen dürfte keine große Überraschung sein. Ein Online-Profil entspricht einem ersten Date. Jeder, der sein erstes Date hinter sich hat, wird sich daran erinnern, wie er sich von seiner besten Seite gezeigt hat (wie beim ersten Vorstellungsgespräch für einen Job tragen wir dabei unseren »Bewerbungs«-Anzug/Kostüm). Frauen kleideten sich mit großer Sorgfalt und nahmen sich extra Zeit für ihr Make-up. Männer stellten sicher, dass ihre Kleidung farblich abgestimmt und faltenfrei war. Die Gespräche wurden geübt, bevor die ersten Worte gewechselt wurden. Persönlichkeitsmakel und Eigenheiten im Verhalten wurden hinter höflichem Geplauder und tadellosen Manieren getarnt. Diese Vorbereitungen wurden unternommen, um einen guten ersten Eindruck zu hinterlassen.

Sich beim Treffen mit einer anderen Person von seiner besten Seite zu zeigen wird nicht als Schummelei interpretiert, weil diese Seite noch immer erkennbar die Ihre ist, wenn auch in einer aufgebesserten Version. Menschen, die sich im Internet präsentieren, sollten versuchen, ihrem Profil einen positiven Anstrich zu geben, dabei aber bei der Wahrheit bleiben, wenn ein Foto und eine Beschreibung der eigenen Person dazugehören. Entsprechend sollten Leute, die das Internet nutzen, um nach potenziellen Beziehungspartnern zu suchen, lernen, Online-Profile nicht ganz wörtlich zu nehmen und zu erkennen, dass die Person, die sie dort prüfen, keinesfalls attraktiver oder qualifizierter sein wird als auf dem Foto und in der Beschreibung, die sie postet.

Männer und Frauen empfinden das Bedürfnis, den Schönheitsstandards zu entsprechen, die von der Gesellschaft aufgestellt und durch die Medien bekräftigt werden. In der Hoffnung, einen Freund oder Lebenspartner zu finden, lügen die Leute, um diesem Standard näher zu kommen. Leute, die glauben, diesen Standards nicht zu entsprechen, fühlen sich weniger attraktiv und sind weniger zuversichtlich, einen Partner finden und halten zu können. An diesem Muster wird sich in absehbarer Zukunft nichts ändern, im Gegenteil, es wird sich wahrscheinlich noch verstärken, da das Online-Dating und Chatrooms im Internet zunehmend beliebter werden und ihre Zahl stark zunimmt.

Jeder, der im Internet auf der Suche nach Beziehungen ist, sollte sich des schmalen Grats bewusst sein, der ein Profil, das den »besten Eindruck« hinterlässt, von einem betrügerischen Profil trennt. Ein irreführendes Online-Profil mag einen Verehrer oder Freund anziehen, sobald die Irreführung jedoch entdeckt wird, werden Vertrauen, Enttäuschung und Verrat zum Kernstück der Beziehung anstelle von Reiz, Hoffnungen und Träumen. Wenn Sie versuchen wollen, im Internet eine Beziehung aufzubauen, seien Sie bei Ihrem Online-Profil ehrlich und haben Sie Geduld.

So reduzieren Sie Ihr Risiko, von einem Catphish geangelt zu werden

Ein Zucken des Auges, das Wenden des Kopfes oder eine leichte Veränderung der Stimmlage liefern Hinweise auf die Persönlichkeit, die Ehrlichkeit und Aufrichtigkeit einer Person. Wie bereits weiter oben dargelegt, überwacht unser Gehirn ständig verbale und nonverbale Hinweise, um andere zu bewerten und zu sehen, ob sie eine potenzielle Bedrohung darstellen. Sind diese Hinweise freundschaftliche Signale, neigt das Gehirn dazu, die Verhaltensweisen zu ignorieren. Sind die Hinweise hingegen feindliche Signale, setzt das Gehirn die Kampf-oder-Flucht-Reaktion in Gang, und wir wappnen uns, um uns vor der Bedrohung oder der potenziellen Bedrohung zu schützen.

Nonverbale und verbale Hinweise können sich von einer Sekunde zur anderen und von einem Wort zum anderen völlig verändern. Eine Kontrolle dieser Veränderungen kann den Unterschied ausmachen zwischen dem Glück und der Hölle in einer Beziehung. Die Leute fühlen sich wohl dabei, verbale und nonverbale Hinweise zu nutzen, um andere zu bewerten, und vertrauen stark auf diese Methode, um sich vor dem Beginn oder der Fortsetzung schlechter Beziehungen zu schützen.

Bei Internetbeziehungen fehlen die nötigen Hinweise, die es den Leuten ermöglichen, ähnliche Beurteilungen durchzuführen. Emoticons (Gefühlssymbole) helfen zwar dabei, die schriftliche Kommunikation zu entschlüsseln, sind jedoch nicht ausreichend. Die Persönlichkeit, Ehrlichkeit und Aufrichtigkeit eines Menschen, den man noch nie gesehen hat, zu entschlüsseln verlangt bei der Kommunikation im Internet zusätzliche Fertigkeiten. Die zuverlässigste Methode, um andere zu bewerten, steht den Leuten hier nicht zur Verfügung. Sie sind auf nicht geübte Methoden angewiesen, die noch nicht auf ihre Zuverlässigkeit getestet wurden. Das Gehirn hat nicht genügend Daten gesammelt, um zwischen freundschaftlichen und feindlichen Signalen unterscheiden zu können, die in die Internetkommunikation eingebettet sind. Nachfolgend einige potenzielle Fallstricke, denen Sie möglicherweise begegnen, wenn Sie die Aufrichtigkeit und den Wert einer potenziellen Online-Beziehung bestimmen möchten.

Vertrauensvorschuss

Die Leute neigen dazu, anderen zu glauben. Dieses Phänomen, das als Vertrauensvorschuss bekannt ist, erlaubt der Gesellschaft und der Wirtschaft, effizient zu funktionieren. Ohne den Vertrauensvorschuss würden die Leute unmäßig viel Zeit damit verbringen, Daten zu prüfen, die sie von anderen gesammelt haben. Der Vertrauensvorschuss dient auch als sozialer Standard. Die Beziehungen mit Freunden und Geschäftskollegen würden sehr angespannt sein, wenn deren Aufrichtigkeit ständig infrage gestellt würde. Folglich glauben die Leute anderen normalerweise so lange, bis das Gegenteil nachgewiesen ist.

Der Vertrauensvorschuss verschafft Lügnern einen Vorteil, weil die Leute gerne glauben wollen, was sie hören, sehen oder lesen. Der Vertrauensvorschuss nimmt ab, wenn den Leuten die Möglichkeit einer Täuschung bewusst wird. Der Vertrauensvorschuss sorgt dafür, dass die Leute gerne glauben, was andere in E-Mails oder SMS schreiben. Fehlen verbale und nonverbale Hinweise, wird die Aufrichtigkeit schriftlicher Mitteilungen nicht so leicht infrage gestellt.

Ein weiteres Merkmal des Vertrauensvorschusses ist, dass Leute, wenn sie auf ein paar offene Fragen oder kleine Widersprüche in der Geschichte einer Person stoßen, die Diskrepanz irgendwie zu entschuldigen versuchen, weil sie andernfalls die Worte und das Verhalten des anderen infrage stellen müssten. Es ist einfacher, kleine Differenzen zu entschuldigen und damit verschwinden zu lassen, als auf Konfrontation mit der Person zu gehen. Die beste Verteidigung gegenüber dem Vertrauensvorschuss bei Online-Kontakten sind eine vernünftige Skepsis und die Nutzung der Methode der »konkurrierenden Hypothesen«.

Der Primär-Effekt

Der Vertrauensvorschuss bringt den Primär-Effekt hervor. Wie Sie sich aus Kapitel 3 erinnern werden, erzeugt der Primär-Effekt einen Filter, durch den wir die Kommunikation und die Ereignisse betrachten. Der Primär-Effekt verändert nicht die Wirklichkeit, sondern deren Wahrnehmung durch uns. Der Vertrauensvorschuss erzeugt einen Primär-Filter. Alles, was uns jemand schreibt, wird tendenziell als wahr eingeschätzt, solange nichts dabei ist, was uns an dem Geschriebenen zweifeln lässt. Nachdem verbale und nonverbale Hinweise fehlen, sind wir bei der Beurteilung schriftlicher Korrespondenz im Internet im Nachteil.

Konkurrierende Hypothesen

Die Entwicklung konkurrierender Hypothesen verhindert, dass der Vertrauensvorschuss und der Primär-Effekt Ihre Urteilsfähigkeit über den Charakter und die Aufrichtigkeit der Person, die Ihnen schreibt, übermäßig untergraben. Hypothesen sind nichts anderes als wohlbegründete Vermutungen. Eine konkurrierende Hypothese ist eine wohlbegründete Vermutung, die auf der Basis derselben oder ähnlicher Umstände zu einem anderen Resultat kommt.

Beispiel: Eine Hypothese geht davon aus, dass die Person, die Ihnen schreibt, authentisch ist und die Wahrheit schreibt. Eine konkurrierende Hypothese geht davon aus, dass die Person, die Ihnen schreibt, ein Blender und Lügner ist. Im Laufe Ihres schriftlichen Austausches mit einer Person im Internet (beispielsweise beim Austausch von Sofortnachrichten) sollten Sie nach Anzeichen suchen, die Ihre anfängliche Hypothese (der Schreiber ist aufrichtig und ehrlich) oder Ihre konkurrierende Hypothese stützen (der Schreiber ist ein Blender und Lügner).

Selten werden alle Hinweise die anfängliche oder konkurrierende Hypothese stützen, weil ehrliche Leute oft Dinge sagen und tun, die sie unehrlich erscheinen lassen, und umgekehrt. Am Ende sollten die gesammelten Hinweise jedoch die eine oder andere Hypothese klar unterstützen. Wenn Sie den Wirkungen des Vertrauensvorschusses und des Primär-Effekts entgegenwirken, werden Sie im Internet weniger verwundbar durch Täuschung und gehen weniger leicht einem Catphish ins Netz.

Die Gesetze der Anziehung

Wie in Kapitel 4 besprochen, werden attraktive Menschen bevorzugt behandelt und gewinnen mehr Aufmerksamkeit als weniger attraktive Menschen. Der Effekt körperlicher Schönheit ist bei der Internetkommunikation reduziert, es sei denn, das Internetprofil enthält ein Foto. Vergessen Sie nicht, dass die Leute in ihren Internetprofilen häufig lügen, um anziehender zu wirken. Da sie mit der Person, die Ihnen schreibt, keinen persönlichen Umgang haben, verfügen Sie über keinen Anhaltspunkt, mit dem Sie die schriftlichen Mitteilungen abgleichen könnten.

Gegensätze spielen bei der Anziehung eine wichtige Rolle. Wenn zwei Menschen nebeneinanderstehen, neigen die Leute dazu, einen mit dem anderen zu vergleichen. Fehlt diese zweite Person zum Vergleich, neigt der Mensch dazu, die einzelne Person mit ihrer »Idealperson« zu vergleichen. Da die Person, die Ihnen im Internet schreibt, eine einzelne Person ist, werden Sie dazu neigen, sie mit Ihrer Idealperson zu vergleichen. Mit der Zeit werden Sie die Merkmale der Idealperson dann der Person zuordnen, die Ihnen schreibt. Diese Fehlzuordnung erhöht die Wahrscheinlichkeit, Catphish-Opfer zu werden.

Aufbau eines guten Kontakts

Der Aufbau eines guten Kontakts im Internet stützt sich alleine auf Geschriebenes, vorausgesetzt, dass weder Skype noch sonstige bildliche Übermittlungen stattfinden. Dies schränkt die Methoden ein, die den Menschen normalerweise zur Verfügung stehen, um bei einer persönlichen Interaktion einen guten Kontakt herzustellen. Wie bereits weiter oben erwähnt, ist das Finden von Gemeinsamkeiten eine wirksame Methode, um einen guten Kontakt herzustellen. Um im Internet Gemeinsamkeiten herauszufinden, müssen Sie der Person, der Sie schreiben, persönliche Informationen preisgeben. Die Preisgabe solcher Informationen ist eine weitere wirksame Methode, um einen guten Kontakt zu entwickeln. Da die Internetkommunikation anonym ist, neigen die Leute dazu, mehr und schneller Informationen preiszugeben, als sie dies bei persönlichen Begegnungen tun würden. Ein Grund dafür ist, dass der Absender kein Feedback in Form verbaler und nonverbaler Hinweise zur Annahme oder Ablehnung seiner Informationen durch den Empfänger erhält.

Erhält jemand im persönlichen Kontakt Hinweise auf eine Ablehnung, wird er die Preisgabe von Informationen eher stoppen. Online ist dies nicht der Fall. Dort geben die Leute sogar eher noch mehr sensible persönliche Informationen preis. Aus der verstärkten Selbstoffenbarung resultiert, dass die Beziehung auf eine höhere Ebene getrieben wird, als dies bei einer persönlichen Begegnung der Fall wäre. Daraus wiederum ergibt sich, dass ein grundlegender Schritt in der Entwicklung der Beziehung übersprungen wird. Bei diesem grundlegenden Schritt haben künftige Partner in der persönlichen Kommunikation die Gelegenheit, Informationen langsam preiszugeben und für das Tempo der Beziehungsentwicklung und die Menge an Informationspreisgabe verbale und nonverbale Hinweise zu nutzen. Falls bei diesem anfänglichen Schritt etwas schiefläuft, können die beiden Menschen getrennte Wege gehen, ohne zu viele sensible Informationen ausgetauscht zu haben. Da dieser grundlegende Schritt bei der schriftlichen Kommunikation im Internet fehlt, wo es zu keiner persönlichen Begegnung kommt, steigt das Risiko des Catphishings.

Die Anwerbung von Leuten als Spione für die Vereinigten Staaten folgt einem ähnlichen Beziehungsverlauf. Spione müssen allmählich herangezogen werden. Die Schritte, die erforderlich sind, um enge Freundschaften oder Liebesbeziehungen zu entwickeln, sind dieselben, die nötig sind, um eine Person davon zu überzeugen, Spion zu werden. In mehreren Fällen versuchte ich wegen des akuten Einsatzbedarfs, die Entwicklung der Beziehung zu beschleunigen. Diese Anwerbungen missglückten immer, weil ich den anfänglichen Schritt der Beziehungsentwicklung übersprang. Der erste Schritt ist aber entscheidend. Werden zu bald zu viele Informationen preisgegeben, schwächt dies die Beziehung. Die Zielperson der Anwerbung klinkt sich aus. Wie weiter oben erwähnt, wird ein Partner als zu »schnell« oder zu »langsam« angesehen, wenn die erwarteten Meilensteine der Beziehungsentwicklung überstürzt oder verzögert werden. Internetbeziehungen missachten die Erwartungen an die Beziehung häufig, weil die Partner auf eine höhere Stufe der Beziehungsintensität gesetzt werden, bevor sie psychisch dafür bereit sind. Dabei entsteht für beide Beteiligten Verletzungspotenzial.

Emotionale Investition

Je länger die Internetbeziehung anhält, desto wahrscheinlicher bleiben die Leute in dieser Beziehung, weil sie emotional bereits so viel investiert haben. Das heißt nicht, dass sie auch wirklich ein gutes Paar sind, aber da sie so viel Zeit mit dieser Interaktion verbracht haben, haben sie das Gefühl, sie nicht einfach aufgeben zu können. Außerdem hat sich die Beziehung bis zu einem Punkt entwickelt, an dem die Fülle sensibler Informationen, die preisgegeben wurden, so signifikante persönliche Verletzlichkeiten schafft, dass es keine Option ist, die Beziehung aufzugeben.

Ein Beispiel dafür, wie die emotionale Investition in der realen Welt funktioniert

Um zu illustrieren, wie die *emotionale Investition* das Verhalten eines Menschen beeinflusst, möchte ich Ihnen zeigen, wie Sie diese in bestimmten Situationen zu Ihrem Vorteil nutzen können, insbesondere, wenn es um größere Anschaffungen geht. Nehmen wir einmal an, Sie wollen ein neues Auto kaufen. In diesem Fall werden Sie zuerst nach dem Auto suchen, das Sie haben möchten, und dann dem Verkäufer sagen, dass Sie es heute kaufen werden, wenn der Preis stimmt. Dann ziehen Sie Ihr Scheckbuch heraus und schreiben das Datum und den Namen des Autohauses auf den Scheck. Erklären Sie dem Verkäufer, das Einzige, was noch auszufüllen wäre, um das Geschäft perfekt zu machen, sei der Kaufbetrag und Ihre Unterschrift. Dieser teilweise ausgefüllte Scheck sendet dem Verkäufer die Botschaft, dass Sie das Auto ernsthaft zu kaufen beabsichtigen. Nennen Sie den Preis, den Sie dafür zu zahlen bereit sind, und richten Sie sich darauf ein, die Sache auszusitzen.

In einem Fall, in dem ich dies probierte, handelte ich acht Stunden lang um ein Auto! Am Ende ihrer Schicht gab die Verkäuferin nach. Sie argumentierte, sie habe nun acht Stunden damit verbracht, mit mir zu handeln, und wenn sie mir das Auto jetzt nicht verkauft hätte, wäre ihre Zeit verschwendet gewesen, Zeit, in der sie anderen Leuten Autos hätte verkaufen können. Die emotionale Investition, die sie in die Verhandlungen gesteckt hatte, setzte sie psychologisch unter Druck, mein lächerlich niedriges Angebot anzunehmen, da sie andernfalls mit einem Scheitern konfrontiert gewesen wäre.

Kognitive Dissonanz

Kognitive Dissonanz tritt ein, wenn jemand zwei oder mehr widersprüchliche Ideen oder Ansichten gleichzeitig hat. Leute setzen eine Internetbeziehung fort, auch wenn sie wissen, dass sie die Beziehung beenden sollten, um eine kognitive Dissonanz zu vermeiden. Sie wollen nicht glauben, dass die Person, mit der sie kommunizieren, nicht die ist, die sie zu sein behauptet, weil dies eine kognitive Dissonanz hervorruft.

Nehmen Sie sich selbst als Beispiel. Sie sehen sich selbst als kluge und scharfsichtige Person. Ebenso lieben Sie die Person, die Sie online getroffen haben und mit der Sie sich austauschen. Wenn Sie zugeben, dass Sie ein Catphishing-Opfer geworden sind, heißt es, dass Sie naiv und leichtgläubig sind, daher weigern Sie sich zu glauben, dass die Person, der Sie schreiben, ein Betrüger ist, um die schlechten Gefühle zu vermeiden, die mit einer kognitiven Dissonanz verbunden wären.

Manti Te'o, der Footballspieler vom Team Notre Dame, der Opfer einer Internetbetrügerin geworden war, äußerte sich zu dem Konflikt, der durch kognitive Dissonanz entsteht, in seinem Bericht über die Catphishing-Erfahrung: »Es ist unglaublich beschämend, darüber zu sprechen, aber ich habe über einen längeren Zeitraum hinweg eine emotionale Online-Beziehung zu einer Frau aufgebaut. Wir führten eine, wie ich dachte, authentische Beziehung, indem wir häufig online und telefonisch kommunizierten, und mit der Zeit wurde sie mir sehr wichtig. Die Erkenntnis, dass ich Opfer eines offenbar kranken Scherzes und beständiger Lügen wurde, war und ist schmerzlich und demütigend (...) Rückblickend betrachtet hätte ich offensichtlich sehr viel vorsichtiger sein müssen. Ich kann nur hoffen, dass die Sache wenigstens die gute Seite hat, dass andere Leute, die sich online auf etwas einlassen, nun sehr viel mehr auf der Hut sein werden, als ich es war.«

Den Catphish bloßstellen

Um sich davor zu schützen, einem Catphish ins Netz zu gehen, zwingen Sie ihn oder sie in die sichtbare Welt, wo Sie Ihr geübtes Wissen über nonverbale Signale nutzen können, um zu prüfen, ob die Person mit der Online-Person übereinstimmt und ob die Beziehung »bei Tageslicht« ebenso gut aussieht wie auf dem Computerbildschirm. Ihnen muss klar sein, dass in der Frühphase einer Internetbeziehung das Fehlen nonverbaler Hinweise ein Nachteil für Sie ist. Erstellen Sie konkurrierende Hypothesen, um zu verhindern, dass sich die Beziehung zu schnell entwickelt.

Unterstellen Sie immer, dass Sie möglicherweise ein Catphish-Opfer sind, bis Ihnen visuelle Fakten das Gegenteil beweisen. Bestehen Sie so bald wie möglich auf einem persönlichen Treffen. Dieses Treffen sollte an einem öffentlichen Ort stattfinden, wo sich viele Menschen aufhalten, um eine mögliche persönliche Gefährdung möglichst klein zu halten. Um das Treffen für beide Internetnutzer angenehmer zu gestalten, empfiehlt sich ein ungezwungenes, relativ kurzes erstes persönliches Treffen. Eine Verabredung in einem Café oder zum Mittagessen dürfte am besten sein.

Falls ein persönliches Treffen nicht durchführbar ist, bestehen Sie auf einem Videoanruf auf Skype oder einem ähnlichen Dienst. Ein Internetpartner, der Ausreden findet, um ein persönliches Treffen zu vermeiden, oder der ständig Ausreden präsentiert, warum ein Videoanruf im Internet nicht möglich ist, sendet ein starkes Signal, dass etwas nicht stimmt. In diesem Fall sollten Sie die Internetbeziehung sofort beenden. Alles andere birgt möglicherweise eine große Gefahr.

Es ist eine einfache, aber wirksame Methode, bereits frühzeitig in der Beziehung einen Videoanruf zu verlangen, um zu verhindern, einem Catphish ins Netz zu gehen. Bei Videotelefonaten können Sie nonverbale Hinweise bewerten, um die Aufrichtigkeit des Internetpartners abzuschätzen. Ein Sichtkontakt verhindert auch, dass einer unbekannten Person idealisierte Merkmale angedichtet werden. Die Entwicklung konkurrierender Hypothesen reduziert den Effekt des Vertrauensvorschusses. Das Bedürfnis, sensible persönliche Informationen preiszugeben, ist bei persönlichen Begegnungen geringer, wodurch verhindert wird, dass sich die Beziehung zu schnell entwickelt. Die verlangsamte Entwicklung der Beziehung reduziert Ihre emotionale Investition und minimiert damit den emotionalen Preis für einen Abbruch der Beziehung.

In echten Beziehungen sind die Leute, vor allem zu Beginn der Beziehung, begierig darauf, sich auch zu sehen. Die Menschen fühlen sich in Beziehungen mit Blickkontakt wohler, weil sie dann die sozialen Fähigkeiten nutzen können, an die sie gewöhnt sind, um andere genauer einschätzen zu können. Visuelle Begegnungen decken in der Regel Catphishing auf.

Eine neue Generation: Einschalten, sich einklinken und Vorsichtsmaßnahmen treffen

Es lässt sich absolut nicht leugnen, dass das Aufkommen der Online-Kommunikation zwischen zwei Menschen die Landschaft der Freundschaftssuche und des Beziehungsaufbaus drastisch verändert hat. Da die Online-Interaktion weiterhin an Beliebtheit zunimmt, wird sie in den kommenden Jahren auf die Art und Weise des Beziehungsaufbaus zwischen den Menschen sogar noch größeren Einfluss haben.

Ist man sich der oben erwähnten Gefahren im Internet bewusst und nutzt die empfohlenen Methoden, um diese möglichst gering zu halten, sind stabile Internetbeziehungen durchaus möglich. Aus den am Anfang des Kapitels genannten Gründen können sie sogar die bevorzugte Methode sein, um im *Anfangsstadium* einer neuen Beziehung mit anderen Kontakt aufzunehmen.

Wird das Internet mit angemessener Vorsicht und gesundem Menschenverstand genutzt, ist es ein weiteres Handwerkszeug, um kurzfristige oder lebenslange Freunde zu finden und Beziehungen zu entwickeln. Nutzen Sie dieses Handwerkszeug hingegen sorglos und unter Missachtung dessen, was an Daten eingegeben und heruntergeladen wird, kann dies zu einer Enttäuschung und potenziell zu einem persönlichen Desaster werden. Im Endeffekt bestimmt die Frage, wie *Sie* die digitale Welt nutzen, darüber, ob sie für die Qualitätsgestaltung Ihres Lebens und Ihrer Beziehungen letztlich gut oder schlecht ist.

Epilog

Die Freundschaftsformel in der Praxis

Und wie jeder Spion weiß, beginnen Bündnisse immer durch
gemeinsame Feinde.

———

ALLY CARTER

Hier noch eine letzte Geschichte eines Spions. Sie fand nicht in meiner Zeit beim FBI statt, sondern ist tatsächlich über 100 Jahre alt.[1] Die Geschichte beginnt an der Wende zum letzten Jahrhundert mit dem romantischen Rendezvous eines deutschen Herzogs mit einer Frau aus dem englischen Königshaus. Die sexuelle Natur des Rendezvous störte die deutsche Regierung wenig, deren Mitglieder waren jedoch äußerst unzufrieden, als sie entdeckten, dass der Herzog seiner Geliebten Liebesbriefe geschrieben hatte, die vollgepackt waren mit Staatsgeheimnissen. Sie wandten sich an »Dr. Graves«, einen begabten deutschen Spion, mit dem Auftrag: »Holen Sie diese Briefe zurück!«

Und das tat er. Er reiste nach England, um diese Frau zu treffen und die Liebesbriefe des Herzogs für sein Heimatland zurückzufordern. Auf den folgenden Seiten sind Auszüge aus Dr. Graves Tagebuch abgedruckt, die

———

[1] A. K. Graves, *The Secrets of the German War Office* (New York: McBride, Nast, 1914).

erklären, wie er seine Mission erfüllte. Beim Lesen dieser Seiten versuchen Sie, die Sympathie-Schalter-Strategien zu erkennen, die Dr. Graves einsetzte, um die Briefe erfolgreich zurückzuholen.

Anfangs quartierte ich mich im Russell Square Hotel ein, zog nach wenigen Tagen dann in das Patrizierhotel Langham um. Ich begann mit vorsichtigen Erkundungen. Ich kaufte alle Klatschzeitungen, die ich von vorne bis hinten las, und tastete mich dann sorgsam voran, um weitere Fragen zu stellen und die Szene zu lokalisieren, in der die betreffende Dame eine Schlüsselfigur war. Von Bekanntschaften, die ich in der Nähe des Hotels machte, und von Gesellschaftsreportern der Zeitungen bekam ich allmählich kleine Informationsschnipsel. Zum Glück war in London gerade Saison, und alle strömten in die Stadt. Bald wusste ich, wer die engsten Vertrauten der Dame waren und wo sich ihre Lieblingstreffpunkte befanden. Der nächste Schritt war, mich mit der Persönlichkeit der Dame vertraut zu machen und eine Vorstellung von ihren Gewohnheiten zu bekommen, von Dingen, die sie mochte, und solchen, die sie nicht mochte. Ich erfuhr, dass die Dame die Gewohnheit hatte, im Hyde Park zu reiten. Nun machte ich es mir jeden Tag zur Aufgabe, zwei Stunden im leichten Galopp auf dem Reitweg zu verbringen. Am fünften Morgen wurde meine Geduld belohnt, denn ich sah sie mit einer Gruppe von Freunden vorbeigaloppieren.

Am nächsten Morgen war ich wieder zur selben Zeit auf dem Reitweg. Schließlich kam sie mit derselben Gruppe dahergaloppiert, und nachdem sie fast aus meinem Blickfeld verschwunden waren, galoppierte ich hinter ihnen her. Ich fand heraus, wo ihre Pferde standen, und nachdem sie abgestiegen waren, schlenderte ich zum Stall und holte Erkundigungen ein. Ich erfuhr, dass sie immer zur selben Tageszeit ausritten. Daraufhin machte ich es mir zur Aufgabe, der Dame Tag für Tag auf dem Reitweg zu begegnen. Ich bilde mir nur auf wenige Dinge etwas ein, aber meine Reitkunst gehört dazu. Ich erlebte manch harten Kampf und bekam vielfach eine blutige Nase beim Reiten von Wildpferden quer durch die Wildnis Australiens. Ein oder zwei Tricks lernte ich von meinen Tuareg-Freunden, die ich bei verschiedenen Gelegenheiten für die Lady ausführte. Ich hoffte nicht darauf, ihr vorgestellt zu werden, nur darauf, ihre Aufmerksamkeit zu erregen und ihre Gesellschaft an mein Auftauchen zu gewöhnen, wobei einer der Prüfpunkte der menschlichen Psychologie zur Anwendung kam. Ich wandte die Theorie der unbewussten Anziehung durch ein häufig gesehenes, jedoch unbekanntes Gesicht an.

Bald fand ich heraus, dass meine Lady und ihre Freunde alle Marotten der Londoner Gesellschaft mitmachten. Besonders eine davon interessierte mich. Sie hatten die Angewohnheit, nachmittags zwischen 15 und 16 Uhr das Carlton Terrace aufzusuchen und dort Erdbeeren zu essen. Auch ich ging daraufhin zum Erdbeeressen.

Während der Erdbeersaison ist Carlton Terrace ein ausnehmend farbenfroher Tummelplatz der Flatterhaften und Müßiggänger. Dieses Gedränge von Mode und Schönheit, geprägt von der sorglosen Gesellschaft von Rang und Namen, die sich dem Vergnügen hingibt, wo freundliche Nichtigkeiten geflüstert und leichte Spötteleien von Tisch zu Tisch austauscht werden, bietet wirklich interessante Studienmöglichkeiten der leichteren Seiten des Lebens. Man sitzt auf einer wunderbaren Glasterrasse mit Markise und mit Blick auf die Themse mit ihrer ständig wechselnden Kulisse kleiner Schleppboote und gedrungener Frachtkähne.

Im Carlton Terrace haben die Raffinessen des Essens ihren Preis. Als freundliche Gegenleistung einer Kellnerin erreichte ich, mir einen der begehrtesten Ecktische im Freien zu sichern, der nahe bei dem für die Dame und ihre Gesellschaft reservierten Tisch stand. Ich machte es mir zum Prinzip, das Lokal erst zu betreten, wenn die Dame bereits auf der Terrasse saß. Dann schlenderte ich alleine an meinen Tisch, setzte mich und zeigte deutlich den Wunsch, alleine zu sein. Im Carlton servieren sie die Erdbeeren auf eine äußerst raffinierte Art. Eine Ranke mit zehn bis zwölf großen, saftigen Beeren wird in einer Silberschüssel serviert. Es ist der Gipfel des Luxus. Sie zupfen die frischen Beeren von der Ranke auf Ihrem Tisch, das Terrace versorgt Sie mit großen

Mengen Sahne, und Sie zahlen für einen Teller Erdbeeren einen halben Sovereign. Ein Teller ist für den Durchschnittsgast ausreichend. Ich bestellte jeden Nachmittag fünf.

Tag für Tag gab ich für Erdbeeren zweieinhalb Sovereigns vom Geld des Großfürsten von Mecklenburg-Schwerin aus. Die Serviererin erhielt jedes Mal einen halben Sovereign Trinkgeld, sodass sich meine tägliche Erdbeerrechnung auf drei Sovereigns belief. Etwa zehn Tage lang machte ich dies täglich zur selben Zeit, wobei ich jeweils sorgfältig darauf achtete, die Terrasse erst zu betreten, wenn die Gesellschaft der Lady Platz genommen hatte. Ich bestellte immer dieselbe Anzahl Portionen und gab dem Mädchen immer dasselbe Trinkgeld. Es dauerte nicht lange, bis man mich beobachtete. Bald bemerkte ich, dass nicht nur das Servicepersonal, sondern auch die Chefs des Terrace sich für meine Marotte interessierten. Eines Tages hörte ich im Vorbeigehen, wie jemand sagte: »Da kommt ja unser Erdbeerfreund.«

Ich war zufrieden. Ich wusste, dass es nun einfach sein würde, Zutritt zum Kreis der Dame zu bekommen. In dem Restaurant, das zu dieser Jahreszeit in London nachmittags zwischen 15 und 16 Uhr am begehrtesten ist, war ich als etwas Ungewöhnliches ausgezeichnet worden. Nun flirtet eine Frau wie diese Lady nicht. Wenn Sie ihr unter so günstigen Bedingungen, wie mein Erdbeer-»Trick« sie für mich geschaffen hatte, einen Blick zuwerfen, erwidert sie den Blick. Sie deuten beide ein Lächeln an und blicken sich an diesem Nachmittag kein weiteres Mal an. Flirten ist das nicht. Betreiben wir Haarspalterei und nennen es das gegenseitige Interesse zweier Seelen.

Ich setzte mein Erdbeerfest fort, und eines Tages erzählte mir einer der Geschäftsführer des Carlton Terrace, dass einige Leute Erkundigungen über mich einholten. Mehrere Männer hatten wissen wollen, wer ich bin. Auf Nachfrage berichtete er, einer dieser Männer gehöre zum Kreis der Dame. Es war einfach, eins und eins zusammenzuzählen. Offenbar hatte sie zu der Nachfrage angeregt.

Inzwischen hatte ich mehrere Mitteilungen an den Großherzog geschickt und darauf bestanden, es müsse Druck auf seinen Neffen ausgeübt und dieser müsse von London ferngehalten werden. Es dürfe ihm unter der Androhung, sonst seine finanzielle Unterstützung einzustellen, nicht einmal erlaubt werden, der Lady zu schreiben, bis der Großherzog wieder seine Erlaubnis dazu erteile. Inzwischen hatte London sich gut gefüllt, und die Saison erreichte ihren Höhepunkt. Ich drehte meine Runden durch die Theater, vom Drury Lane bis zum Empire, und besuchte die Clubs. Dort traf ich einige Männer, denen ich bereits früher begegnet war, und erweiterte die Runde nun um zwei oder drei Burschen, mit denen ich gelegentlich auf Jagdausflügen und in Heilbädern auf dem Festland recht vertraut gewesen war. Von ihnen ließ ich mich in verschiedene Kreise einführen. Durch geschicktes Manövrieren erhielt ich Einladungen zum Nachmittagstee und in Privathäuser in demselben Kreis, den auch meine Lady frequentierte.

Bei einem Nachmittagsempfang wurde ich ihr vorgestellt. Sie war eine typisch englische Naturlady. Sonderlich hübsch war sie nicht, besaß jedoch in hohem Maß die Klarheit der Haut und der Augen sowie die robuste männliche Gesundheit, die allen Töchtern Albions als gemeinsames Erbe eigen ist. Groß, gertenschlank und stark, mit ungezwungenen und selbstständigen Manieren und Gewohnheiten, war sie das direkte Gegenteil der üblichen deutschen Frau. Ich überlegte, dass dies wahrscheinlich der Grund für die Vernarrtheit des jungen Herzogs war.

»Wie geht es Ihnen, Sie wilder Kolonialbursche? Noch immer so versessen auf Erdbeeren?«

Wir brachen beide in Gelächter aus.

»Eure Ladyschaft hat meine kleinen Manöver also beobachtet und klassifiziert.«

»Natürlich«, sagte sie mit einem Hochwerfen des Kopfes.

Es folgte ungezwungenes und angenehmes Geplauder. Ich konnte die Vernarrtheit des Großherzogs immer besser verstehen, betrachtete ihn tatsächlich als ziemlich »verdammten Glückspilz«.

Von diesem Tag an machte ich es mir zur Aufgabe, anwesend zu sein, wann immer sie sich in der Öffentlichkeit zeigte, ob im Theater, in Konzerten oder Restaurants. Allmählich und fast unmerklich gewann ich durch kleine Dienstleistungen hier und da ihr Vertrauen. Ich wurde nach einer Theatervorstellung zu einem Nachtmahl im Indischen Zimmer des Windsor Hotels eingeladen. Zu diesem Zeitpunkt wussten die Leute schon einiges über mich. Ich war ein Globetrotter, Privatier und interessierte mich als Hobby für medizinische Forschungsarbeiten. Ich entdeckte, dass ihre Affäre mit dem jungen Großherzog in ihren Kreisen ein offenes Geheimnis war und dass sie täglich mit seiner Ankunft in London rechnete. Allmählich machte ich Andeutungen, dass ich den jungen Großherzog kannte. Als ich ihr Vertrauen noch weiter gewonnen hatte, erfand ich Liebesaffären für ihn und machte ihr gegenüber entsprechende Andeutungen. Auf diese Weise brachte ich sie schließlich dazu, etwas zu erzählen. Geschickt weckte ich in ihr ein vages Ressentiment ihm gegenüber, das sich durch sein bisheriges Nichterscheinen in der Londoner Gesellschaft verstärkte. Seine Hoheit wurde von seinem durchlauchtigsten Onkel ferngehalten, wobei die Durchlaucht von mir dazu ermahnt worden war.

Es vergingen zwei Monate, bevor ich in das Haus der Lady in Mayfair eingeladen wurde. Zu diesem Zeitpunkt stand ich mit ihr bereits auf vertraulicherem Fuß, was teilweise daran lag, dass ich vorgab, den jungen Großherzog zu kennen. Ich hatte erfahren, dass sie ihm auf einer Jagdparty in der Jagdhütte des Earl of Crewes in Shropshire erstmals begegnet war. Später vertraute sie mir an, dass dies nur offiziell ihre erste Begegnung war und ihre Bekanntschaft tatsächlich von einer Reise in die Schweizer Berge stammte, den allbekannten Tummelplatz von Mitgliedern des Königshauses, die inkognito reisen wollen. Zudem erfuhr ich, dass ihr exzessives Bridgespielen sie eine Menge Geld gekostet hatte.

Die Information, dass die Lady Schulden hatte, bekam ich nicht so ohne Weiteres. Hierzu musste ich ihr Dienstmädchen bearbeiten. Bei jeder Gelegenheit, die sich bot, gab ich ihr ein großzügiges Trinkgeld. Ich bewerkstelligte es, ihr eine Reihe kleiner Dienste zu erweisen. Eines Tages, als ich wusste, dass die Lady außer Haus war, suchte ich ihr Haus auf, und während ich vorgab, auf die Dame zu warten, stellte ich dem

Dienstmädchen einige Suggestivfragen und erfuhr dadurch, dass ihre
Herrin in Geldnot war. Mit dieser Eröffnung ließ sich etwas anfangen.

Danach fädelte ich es so ein, dass ich bei jeder Bridgeparty anwesend
war, die die Lady besuchte. Die Damen der englischen Gesellschaft sind
ganz schön mutige Glücksspielerinnen, und ich erlebte, dass die Lady
in der Regel viel verlor. Rein zufällig verlor sie eines Abends an mich.
Nun ist es bei solchen Zusammenkünften üblich, kein Bargeld auszu-
händigen. Stattdessen zahlt der Pechvogel mit einem Papier, das eine
Art Zahlungsaufforderung auf Abruf darstellt. Ich nahm ihre Schuld-
verschreibung und brachte sie, zusammen mit anderen – deren Ver-
bleib ich von dem Dienstmädchen erfuhr und die ich von den Inhabern
indirekt kaufte –, zu einem stadtbekannten Geldverleiher, mit dem ich
einen Handel abschloss. Er sollte die Schuldverschreibungen nehmen
und die Lady zur Zahlung drängen, wobei er meinen Namen selbstverständlich heraushalten würde. Es ist klar, dass ich ihr diese Zahlungs-
verpflichtungen nicht selbst vorhalten konnte, wo ich doch versuchte,
ihr Vertrauen zu gewinnen. Noch am selben Tag stattete der Geldverleiher der Dame einen Besuch ab. Er stattete ihr noch eine ganze Reihe
weiterer Besuche ab, drangsalierte sie, drohte mit rechtlichen Schritten
und trieb sie beinahe zum Nervenzusammenbruch. Gut platzierte An-
teilnahme brachte sie bald zum Sprechen, und sie platzte verdrießlich
damit heraus, dass sie verschuldet sei und dass auch ihre meisten Bekannten verschuldet seien – in diesen Kreisen nichts Ungewöhnliches.

Dies war für mich eine günstige Gelegenheit, der Dame materiell
von Nutzen zu sein. Ernsthaft besprachen wir ihre Angelegenheiten,
die ich recht verwickelt fand. Wir sprachen auch über den jungen Großherzog. Nach und nach überzeugte ich sie davon, dass es keine Hoffnung auf eine legitime Ehe mit dem Haus Mecklenburg-Schwerin gab,
dass es jedoch wegen ihrer Verbindung zu dem jungen Großherzog und
wegen der Tatsache, dass sie mit ihm verlobt war, nur recht und billig
sei, wenn das Herzogtum ihr zur Unterstützung gewisse Mittel zukommen ließe. Das Eis war gefährlich dünn, denn die Dame ist eine feurige,
idealistische Frau, und ich musste meine Worte sorgfältig wählen, da-

mit es nicht wirkte, als wolle sie jemanden erpressen. Um ihr Gerechtigkeit widerfahren zu lassen muss ich sagen, dass ich glaube, sie hätte bei dieser Sicht der Dinge die ganze Angelegenheit fallen gelassen und sich für diese Saison eher aus der Gesellschaft zurückgezogen, als meinen Plan durchzuführen. Schließlich sagte ich: »Verfügen Sie über irgendwelche Möglichkeiten, mit denen Sie das Herzoghaus dazu veranlassen könnten, Ihre Ansprüche anzuerkennen und zu entschädigen?«

Nach langem Zögern sprang sie auf, fegte aus dem Zimmer und kam sehr schnell mit einer Handvoll Briefe zurück. Auf einigen sah ich das Wappen des Großherzogs. Der junge Narr war tatsächlich so sorglos gewesen! Temperamentvoll schüttelte sie die Briefe und rief: »Ich möchte wissen, was Franz' Onkel dazu sagen würde? Warum ich ihn zwingen könnte, mich zu heiraten.«

Das war die Chance. Das Eisen – in diesem Fall die Laune meiner Lady – war heiß. Ich schlug vor, wir sollten uns setzen und darüber sprechen. Als einleitenden Angriff und um den Eindruck zu erwecken, ich wüsste, wovon ich spreche, deutete ich an, mit einer führenden Familie in Deutschland verwandt zu sein und mich inkognito in London aufzuhalten. Ich ging die Situation unter dem Gesichtspunkt an, dass ich ihr Freund sei, nicht ein Freund des Hauses Mecklenburg-Schwerin, aber dass ich ihr eine große Hilfe sein könne, weil ich dieses Haus und dessen Vorgehen kenne.

»Es ist bedauerlich«, tröstete ich sie, »aber Sie haben keine Aussicht auf eine rechtmäßige, nicht einmal eine morganatische Ehe mit dem jungen Großherzog. Ich halte deren gesamte Haltung Ihnen gegenüber für absolut unfair. In Anbetracht Ihres Einvernehmens mit ihm sind Sie mit ziemlicher Sicherheit berechtigt, von seinem Haus eine angemessene Entschädigung zu erhalten. Wenn Sie vor Gericht gehen würden, könnten Sie diese wegen des gebrochenen Eheversprechens einfordern, aber ich kann Ihre Gefühle verstehen. Ein solcher Schritt würde einer so alten und edlen Familie wie der Ihren nur Verachtung eintragen.«

Das schien nach ihrem Geschmack zu sein.

»Aber was kann ich tun?«, fragte sie.

»Angesichts meiner Freundschaft mit Ihnen«, sagte ich, »würde ich es als eine Ehre betrachten, wenn Sie mir gestatten würden, in Ihrem Namen zu handeln. Ich denke, ich werde mit dem Onkel des jungen Großherzogs verhandeln können, und verspreche Ihnen, dass er die Angelegenheit fair betrachten wird. Ich verstehe, wie ausgesprochen heikel die Situation ist, und Sie brauchen einen Mann, der diese Angelegenheit für Sie regelt.«

Sie schüttelte den Kopf und klopfte nervös auf die Briefe.

»Nein. Das ist untragbar«, sagte sie. »Gar nicht dran zu denken.«

Ich sah, dass ich stärker auftragen musste. Daher erfand ich die raffinierteste Lüge, die ich je ausgesprochen habe. Innerhalb von etwa fünf Minuten hatte ich das Bild des jungen Großherzogs in solchen Farben gemalt, das die Abenteuer Don Juans im Vergleich zu den Eskapaden seiner herzoglichen Durchlaucht geradezu heilig wirkten.

»Überlegen Sie doch selbst«, sagte ich. »Er wollte während der Saison hier bei Ihnen sein. Er ist nicht gekommen. Sie haben mir selbst erzählt, dass er nicht einmal Ihre Briefe beantwortet hat. Nun, damit ist doch alles gesagt. Eure Ladyschaft, er und sein Haus verdienen jede Strafe, die Sie verhängen möchten.«

Der Gedanke einer Bestrafung sagte ihr tatsächlich zu. Der verletzte Stolz einer Frau, speziell einer Engländerin, ist etwas Schreckliches. Bald danach beeilte ich mich, zu gehen. In meinem Quartier schrieb ich mir selbst zwei Briefe, die ich mit dem Namen des Großherzogs unterzeichnete. Darin bot ich an, die Schulden Ihrer Ladyschaft zu bezahlen. Die Briefe waren an mich adressiert, und nachdem ich eine angemessene Zeit hatte verstreichen lassen, begab ich mich wieder nach Mayfair und las ihr die Briefe vor. Inzwischen war sie kalt und entschieden und gab mir die vollständige Erlaubnis, fortzufahren und jegliche Vereinbarung zu treffen, die ich für ratsam hielt. Daraufhin ging ich zur Bank des Großherzogs in London und kündigte an, 15000 Pfund zu benötigen. Innerhalb von vier Tagen hatte ich das Geld. Der Rest der Transaktion war ein Kinderspiel. Sie händigte mir alle Briefe und

Dokumente aus, und ich übergab ihr die 15000 Pfund. Heute weiß ich, dass Ihre Ladyschaft auf eine sehr bequeme Art ausgedehnte Reisen unternimmt, die ihr die jährliche Apanage erlaubt, die der alte Großherzog ihr gewährt hat. Ich weiß nicht, ob sie noch immer ins Carlton Terrace geht, um Erdbeeren zu essen, aber ich schmeichle mir selbst, dass ihr heutiges Vermögen teilweise der Tatsache zu verdanken ist, dass sie einst dorthin gegangen ist.

Wie Dr. Graves seine Mission erfüllte

Beim Lesen von Dr. Graves Tagebuch ist es wirklich bemerkenswert, sich klarzumachen, dass dieser Mann in der Nutzung der Verhaltensanalyse und psychologischer Methoden seiner Zeit ein ganzes Jahrhundert voraus war, um sein Ziel zu erreichen. Wenn Sie sich die Zeit nehmen, den Teil von Kapitel 1 erneut zu lesen, in dem dargelegt wird, wie die Freundschaftsformel genutzt wurde, um »Seagull« dafür anzuwerben, sein Land zu verraten und ein Spion für die Vereinigten Staaten zu werden, werden Sie überrascht feststellen, welche Parallelen zwischen den Strategien des FBI und von Dr. Graves in ihrer jeweiligen Arbeit bestehen. Schauen wir uns das genauer an:

1. In beiden Fällen erfolgte die Anwerbung ihrer Zielpersonen anhand eines gut choreografierten Plans, der über einen längeren Zeitraum hinweg ausgeführt wurde. Beide Agenten nutzten die in diesem Buch vorgestellten Methoden, um ihre Zielpersonen noch vor dem ersten Treffen für sich zu gewinnen.

2. Dr. Graves nutzte genau wie der FBI-Agent Charles die Freundschaftsformel, um eine Beziehung zu der englischen Lady aufzubauen. Zuerst stellten sie Nähe zu ihren Zielpersonen her, gefolgt von erhöhter Häufigkeit und Dauer, dann wurden allmählich Intensität, Neugier und zunehmend intensivere nonverbale Hinweise eingeführt.

2222222222222222222

3. In beiden Fällen wurde das Prinzip der Nähe genutzt, um einen nicht bedrohlichen Kontakt zwischen dem Agenten und der Zielperson herzustellen (Kapitel 1). In Seagulls Fall bemühte sich der FBI-Agent, an öffentlichen Plätzen präsent zu sein, an denen Seagull vorbeikam und seine Anwesenheit bemerken würde. In Dr. Graves Fall geschah dasselbe, die Nähe mit der Zielperson wurde auf den Reitwegen hergestellt und indem er sich an einen Nachbartisch des Tisches setzte, wo seine Zielperson in diesem Restaurant üblicherweise Platz nahm.

4. In beiden Fällen wurden auch die Prinzipien von Häufigkeit und Dauer genutzt. Bei Seagull musste sich der FBI-Agent hierzu so auf Seagulls Einkaufsweg platzieren, dass sich die Häufigkeit der Gelegenheiten erhöhte, bei denen der ausländische Diplomat ihn sah, die Dauer wurde erreicht, indem der Agent Seagull in das Lebensmittelgeschäft folgte, sodass sich die Kontaktzeit der beiden Männer verlängerte. Im Fall der englischen Lady steigerte Dr. Graves die Häufigkeit, indem er der Frau öfter auf dem Reitweg begegnete und sie im Restaurant sah. Dr. Graves wies sogar auf die Macht der Häufigkeit hin, als er schrieb: »Ich wandte die Theorie der unbewussten Anziehung eines häufig gesehenen, jedoch unbekannten Gesichts an.« Um die Dauer zu erreichen, dehnte er die Kontaktzeit aus, indem er an öffentlichen Orten wie Theater und Konzertsälen in der Nähe der Frau auftauchte. Je mehr Zeit (Dauer) Sie mit Leuten verbringen, desto stärker können Sie deren Entscheidungsfindung und Denkmuster beeinflussen.

5. In beiden Fällen wurde die Intensität durch die Nutzung nonverbaler Hinweise und »Neugier-Aufhänger« erreicht. Die ständige Anwesenheit eines Fremden in der Nähe von Seagull und der englischen Lady erweckte deren Neugier. Im Fall von Dr. Graves diente der »Erdbeer-Trick« als Aufhänger für die Neugier. Was ist das für ein Mann, der fünf Portionen Erdbeeren auf einmal

isst und dem Servicepersonal ein so großzügiges Trinkgeld gibt? Wer ist der Mann? Was will er? Diese Neugier motivierte sowohl Seagull als auch die englische Lady, herauszufinden, wer Charles (FBI-Agent) und Graves (der deutsche Spion) waren und was sie wollten. Dr. Graves notierte: »Wenn Sie ihr unter den günstigen Bedingungen, wie mein Erdbeer-«Trick« sie für mich geschaffen hatte [erhöhte Intensität], einen Blick zuwerfen, wird sie den Blick erwidern. Sie deuten beide ein Lächeln an und blicken sich an diesem Nachmittag kein weiteres Mal an.« Als Dr. Graves der Dame das erste Mal vorgestellt wurde, zeigte sie ein Hochwerfen des Kopfes, also ein freundschaftliches Signal, das anzeigte, dass Dr. Graves noch vor den ersten gesprochenen Worten einen gewissen guten Kontakt hergestellt hatte. Beide, Charles und Graves, vertrauten auf die psychologischen Prinzipien, die sie anwendeten, und gaben ihnen genügend Zeit, um sie wirken zu lassen. Sie beschleunigten die Entwicklung der Beziehung nicht. Vielmehr ließen sie der Beziehung Zeit, sich allmählich ganz natürlich zu entwickeln, wie dies bei »normalen« Beziehungen der Fall ist.

6. In beiden Fällen nutzten Dr. Graves und der Spezialagent freundschaftliche Signale, um sich als nicht bedrohlich darzustellen (siehe Kapitel 1). Damit verhinderten sie, dass ihre Zielpersonen bei der ersten tatsächlichen Begegnung gewappnet waren. Der Spezialagent näherte sich Seagull erst, als dieser sich in Anwesenheit des Agenten wohlfühlte. Dr. Graves saß alleine in dem Restaurant und zeigte keinerlei Wunsch, jemanden zu treffen, womit er die Illusion vermittelte, keine Bedrohung zu sein. Dr. Graves sorgte auch dafür, bemerkt zu werden, indem er das Restaurant erst betrat, nachdem die Lady und ihre Freunde Platz genommen hatten.

7. In beiden Fällen wurden Informationen über die Zielpersonen aus verschiedenen Quellen eingeholt. Im Fall Seagull erhielt der Agent Informationen von FBI-Analytikern. Dr. Graves seinerseits

las Lokalzeitungen, Gesellschaftsklatsch, sprach mit Reportern und später mit den Stallburschen, um Informationen über seine Zielperson zu erhalten. In beiden Fällen wurden wichtige Informationen heimlich gesammelt, um die Dinge zu entdecken, die die Zielpersonen so handeln ließen, wie sie es taten, um deren Persönlichkeiten abzuschätzen und Dinge zu erfahren, die genutzt werden konnten, um Gemeinsamkeiten herzustellen. Dr. Graves nutzte die Methoden des Herauslockens (siehe Kapitel 6), um sensible Informationen über seine Zielperson zu erhalten, ohne bei seiner Informationsquelle den Verdacht zu erwecken, dass sie ihm sensible Informationen lieferte.

8. Dr. Graves ging nicht nur ins Carlton Terrace, um seiner Zielperson nahe zu sein, sondern auch, um eine Gemeinsamkeit herzustellen, indem er genau wie seine Zielperson täglich Erdbeeren aß.

9. Dr. Graves zog aus dem psychologischen Prinzip der Fehlzuordnung (siehe Kapitel 4) den Vorteil, die Lady für sich zu gewinnen. Reiten und anderer Sport löst eine Ausschüttung von Endorphin aus, wodurch die Leute sich gut fühlen. Wenn es für dieses gute Gefühl keinen offensichtlichen Grund gibt, neigen die Leute dazu, ihr Wohlgefühl der Person zuzuschreiben, die ihnen in dem Moment am nächsten ist. Entsprechend der goldenen Regel der Freundschaft gilt: Wenn Sie jemanden für sich gewinnen möchten, sorgen Sie dafür, dass diese Person mit sich zufrieden ist und sich gut fühlt. Dr. Graves pflegte den guten Kontakt, noch bevor er das erste Wort an seine Zielperson gerichtet hatte.

10. Am Ende ließ Dr. Graves es so aussehen, als sei es die Idee der Lady und nicht seine gewesen, die Briefe gegen die Bezahlung der angesammelten Schulden auszutauschen. In Seagulls Fall hegte und pflegte dieser die Saat des Verrats, die der FBI-Agent gesät hatte. Das ist das wahre Zeichen für einen erfolgreichen Einsatz.

Die Geschichten der beiden Spione, zwischen denen 100 Jahre liegen, er-innern uns daran, dass die menschliche Natur eine Konstante ist und dass sich Freundschaften schließen lassen, wenn Sie willens sind, das in diesem Buch vorgestellte Handwerkszeug zu nutzen, um den Sympathie-Schalter umzulegen und Menschen für sich zu gewinnen.

Anhang

Antworten auf das »Was sehen Sie«-Quiz

Foto 1: Das hier gezeigte feindliche Signal ist das Gähnen der jungen Frau. Dieses Signal muss jedoch nicht bedeuten, dass die junge Dame von dem jungen Mann gelangweilt ist. Sie sollten eine empathische Bemerkung formulieren, um die Ursache für das Gähnen herauszufinden.

Foto 2: Hier werden die folgenden drei freundschaftlichen Signale gezeigt: (a) freimütiges Lächeln, (b) seitliche Kopfneigung, (c) Blickkontakt. Ebenfalls passend: (d) offene Körperhaltung.

Foto 3: Das zusätzliche freundschaftliche Signal, das auf Foto 2 fehlt, sind die bei dem jungen Mann und der jungen Frau nach oben zeigenden Handflächen.

Foto 4: Die unterschiedliche Haltung beider Personen zeigt einen schwachen Kontakt.

Foto 5: Die junge Frau beugt sich nach vorne und lächelt, was Interesse signalisiert. Der junge Mann jedoch, der sich mit verschränkten Armen zurücklehnt, signalisiert kein Interesse an ihr.

Foto 6: Der junge Mann, der lächelt und sich nach vorne beugt, zeigt Interesse an der jungen Frau, die mit ihrer geschlossenen Körperhaltung (verschränkte Arme) und ihrem skeptischen Blick sein Interesse nicht teilt.

Foto 7: Das freundschaftliche Signal, das einen guten Kontakt anzeigt, ist die »Gefiederpflege« des Partners. In diesem Fall rückt die junge Frau den Kragen am Hemd des jungen Mannes zurecht.

Foto 8: Der junge Mann zeigt mit seinem freimütigen Lächeln und der vorgebeugten offenen Körperhaltung sein Interesse an der jungen Frau. Leider teilt die junge Frau mit dieser Rumpfhaltung die Gefühle des jungen Mannes wahrscheinlich nicht. In diesem Fall müsste man jedoch noch etwas mehr vom nonverbalen Verhalten der jungen Frau sehen, bevor man jegliches Interesse ausschließen könnte.

Foto 9: Der Kontakt zwischen beiden ist sehr gut. Dies sieht man an (a) der gemeinsamen Begeisterung, (b) der Rumpfposition: offen und nach vorne gebeugt, (c) ausdrucksstarken Gesten (wie dem »Daumen hoch«-Zeichen), (d) langem Augenkontakt und (e) Lächeln.

Foto 10: Auf den ersten Blick scheint der junge Mann die Oberhand zu haben, weil er mit dem Finger zeigt. Achten Sie jedoch darauf, dass er sich zurücklehnt (mit dem Finger auf jemanden zu zeigen und sich dabei zurückzulehnen ist kontraintuitiv, man richtet nicht den Finger auf das Gesicht eines anderen und lehnt sich zurück, wenn man das Gefühl hat, die Oberhand zu haben). Die junge Dame stemmt bei dem Versuch, den Größenunterschied zu dem jungen Mann auszugleichen, die Hände in die Hüften (ein aggressives nonverbales Signal). Sie hat den Kopf zur Seite geneigt, wodurch sie die Halsschlagader zeigt, ein Zeichen dafür, dass sie vor dem jungen Mann keine Angst hat. Diagnose: Der junge Mann ist auf der Verliererseite der Interaktion, dies zeigen sein Zurücklehnen und die nonverbale Haltung der jungen Frau, die zeigt, dass sie keine Angst hat.

Bibliografie

Ajzen, I. (1977). Information processing approaches to interpersonal attraction. In S. W. Duck (ed.), *Theory and practice in interpersonal attraction* (pp. 51–77). San Diego, CA: Academic Press.

Antheunis, M. L., Valkenburg, P. M., & Peter, J. (2007). Computer-mediated communication and interpersonal attraction: An experimental test of two explanatory hypotheses. *Cyberpsychology and Behavior, 10*, 831–835.

Aristotle (1999). *Rhetoric* (W. R. Roberts, trans.). In *Library of the Future*, 4th ed. [CDROM]. Irvine, CA: World Library.

Aronson, E. (1969). The theory of cognitive dissonance: A current perspective. In L. Berkowitz (ed.), *Advances in experimental psychology*, vol. 4. New York: Academic Press.

Asch, S. E. (1946). Forming impressions of personality. *Journal of Abnormal and Social Psychology, 41*, 303–314.

Aubuchon, N. (1997). *The anatomy of persuasion*. New York: American Management Association.

Balderston, N. L., Schultz, D. H., & Helmstetter, F. J. (2013). The effect of threat on novelty-evoked amygdala response. *PloS ONE, 8*, 1–10.

Ballenson, J. N., Blascovich, J., Beall, A. C., & Loomis, J. M. (2001). Equilibrium theory revisited: Mutual gaze and personal space in virtual environments. *Presence, 10*, 583–598.

Barrick, J., Distin, S. L., Giluk, T. L., Stewart, G. L., Shaffer, J. A., & Swider, B. W. (2012). Candidate characteristics driving initial impressions during rapport building: Implications for employment interview validity. *Journal of Occupational and Organizational Psychology, 85*, 330–352.

Brady, E., & George, R. (2013). Manti Te'o's "Catfish" story is a common one. *USA Today*, January 18.

Branham, M. (2005). How and why do fireflies light up? *Scientific American*, September 5.

Buffardi, L., & Campbell, W. K. (2008). Narcissism and social networking web sites. *Personality and Social Psychology Bulletin, 34*, 1303–1314.

Byrne, D. (1969). *Attitudes and attraction*. In L. Berkowitz (ed.), *Advances in Experimental Psychology*, vol. 4. New York: Academic Press.

Carlzon, J. (1989). *Moments of truth*. New York: Harper Business.

Carnegie, D. (2011). *How to win friends and influence people*. New York: Simon & Schuster.

Carter, R. (1998). *Mapping the mind*. Berkeley: University of California Press.

Chaplin, W. F., Phillips, J. B., Brown, J. D., Claton, N. R., & Stein, J. L. (2000). Handshaking, gender personality and first impressions. *Journal of Personality and Social Psychology*, *79*, 110–117.

Chen, F. F., & Kenrick, D. T. (2002). Repulsion or attraction? Group membership and assumed attitude similarity. *Journal of Personality and Social Psychology*, *83*, 111–125.

Cialdini, R. B. (1993). *Influence: The psychology of persuasion*. New York: William Morrow.

Clark, M. S., Mills, J. R., & Corcoran, D. M. (1989). Keeping track of needs and inputs of friends and strangers. *Personality and Social Psychology Bulletin*, *15*, 533–542.

Clore, G., Wiggens, N. H., & Itkin, S. (1975). Gain and loss in attraction: Attributions from nonverbal behavior. *Journal of Personality and Social Psychology*, *31*, 706–712.

Collins, N. L., & Miller, L. C. (1994). Self-disclosure and liking: A meta-analytic review. *Psychological Bulletin*, *116*, 457–475.

Craig, E., & Wright, K. B. (2012). Computer-mediated relational development and maintenance on Facebook. *Communication Research Reports*, *29* (2), 118–129.

Curtis, R. C., & Miller, K. (1986). Believing another likes or dislikes you: Behavior making the beliefs come true. *Journal of Personality and Social Psychology*, *51*, 284–290.

Dalto, C. A., Ajzen, I., & Kaplan, K. J. (1979). Self-disclosure and attraction: Effects of intimacy and desirability of beliefs and attitudes. *Journal of Research in Personality*, *13*, 127–138.

Davis, J. D., & Sloan, M. L. (1974). The basis of interviewee matching and interviewer self-disclosure. *British Journal of Social and Clinical Psychology*, *13*, 359–367.

DePaulo, B. M. (1992). Nonverbal behavior and self-presentation. *Psychological Bulletin*, *111*, 203–243.

DeMaris, A. (2009). Distal and proximal influences of the risk of extramarital sex: A prospective study of longer duration marriages. *Journal of Sex Research*, *44*, 597–607.

Dimitrius, J., & Mazzarella, M. (1999). *Reading people: How to understand people and predict their behavior—anytime, anyplace*. New York: Ballantine.

Egan, G. (1975). *The skilled helper*. Monterey, CA: Brooks/Cole.

Ekman, P., Friesen, W. V., & Ancoli, S. (1980). Facial signs of emotional experience. *Journal of Personality and Social Psychology*, 39, 1125–1134.

Festinger, L. (1957). *A theory of cognitive dissonance*. Oxford, UK: Peterson Row.

Finkelstein, S. (2013). Building trust in less than 10 minutes. *Huffington Post*, July 18.

Frank, M. G., Ekman, P., & Friesen, W. V. (1993). Behavioral markers and recognizability of the smile of enjoyment. *Journal of Personality and Social Psychology*, *64*, 83–93.

Franklin, B. (1916). *The autobiography of Benjamin Franklin* (J. Bigelow, ed.). New York: G. P. Putnam's Sons.

Gagne, F., Khan, A. Lydon, J., & To, M. (2008). When flattery gets you nowhere: Discounting positive feedback as a relationship maintenance strategy. *Canadian Journal of Behavioral Science, 40*, 59–68.

Givens, D. G. (2014). *The nonverbal dictionary of gestures, signs and body language cues.*

Spokane, WA: Center for Nonverbal Studies. Online at http://www.center-for-nonverbal-studies.org/6101.html.

Gold, J. A., Ryckman, R. M., & Mosley, N. R. (1984). Romantic mood induction and attraction to a dissimilar other: Is love blind? *Personality and Social Psychology Bulletin, 10*, 358–368.

Grammar, K, J., Schmitt, A., & Massano, A. H. (1999). Fuzziness of nonverbal courtship communication unblurred by motion energy detection. *Journal of Personality and*

Social Psychology, 77, 487–508.

Grant, M. K., Fabrigar, L. R., & Lim, H. (2010). Exploring the efficacy of compliments as a tactic for securing compliance. *Basic and Applied Social Psychology, 32*, 226–233.

Greville, H. (1886). *Cleopatra*. Boston: Ticknor.

Griffeth, R. W., Vecchiok, R. P., & Logan, J. W. (1989). Equity theory and interpersonal attraction. *Journal of Applied Psychology, 74*, 394–401.

Gueguen, N. (2008). The effect of a woman's smile on men's courtship behavior. *Social Behavior and Personality, 36*, 1233–1236.

Gueguen, N. (2010). The effect of a woman's incidental tactile contact on men's later behavior. *Social Behavior and Personality, 38*, 257–266.

Gueguen, N. (2010). Men's sense of humor and women's responses to courtship solicitations: An experimental field study. *Psychological Reports, 107*, 145–156.

Gueguen, N., Boulbry, G., & Selmi, S. (2009). "Love is in the air": Congruency between background music and goods in a flower shop. *International Review of Retail, Distribution and Consumer Research, 19*, 75–79.

Gueguen, N., & Delfosse, C. (2012). She wore something in her hair: The effect of ornamentation on tipping, *Journal of Hospitality Marketing and Management, 12*, 414–420.

Gueguen, N., Martin, A., & Meineri, S. (2011). Similarity and social interaction: When similarity fosters implicit behavior toward a stranger. *Journal of Social Psychology, 15*, 671–673.

Gueguen, N., Martin, A., & Meineri, S. (2011). Mimicry and helping behavior: An evaluation of mimicry on explicit helping request. *Journal of Social Psychology, 15*, 1–4.

Gueguen, N., & Morineau, T. (2010). What is in a name? An effect of similarity in computer-mediated communication. *Journal of Applied Psychology, 6,* 1–4.

Gunnery, S. D., & Hall, J. A. (2014). The Duchenne smile and persuasion. *Journal of Nonverbal Behavior, 38,* 181–194.

Guo, S., Ahang, G., & Ahai, R. (2010). A potential way of enquiry into human curiosity. *British Journal of Educational Technology, 41,* 48–52.

Hall, E. T. (1966). *The hidden dimension.* Garden City, NY: Doubleday.

Hancock, J., & Toma, C. (2009). Putting your best face forward: The accuracy of online dating photographs. *Journal of Communication 59,* 367–386.

Harnish, R. J., Bridges, K. R., & Rottschaefer, K. M. (2014). Development and psychometric evaluation of the sexual intent scale. *Journal of Sex Research, 5,* 667–680.

Hazan, C. D., & Diamond, L. M. (2000). The place of attachment in human mating. *Review of General Psychology, 4,* 186–204.

Hill, C., Memon, A., & McGeorge, P. (2008). The role of confirmation bias in suspect interviews: A systematic evaluation. *Legal and Criminological Psychology, 13,* 357–371.

Hunt, G. L., & Price, J. B. (2002). Building rapport with the client. *Internal Auditor, 59,* 20–21.

Kaitz, M., Bar-Haim, Y., Lehrer, M., & Grossman, E. (2004). Adult attachment style and interpersonal distance. *Attachment and Human Development, 6,* 285–304.

Kassin, S. M., Goldstein, C. C., & Savitsky, K. (2003). Behavior confirmation in the interrogation room: On the dangers of presuming guilt. *Law and Human Behavior, 27,* 187–203.

Kleinke, C. L. (1986). Gaze and eye contact: A research review. *Psychological Review, 100,* 78–100.

Kleinke, C. L., & Kahn, M. L. (1980). Perceptions of self-disclosures: Effects of sex and physical attractiveness. *Journal of Personality, 48,* 190–205.

Kellerman, J., Lewis, J., & Laird, J. D. (1989). Looking and loving: The effects of mutual gaze on feelings of romantic love. *Journal of Research in Personality, 23,* 145–161.

Kenrick, D. T., & Cialdini, R. B. (1977). Romantic attraction: Misattribution versus reinforcement explanations. *Journal of Personality and Social Psychology, 35,* 381–391.

Knapp, M. L., & Hall, J. A. (1997). *Nonverbal communication in human interaction* (4th ed.). New York: Harcourt Brace College.

Krumhuber, E., & Manstead, A. S. R. (2009). Are you joking? The moderating role of smiles in perception of verbal statements. *Cognition and Emotion, 23,* 1504–1515.

Lee, L., Loewenstein, G., Ariely, D., Hong, J., & Young, J. (2008). If I'm not hot, are you hot or not? *Psychological Science, 10,* 669–677.

Lewis, D. (1995). *The secret language of success: Using body language to get what you want.* New York: Galahad Books.

Lynn, M., & McCall, M. (2000). Gratitude and gratuity: A meta-analysis of research on the service-tipping relationship. *Journal of Socio-Economics, 29,* 203–214.

Macrea, C. N., Hood, B. M., Milne, A. B., Rowe, A. C., & Mason, M. F. (2002). Are you looking at me? Eye gaze and person perception. *Psychological Science, 13,* 460–464.

Mai, X., Ge, Y., Toa, L., Tang, H., Liu, C., & Lou, Y. J. (2011). Eyes are windows to the Chinese soul: From the detection of real and fake smiles. *PLoS ONE, 5,* 1–6.

Mantovani, F. (2001). Networked seduction: A test-bed for the study of strategic communication on the Internet. *Cyberpsychology and Behavior, 4,* 147–154.

Martin, A., & Gueguen, N. (2013). The influence of incidental similarity on self-revelation in response to an intimate survey. *Social Behavior and Personality, 41,* 353–356.

Mehu, M., & Dunbar, R. I. M. (2008). Naturalistic observations of smiling and laughter in human group interactions. *Behavior, 145,* 1747–1780.

Mittone, L., & Savadori, L. (2009). The scarcity bias. *Applied Psychology, 58,* 453–468.

Moore, M. (2010). Human nonverbal courtship behavior: A brief historical review. *Journal of Sex Research, 47,* 171–180.

Nadler, J. (2004). Rapport in negotiations and conflict resolution. *Marquette Law Review, 5,* 885–882.

Nahari, G., & Ben-Shakhar, G. (2013). Primacy effect in credibility judgments: The vulnerability of verbal cues to biased interpretations. *Applied Cognitive Psychology, 27,* 247–255.

Navarro, J., & Karlins, M. (2007). *What every body is saying: An FBI special agent's guide to speed-reading people.* New York: HarperCollins.

Nelson, H., & Geher, G. (2007). Mutual grooming in human dyadic relationships: An ethological perspective. *Current Psychology, 26,* 121–140.

Nelson, S. (2014). Woman checks [boyfriend's] phone, finds footage of him having sex with her Staffordshire bull terrier dog. *Huffington Post UK,* February 14.

Olff, M. (2012). Bonding after trauma: On the role of support and the oxytocin system on traumatic stress. *European Journal of Psychotraumatology, 3,* 1–11.

Opt, S. K., & Loffredo, D. A. (2003). Communicator image and Myers-Briggs type indicator extroversion-introversion. *Journal of Psychology, 137,* 560–568.

Patterson, C. H. (1985). *Empathic understanding: The therapeutic relationship.* Monterey, CA: Brooks/Cole.

Patterson, J., Gardner, B. C., Burr, B. K., Hubler, D. S., & Roberts, K. M. (2012).

Nonverbal indicators of negative affect in couple interaction. *Contemporary Family Therapy, 34*, 11–28.

Pease, A. (1984). *Signals: How to use body language for power, success, and love.* New York: Bantam Books.

Radford, M. (1998). Approach or avoidance? The role of nonverbal communication in the academic library user. *Library Trends, 46*, 1–12.

Rogers, C. R. (1961). *On becoming a person.* Boston: Houghton Mifflin.

Smeaton, G., Byrne, D. M., Murnen, S. K. (1989). The repulsion hypothesis revisited: Similarity irrelevance or dissimilarity bias. *Journal of Personality and Social Psychology, 56*, 54–59.

Stefan, J., & Gueguen, N. (2014). Effect of hair ornamentation on helping. *Psychological Reports: Relationships and Communication, 114*, 491–495.

Stewart, J, E. (1980). Defendant's attractiveness as a factor in the outcome of criminal trials: An observational study. *Journal of Applied Social Psychology, 10*, 348–361.

Swann, M. (2013). The professor, the bikini model and the suitcase full of trouble. *New York Times*, March 8.

Toma, C. L., Hancock, J. T., & Ellison, N. B. (2008). Separating fact from fiction: An examination of deceptive self-presentation in online dating profiles. *Personality & Social Psychology Bulletin, 34*, 1023–36.

Vanderhallen, M., Vervaeke, G., & Holmberg, U. (2011). Witness and suspect perceptions of working alliance and interviewing style. *Journal of Investigative Psychology and Offender Profiling, 8*, 110–130.

Videbeck, S. (2005). The economics and etiquette of tipping. *Policy, 20*, 38–41.

Vonk, R. (2002). Self-serving interpretations of flattery: Why ingratiation works. *Journal of Personality and Social Psychology, 82*, 515–526.

Wang, C. C., & Chang, Y. T. (2010). Cyber relationship motives: Scale development and validation. *Social Behavior and Personality, 38*, 289–300.

Wainwright, G. R. (1993). *Body language.* Teach Yourself Books. London: Hodder & Stoughton.

Whitty, M. T., & Buchanan, T. (2012). The online romance scam: A serious cybercrime. *Cyberpsychology, Behavior, and Social Networking, 15*, 181–183.

Zunin, L., & Zunin, N. (1972). *Contact: The first four minutes.* New York: Ballantine Books.

Danksagung

Ich möchte Dave und Lynda Mills von Dave Mills Photography in Lancaster, Kalifornien, meinen Dank für die Fotos in diesem Buch aussprechen. Beide, Dave und Lynda, trugen mit ihren fotografischen Fähigkeiten freundlicherweise dazu bei, die hier vorgestellten ausgewählten Methoden genau abzubilden. Ich möchte Andrew Cardone und meiner Tochter Brooke Schafer dafür danken, dass sie ehrenamtlich ihre Zeit und ihr Talent dafür eingesetzt haben, als Models für die Fotos in diesem Buch zur Verfügung zu stehen. Danken möchte ich Jenny Chaney, L. Michael Wells, Daniel Potter, Cory Garza und Tony DeCicco für die kritische Bewertung des Manuskripts und ihre Kommentare und Vorschläge. Ebenfalls danken möchte ich Randy Marcoz, mit der ich viele Jahre zusammengearbeitet habe, in denen wir neue Ideen gelehrt und entwickelt haben, um die Kommunikationsfähigkeiten der Menschen zu verbessern. Besonderer Dank geht an Mike Dilley, Autor und Historiker, mit dem ich viele Jahre zusammengearbeitet habe, um die vielen, in diesem Buch vorgestellten Methoden zu entwickeln und zu perfektionieren. Er hat auch das Manuskript durchgesehen, redigiert und wertvollen Rat bei der Anfertigung des endgültigen Manuskripts gegeben. Außerdem möchte ich die Bemühungen meiner Englischlehrer während meiner gesamten Schulzeit anerkennen, die die Schwächen meiner Schreibfähigkeiten erkannt und mir geduldig geholfen habe, diese zu verbessern.

JACK SCHAFER

Ich wurde mit wunderbaren Menschen gesegnet, die mich mit Ermutigung, Inspiration und Erkenntnissen unterstützt haben, wenn ich dies am meisten brauchte. Ich möchte sie hier in alphabetischer Reihenfolge würdigen und jedem Einzelnen dafür danken, zum Sinn und zur Freude meines Lebens beigetragen zu haben. Sollte ich versehentlich jemanden vergessen haben, bitte ich aufrichtig um Entschuldigung.

Lewis Andrews, Alan und Susan Balfour, Loretta Barrett, Ann und Steve Batchelor, Lyle Berman, Carole Bloch, Stephanie Boyer, Avery Cardoza, C. T. Chan, Grace Chock, Cynthia Cohen, Don Delitz, Alex DeSilva, Maurice DeVaz, Jim Doyle, Julio und Carmen Enriquez, Burt, Barbara und Daniel Friedman, Sally Fuller, Jean Golden, John Gollehon, Jan Gordon, David und Odean Hargis, Steve Harris, Phil Hellmuth, Paulette und Kevin Herbert, Tom Johnson, Grace Jones, Sandra Karlins, Miriam und Arnold Karlins, Robert Kindya, Jerry Koehler, Albert Koh, Freddie Koh, Ray Kuik, Jim Levine, Len McCully, Rob Mercado, Debra Miceli, Chad Michaels, Peter Miller, Joe Navarro, Jacqueline O'Steen, Fran Regin, Maryanne Rouse, John Russell, Wallace Russell, Harry, Jeannie, Libby und Molly Schroder, Steven Schussler, Mike Shackleford, Stan Sludikoff, Joan und Eric Steadman, Gary Walters, Annette, Jill und Michelle Weinberg, Robert Welker, Tom Wheelen, Ken Van Voorhis und Anthony Vitale.

Schließlich möchten Jack und ich Matthew Benjamin, unserem außergewöhnlichen Verleger, und allen anderen wunderbaren Menschen bei Simon & Schuster, die stark dazu beigetragen haben, dieses Manuskript bestmöglich zu gestalten, unseren besonderen Dank aussprechen.

MARVIN KARLINS

Über die Autoren

Dr. John R. »Jack« Schafer, (Ph.D.), ist Psychologe, Professor, Geheimdienstberater und ehemaliger FBI-Spezialagent. Dr. Schafer führte 15 Jahre lang Ermittlungen zu Spionageabwehr und Terrorbekämpfung durch und war sieben Jahre lang Verhaltensanalytiker für das Verhaltensanalyseprogramm der Nationalen Sicherheitsabteilung des FBI. Er entwickelte Methoden zur Anwerbung von Spionen, vernahm Terroristen und bildete Agenten in der Vernehmungs- und Überzeugungsarbeit aus. Dr. Schafer verfasst Onlinebeiträge für die Zeitschrift *Psychology Today*, ist Autor oder Mitautor von sechs Büchern und hat zahlreiche Artikel in Fachzeitschriften und populärwissenschaftlichen Zeitschriften veröffentlicht. Er ist Professor an der Fakultät für Strafverfolgung und Strafrecht der Western Illinois University.

Dr. Marvin Karlins, (Ph.D.), promovierte an der Princeton University in Psychologie und ist derzeit Professor of Management an der Fakultät für Betriebswirtschaft der University of South Florida. Dr. Karlins ist international als Berater zu Fragen der Effektivität in zwischenmenschlichen Beziehungen tätig und hat 24 Bücher verfasst, darunter zwei amerikanische Bestseller: *What Every Body Is Saying* und *It's a Jungle in There*. Er lebt mit seiner Frau Edyth und seiner Tochter Amber in Riverview, Florida.

Register